Hiltenfingen
bei Augsburg

Konstanz

Bern

Einsiedeln

nf

Christian Wittenberg

Lenke meine
Füße, Herr!

Als Pilger zum »Wahren Jakob«
und ans »Ende der Welt«

Ein sehr persönliches Tagebuch

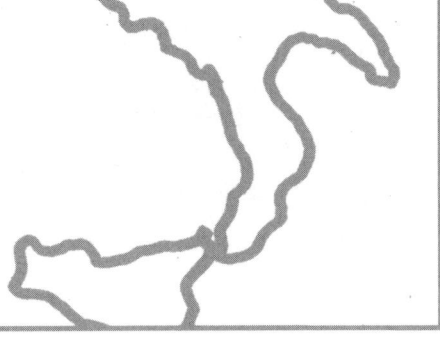

Verlag ◆ Monika Fuchs

Bibliografische Informationen der Deutschen Nationalbibliothek
Die Deutsche Nationalbibliothek verzeichnet diese Publikation
in der Deutschen Nationalbiografie;
detaillierte bibliografische Daten sind im Internet über
http://dnb.d-nb.de abrufbar.

ISBN 978-3-940078-03-2

© 2008 by Verlag Monika Fuchs, Hildesheim
www.verlag-monikafuchs.de
Umschlaggestaltung: Monika Fuchs, Hildesheim,
unter Verwendung von Fotografien des Verfassers.
Satz und Layout: MedienBüro Monika Fuchs, Hildesheim
Druck und Bindung: Friedrich Pustet, Regensburg
Bildnachweis: S. 18: © Manfred Gulich, Hiltenfingen;
S. 125, 128: © Peter Falkenberg, Bobingen;
S. 167, 181, 197, 199: © Elisabeth Ortner, Graz.
Alle anderen: © Christian Wittenberg, Hiltenfingen.
Die Fotos sind als Farbbilder auf unserer WebSite www.verlag-monikafuchs.de abrufbar.

Printed in Germany 2008

Inhaltsverzeichnis

III Menschen und Gemeinschaft: Durch Spanien bis zum Atlantik

Vorwort

Dies ist kein Wanderführer und soll auch keine allgemein gültige Wegbeschreibung sein. Ich habe im Grunde nur abgeschrieben, was ich unterwegs – manchmal täglich, manchmal auch erst nach zwei oder drei Tagen, öfters auch mal nach einem halben Tag – notiert habe. Erlebnisse, Gefühle, Gedanken – schon damals nicht stichwortartig, sondern fertig formuliert. Ich habe alles so unmittelbar belassen, wie ich es unterwegs aufschrieb, mit allen Widersprüchlichkeiten – nur ein bisschen mehr wörtliche Rede habe ich eingesetzt und sanft redigiert um eines guten Sprachgebrauchs willen. Wo ich mich zu weitschweifig über Unwichtiges ausgelassen hatte, habe ich gekürzt, auch da, wo sich Dinge wiederholen.

Soweit zu diesem Buch. Doch kein Vorwort ohne Danksagung – eine Pflicht, der ich mich gerne unterziehe.

Einen Menschen gibt es, dem ich zuallererst danken muss und möchte: meine Frau! Ohne ihren Zuspruch und ihre Unterstützung bei der Vorbereitung des Pilgerwegs, ohne ihren Rückhalt, als ich unterwegs war und ohne ihre Hilfe, als aus dem Tagebuch ein Buch wurde, wäre ich sicher nicht so weit gekommen!

Ich danke auch allen, die während meines Pilgerwegs an mich gedacht und für mich gebetet haben, und ich danke allen, die mir unterwegs weitergeholfen, mich unterstützt und mir Mut gemacht haben.

Mein ganz besonderer Dank gilt meiner Verlegerin Monika Fuchs, die sich des weitschweifigen Manuskripts erbarmt, mich zum Kürzen, Überarbeiten und Korrekturlesen gebracht und dies Buch gestaltet hat. Ich bin sicher, nicht jeder Verleger hätte sich so für meine Erinnerungen engagiert!

Es gibt auch Sponsoren, die mitgeholfen haben, dieses Buch zu Stande zu bringen. So danke ich der Firma Schöffel Sportbekleidung in Schwabmünchen, der Firma Sport Förg in Augsburg/Göggingen und Herrn Haugg aus Hiltenfingen für großzügige Zuwendungen zu den Druckkosten.

Hiltenfingen, am 3. Mai 2008   *Christian Wittenberg*

Einleitung
Warum pilgert ein evangelischer Christ?

30. Juli 2005

Früher Abend

„Eigentlich wollte ich ja schon vor Stunden Quartier machen, den Tag beenden. Doch irgendwie laufen meine Füße weiter, trotz der Schmerzen, trotz meiner Müdigkeit und Erschöpfung. Ich möchte mich neben dem Weg in den Wald werfen, den Eukalyptuswald, der nach Hustenbonbons riecht, möchte schlafen, ausruhen und morgen früh frisch und stark mein Ziel erreichen. Weit über 40 Kilometer bin ich heute schon gegangen!

Und da sehe ich es: Der Weg vor mir ist schierer Glanz! Es leuchtet und glitzert, es funkelt und scheint, als hätte man Diamanten vor mir ausgeschüttet. Ich versuche, diesen funkelnden Weg zu fotografieren, doch sobald ich stehen bleibe, erlischt das Glitzern – und gehe ich weiter, lebt es wieder auf. Mir wird ganz andächtig: Ist dies der Lohn für den weiten Weg, den ich gegangen bin? Ein Teppich von Millionen Juwelen, der vor mir ausgerollt wird, Lohn für die Mühen und Strapazen der letzten Monate, Aufforderung, nicht stehen zu bleiben: Ultreia, weiter!

Mein Verstand sagt mir, dass hier die tief stehende Sonne auf den Glimmerplättchen des verwitterten Granits, aus dem der Straßenstaub besteht, funkelt, doch es ist viel schöner, sich so belohnt zu glauben.

Eine Ortschaft mit verfallenden, niedrigen Steinhäusern. Eine Radiostation, Campingplätze, ich gehe neben der Teerstraße und das Funkeln vor mir zieht mich weiter. Jetzt ein freier Platz, mit Müll übersät, auf einem Hügel ein großes Denkmal: Monte Gozo! Ich setze mich auf die Stufen des Pilgermonuments und lasse meine Gedanken zurückschweifen: Wie komme ich dazu, hier in der Abendsonne zu sitzen und mit Tränen in den Augen auf eine Stadt hinabzustarren, von der ich vor dreißig Monaten noch nicht einmal etwas gewusst habe? Und das nach einem Vierteljahr Fußmarsch quer durch halb Europa?"

Mit diesen Sätzen pflege ich den Vortrag zu beginnen, wenn ich über meinen Pilgerweg nach Santiago de Compostela berichte. Und diese letzte Frage habe ich mir selbst immer wieder gestellt, sie wurde und wird mir immer wieder gestellt: Warum pilgert ein evangelischer Christ nach Santiago?

Im Sommer 2003 lag ich mit einer bösen, hochfiebrigen Infektion einige Tage im Krankenhaus. Als ich wieder einigermaßen bei Sinnen war, hatte ich ausgiebig Muße zum Fernsehen – was ich sonst selten tue. Dabei geriet ich an einen Bericht über den Jakobsweg . Und als ich den Fernseher ausmachte, stand für mich irgendwie fest: Diesen Weg werde ich gehen.

Selbstverständlich würde ich von meiner Haustür aus bis Santiago, nein bis zum Kap Finisterre laufen, und zwar wie die Pilger des Mittelalters in einem Stück. Auf den Gedanken, abschnittsweise zu gehen oder irgendwo auf der Strecke einzusteigen, kam ich gar nicht.

Es dauerte noch ein Jahr, bis aus dem Plan ein konkretes Vorhaben wurde. Glücklicherweise war ich zeitlich unabhängig und Rückhalt gab mir meine Frau Silvia. Ich habe mit ihr sehr bald über mein Vorhaben gesprochen, halb in der Hoffnung, sie werde mir diese Idee ausreden, doch diese wunderbare Frau sagte nur: „Wenn du das tun willst, dann tu es!" Und sie hat mir in jeglicher Hinsicht bei der Vorbereitung und auch während der drei Monate, die ich unterwegs war, geholfen. Ich kann ihr dafür nicht dankbar genug sein.

Doch auch sie hat gefragt, weshalb ich diesen Weg gehen will – hat mich gezwungen, mir über meine Beweggründe klar zu werden. Denn nicht jeder macht sich auf diesen Weg und bei mir ist die Verehrung eines Apostelgrabes ganz bestimmt kein Grund gewesen, nach Santiago zu pilgern. Schließlich stamme ich aus einem sehr konfessionsstrengen lutherischen Theologenhaushalt – mein Vater war Dozent an einer theologischen Hochschule – und Heiligenverehrung, Wallfahren, Pilgern war für mich etwas Exotisches, fast so fremd wie die Hadsch eines gläubigen Muslimen. Zudem war mir im Laufe der Jahrzehnte mein Kinder- und Konfirmandenglaube weitgehend abhanden gekommen – erst in den letzten beiden Jahren hatte ich über das Singen in der Kantorei meiner Heimatgemeinde wieder einen Zugang zu Glauben und Kirche gefunden.

Weshalb also habe ich mich auf den Weg gemacht?

Da war erst einmal das Gefühl, gerufen zu sein. Nicht vom heiligen Jakob – dazu bin ich, bei aller ökumenischer Offenheit, zu bewusst evangelisch. Doch irgend etwas (oder soll ich sagen: jemand?) rief mich auf diesen Weg, mich persönlich, und ich wusste, dass ich ihn allein gehen sollte.

Wichtig war das „alleine Gehen": Jeder, der von diesem Weg schreibt oder spricht, nennt diesen Weg auch ein spirituelles Erlebnis, einen Weg zu sich selbst. Ich hatte das Gefühl, ich müsste endlich einen ganzen Zugang zu mir finden. Das hieß nicht, den modischen Selbstfindungstrip durchzumachen, sondern zu einem gesunden „Selbst-Bewusstsein" zu kommen, mir über mich selbst klar zu werden. Dafür brauchte ich Zeit. Zeit mit mir alleine, ohne die Ablenkung durch Medien und Computer – und ohne die Menschen, die mir nahe stehen und die meine Aufmerksamkeit einfordern. Dann wollte ich Menschen kennen lernen und wollte erleben, wie ich auf Menschen wirke. In den letzten zehn Jahren zuvor war ich Menschen meistens als Dozent und Trainer begegnet – jetzt wollte ich wissen, wie ich als Gleicher in einer Gemeinschaft angenommen werde – und wie ich mich einfügen kann, ohne die Autorität des Amtes.

Dann sah ich in dieser Fernwanderung eine Herausforderung an mich selbst. Ich wollte mich zwingen, ganz alleine, aus eigener Kraft, etwas Besonderes, etwas Großes zu Ende zu bringen. Mit meiner beruflichen Situation war ich unzufrieden, war unzufrieden mit mir selbst, und ich sah hier einen Weg, mich selbst wieder annehmen zu können.

Ein guter Teil Abenteuerlust war natürlich auch dabei. Der Reiz der Fremde, die Sehnsucht, das zu entdecken, was hinter dem nächsten Hügelkamm liegt – aber eben nicht isoliert in einer rasenden Blechkiste, sondern eins mit der Natur und dem Land.

Kulturelles Interesse war ebenso ein Motiv – ich wusste, dass mich der Weg zu wichtigen Baudenkmälern führen würde – und diese Art von Kultursuche hatte mir von Kind auf meine Mutter beigebracht.

Sehr wichtig war für mich auch (und wurde im Laufe der Pilgerweges immer wichtiger): Ich hoffte, ich würde mehr Klarheit über meinen Glauben finden, über mein persönliches Verhältnis zu Gott, wenn ich Orte aufsuchte, in denen sein Atem besonders weht. Mein Neues Testament mit den Psalmen, das ich zur Konfirmation bekommen hatte, sollte mich begleiten. Ich wollte lernen, zu leben, was Gott mir gibt: die Gewissheit, in seiner Hand zu sein, nicht alleine zu gehen, behütet und begleitet zu sein, geborgen in seiner Liebe und seinem Schutz.

Diese Beweggründe schrieb ich – fast wörtlich, wie sie hier stehen – mit dem Bekenntnis zu meiner Konfession dem katholischen Pfarrer meines Wohnorts, Pfarrer Danner, den ich gebeten hatte, mir am Abmarschtag meinen Pilgerpass zu stempeln und der mich gefragt hatte, wie ich darauf käme, den Jakobsweg zu gehen. Einige Tage, nachdem ich ihm das Blatt in den Briefkasten gesteckt hatte, rief er mich an und bestellte mich für den Morgen meines geplanten Abmarsches in die Kirche.

Ich habe dann unterwegs oft nachgedacht, weshalb man so viele evangelische Christen – auch Theologen – auf dem Jakobsweg trifft. Katholiken, die sich darüber wunderten, haben mich danach gefragt.

Ein evangelischer Christ geht sicher nicht auf den Jakobsweg, um sich „Verdienst" zu erwerben. Das widerspricht auch krass der Aussage von Luther, der dem Pilgern jede Form von Verdienst um die eigene Seligkeit (oder die Anderer) abspricht. Dennoch ist der spirituelle Aspekt des Pilgerns auch für einen Nichtkatholiken attraktiv. Ich glaube zu ahnen, warum:

Seit Luther ist die Religion im Protestantismus zunehmend „verkopft". Vergleiche ich eine katholische Messe mit dem Gottesdienst in der evangelischen Kirche, steht dort das Mysterium der Eucharistie im Mittelpunkt und hier die Predigt, die Auslegung der Bibel. Das Mysterienhafte, das Fühlbare, das Weihevolle der Messgewänder, des Weihrauchs und des andächtigen Schweigens während der Wandlung, das Meditative, das im ständigen Wiederholen gleicher Gebete beispielsweise beim Rosenkranz liegt – das fehlt im Protestantismus weitgehend. Doch in unserer kalten, harten und nüchternen Zeit sehnen sich die Menschen nach solchen Erlebnissen und suchen sie – auch auf dem Jakobsweg. Mir ist inzwischen klar geworden, dass auch dies ein Grund für mich war, den Weg nach Santiago unter die Füße zu nehmen.

Fast zwei Jahre hatte ich geplant und mich vorbereitet. Am 3. Mai 2005 war es endlich so weit: Hier setzt mein Pilgertagebuch ein.

Nach meiner Rückkehr habe ich dem Reporter der „Schwabmünchner Zeitung", der mich interviewte, gesagt: „Dieser Weg war für mich auch ein Weg zu Gott." Ich glaube, das ist auf den folgenden Seiten zu spüren.

Pilgerlied: Lenke meine Füße, Herr!

1. Len - ke mei - ne Fü - ße, Herr, dass ich si - cher
2. Gib mir Mut und gib mir Kraft, lass mich nicht ver -
3. Wenn am End des Wegs ich bin, lass mich, Herr, Dir

ge - he, öff - ne mei - ne Au - gen, Herr,
zag - en auf der gro - ßen Pil - ger - schaft
dan - ken! Bei Dir sein mit Herz und Sinn,

dass den Weg ich se - he, öff - nest du das
und an al - len Ta - gen, die ich neu mich
Wün - schen und Ge - dan - ken! Lass mich ruh - en

Herz mir, Herr, spür ich dei - ne Nä - he!
auf - ge - rafft, all - zeit Lob Dir sa - gen!
fest in Dir und von Dir nicht wan - ken!

1.–3. Du bist_____ Weg und_____ Ziel!_____

T. Christian Wittenberg © beim Autor   M: nach Salve virgo virginem

Verschiedene deutsche Versionen sind in einigen Pilgerbüchern zwischen Konstanz, Le Puy und Santiago in den Monaten Mai bis Juli 2005 zu finden, wo ich sie selbst hineingeschrieben habe – bis in Bercianos die endgültige Fassung entstand. Die englische Version stammt von mir, ein Anglo-Hispanier hat sie dann in Tossantos ins Spanische übersetzt, und die Schweizerin Manuela Glanser ins Französische. Diese Versionen sind Prosaübersetzungen und sind als Pilgergebete gedacht (s. nächste Seite).

Spanische Fassung

Guía mis pasos señor, para no desfallecer! Abre mis ojos, señor, para que vea el camino! Si abres mi corazón, señor, sentiré que estas cerca! Eres el camino y el destino.

Dame el espíritu y la fuerza, no dejes que pierda la esperanza en la gran peregrinación y en cada día que non desfallezca, déjame alabarte! Eres el camino y el destino.

Cuando ha finalizado mi camino déjame darte las gracias, déjame estar en cuerpo y alma, mis deseos y mis pensamientos, déjame descansar en ti seguro y no me dejes quem e aleje de ti. Eres el camino y el destino.

Französische Fassung

Guide mes pieds, Seigneur, afin que je marche avec assurance! Ouvre mes yeux, Seigneur, pour que puisse voir le chemin! Si tu ouvres mon coeur, Seigneur, je sens que tu es là! Tu es le chemin et le destin!

Donne-moi le courage et donne-moi le force, ne me laisse pas perdre confiance sur le grand pèlerinage et tous les jours où je dois faire de nouveaux efforts te rendre grâce. Tu es le chemin et le destin!

Si j'arrive au bout de chemin, laisse-moi te remercier, mon Dieu, être auprès de toi avec mon coeur, ma raison, mes désirs et ma pensée. Laisse-moi venir en toi et ne plus t'abandonner! Tu es le chemin et le destin!

Übersetzung: Manuela Glanser

Englische Fassung

Guide my feet, Lord, so that I walk safe! Open my eyes, Lord, that I see the way! If you open my heart, Lord, I feel You are close! You are the way and the destination!

Give me courage and give me power that I do not despair on the great pilgrimage and that I on every day that I newly stood up I shall praise you! You are the way and the destination!

When I will be at the end of the way, let me, Lord thank you! Let me be with you with heart and mind, my wishes and my thoughts! Let me rest firmly in you and never fall off from you! You are the way and the destination!

Übersetzung: Christian Wittenberg

I. Laufen lernen: Der Weg bis Genf

Dienstag, 3. Mai 2005

Hiltenfingen – Mindelau   27 km

Um sechs Uhr weckt mich unser Morgenläuten – so schnell war ich schon lange nicht mehr auf! Die übliche Morgenroutine inklusive Kurzgang mit Hund Charlie. Immer wieder muss ich Silvia umarmen – der Abschied fällt mir schwer. Zwanzig vor sieben schultere ich den Rucksack: sauschwer!!

Nun zur Kirche, St. Sylvester. Ich habe schon damit gerechnet, dass mich der Männergesangverein irgendwie verabschiedet. Doch dass so viele gekommen sind und mich in der Kirche erwarten: überwältigend! Pfarrer Danner in vollem Ornat macht einen würdigen Gottesdienst aus meiner Verabschiedung. Gemeindegesang, Gebete und Anrufung aller zuständigen Heiligen: Maria und Josef, St. Jakobus, St. Christian und St. Sylvester sollen Gottes Segen für mich erbitten – sehr katholisch, doch liebevoll und ergreifend. Gudrun, die Dirigentin des Gesangvereins, singt zum Abschluss mein Pilgerlied, das ich auf eine alte Melodie geschrieben habe – ich kämpfe mit den Tränen. Als ich die Kirche verlasse, schickt mich Pfarrer Danner mit vollem Geläut auf den Weg!

Draußen vor der Kirche wird's lustig: Ein Dutzend Sänger mit ihren Frauen begleiten mich, mit Wanderstäben und Vorräten ausgestattet, samt Spielzeughund durchs Dorf – auch die Ziehharmonika darf nicht fehlen und die ganze Kavalkade singt Wanderlieder. Unter der großen Kastanie werden noch ein paar Bilder gemacht, ich verabschiede mich von Silvia; einige gehen noch mit bis zum Ortsausgang, Nachbarin und Freundin Maria winkt von ihrer Terrasse aus Lebewohl. Es ist fast halb neun!

Zwar führt der Bayerisch-Schwäbische Jakobusweg nahe an Hiltenfingen vorbei und ich werde ihn auch bald kreuzen, doch ich habe mich entschlossen, bis Friedrichshafen nach Karte zu gehen: Der markierte Weg ist erheblich länger als der, den ich mir ausgesucht habe. Erst einmal geht es über meine übliche Hundeausführstrecke, doch die kommt mir viel länger

Abschied von Hilten-fingen

vor als sonst. Der Rucksack drückt auf Schultern und Hüfte, er sitzt genau über dem Gürtel und das zwickt. Am Abend werde ich da richtig wund sein – gut, dass ich die Ringelblumensalbe habe! Es geht durch Siebnach, nette Wortwechsel mit Alten, die ihre Vorgärten bestellen und dann bin ich auf einem Weg, den ich erst neulich mit Charly gegangen bin. Nur: Da war noch alles braun, mit Schneeflecken in schattigen Winkeln, und jetzt ist die Natur explodiert: Grün überall, goldener Löwenzahn, Sumpf-dotterblumen, Wiesenschaumkraut, Leberblümchen. Kiebitze gaukeln, ein Kuckuck ruft, die Sonne bricht durch die Wolken – Herrgott, ist deine Welt schön!

Bald geht's in die Hügel: Meine Bergkondition ist hundsmiserabel! Ich keuche die kleinen Steigungen hinauf wie ein Asthmatiker. Oben herrlicher Wald, frisches Buchengrün säumt den Weg. Am Angelberg vor Tussenhau-sen amüsiert mich der „Dorfdrache" und freut mich der wunderschöne Blick über das Wertachtal. Endlos durch den Ort, dann über Feldwege der guten Markierung nach. Zwei Jugendliche auf Fahrrädern fragen mich grinsend, ob ich zur 6. Armee nach Stalingrad wolle, und ich meine, ei-gentlich will ich in die andere Richtung, und nicht ganz so weit …

Rast am Waldrand, Rucksack umpacken: Er ist völlig unausgewogen. Die Stiefel tausche ich gegen die Sandalen aus – da sind meine Füße froh! Jetzt geht es besser. Ein Spaziergänger versucht, mir das Lokal bei St. Anna schmackhaft zu machen mit gutem Bier und Essen, doch ich gehe weiter

geradeaus nach Helmenegg. Ab hier laufe ich auf Teer. Im Ort gibt es keinen Gasthof, in Mindelau auch nicht, doch man schickt mich dort zur
„Jägersruh", etwa 800 m den Berg hinauf Richtung Bad Wörishofen.

Der Himmel hat sich drohend bewölkt, hält aber trocken. Ich komme
in den Gasthof, frage nach einem Zimmer und hinter mir fängt es an, wie
aus Eimern zu schütten! Ich nehme das Zimmer, auch wenn es 35,00 €
kosten soll. Dusche, Muskeln und Füße einschmieren, runter, zwei Weizen
trinken zum Essen, schreiben. Es ist acht Uhr: zahlen und schlafen!

Mittwoch, 4. Mai 2005

Mindelau – Ottobeuren   *28 km*   2

Ich habe miserabel geschlafen – von zwei bis vier ferngesehen – und bin
um sechs Uhr auf. Der Wirt fordert mich auf, Vorräte einzupacken – ich
mache mir eine Semmel mit viel Schinken – und macht mir Tee in meiner
Aluflasche. Dann gibt er mir 5,00 € „Pilgerrabatt" und verabschiedet mich
herzlich.

Über Feldwege und vom Nachtregen nasse Wiesen komme ich mit
Hilfe von Karte und Kompass nach Dirlewang. Dort führt ein Wegweiser
nach Eppisried, wo mir eine freundliche Hundeausführerin rät, über Müssenhausen zu gehen – da wäre es kürzer nach Ottobeuren. Der Anstieg in
Kreutberg ist steil und ich komme bei meiner schlechten Kondition ganz
schön ins Schnaufen! Am Ortsausgang mache ich kurz Rast, doch kaum
bin ich ein paar Schritte weiter, kommt eine Regenbö. Mühsam werfe ich
den Poncho über; der Regen hört bald auf, doch ich habe Schutz vor dem
scheußlichen Wind. In Müssenhausen eine Markierung: „Pilgerweg" – der
kann eigentlich nur nach Ottobeuren führen! Auch der „Kneipp-Wander-
weg" führt, wie ich weiß, durch Ottobeuren – da bin ich sicher richtig!
Ich komme hinab zur Hammerschmiede, im kärglichen Windschutz eines
Holzstoßes mache ich Rast und wechsle die Schuhe.

Hinter Frechenrieden geht es steil hinauf nach Krautenberg. Auf der
Bank vor dem Haus der Familie Reich ruhe ich mich aus. Steil hinab, bei
beißendem Wind, der mich über die Handschuhe froh sein lässt, eben so
steil wieder hinauf – und dann grüßt mich bei Langenberg die „Busch-

kapelle", die das Günztal bewacht und auch die Basilika von Ottobeuren taucht auf. Dahinter aber finsterste Wolken! Als ich Halbersberg erreiche, fängt es an zu schütten, und wie! Im Sturmschritt rette ich mich unter das Vordach einer Scheune, finde notdürftig Schutz, ein netter kleiner schwarzer Hund leistet mir Gesellschaft. Als die wütenden Regenböen nachlassen, mache ich mich auf, stiefle hinab nach Ottobeuren und schnurstracks in die Basilika.

*Regen-
wolken
über
Otto-
beuren*

Die Kirche ist voll – ich komme rein und von der Empore singt ein wunderbarer Sopran „So nimm denn meine Hände" – da fange ich an zu heulen und schäme mich nicht deswegen. Ich stelle Rucksack und Stöcke an einen Pfeiler, setze mich in eine Bank und möchte die Gemeindeantworten der Messe mitsprechen, doch meine Stimme versagt. So bleibe ich einfach sitzen und höre mir die Leichenpredigt für eine mir unbekannte Frau an: der Auferstandene als das Wunder der Erlösung. Passt irgendwie in das, was mich seit Wochen bewegt. Beim Vaterunser ist meine Stimme wieder da. Noch einmal singt der Sopran zur Orgel: „Ich weiß, dass mein Erlöser lebt" – herrlich!

Das Kirchenschiff leert sich, ich kaufe eine Postkarte (ich schicke sie später an Pfarrer Danner und bedanke mich für die Abschiedsandacht) und einen Kirchenführer und suche jemanden, der mir den Pilgerpass abstempelt. Ich lande bei einem netten Mann an der Klosterpforte. In der Abtei sei heute leider kein Platz mehr für einen Pilger – Studienwoche – doch es gäbe da eine von der Gemeinde unterhaltene kostenlose Unterkunft für Durchreisende. Der hilfsbereite Pförtner meldet mich an und ich stiefle hin – ziemlich weit außerhalb, noch hinter evangelischer Kirche und Friedhof. Ich läute – ein übertätowierter Mensch in schmuddligem Unterhemd drückt mir einen Schlüssel in die Hand: „Morgen früh in den Briefkasten schmeißen!" Und rums – ist die Türe wieder zu.

Ich schließe auf: ein Drecknest! Als erstes verräume ich das Bettzeug auf das zweite Bett und breite meinen Schlafsack aus – ich will mir ja nicht Ich-weiß-nicht-was holen! Auch auf die Dusche verzichte ich dankend. Ich gehe noch mal in die Stadt – es hat endlich aufgehört zu regnen – finde einen Friseur. Eine hübsche Türkin schneidet, während die Chefin überwacht. Ich kaufe Brot und Wurst für morgen und genehmige mir ein Abendessen im Gasthof. Gegen neunzehn Uhr liege ich im Bett und schlafe unruhig.

Donnerstag, 5. Mai 2005 – Himmelfahrt

Ottobeuren – Aichstetten   27 km   3

Um halb sechs weckt mich eine schmetternde Amsel – es regnet! Zähneputzen, der Versuch, zu frühstücken – kein Hunger. Zu einem Becher Wasser würge ich eine Wurst runter und eine halbe trockene Semmel – die andere Hälfte schmeiße ich in die Büsche hinterm Haus.

Es hat aufgehört zu regnen. Durch den stillen Ort – es ist viertel vor sieben, als ich an der Basilika vorbeikomme – schlägt die Glocke. Im Bannwald ist hervorragend ausgeschildert, auch Jakobswegmarkierungen: der Weg von Memmingen nach Bad Grönenbach. Steil bergauf und bergab – die Aufstiege schlauchen, doch nach eineinhalb Stunden bin ich in Niederdorf.

Ich sitze auf der Bank an der Dorflinde, verdrücke einen Müsliriegel und trinke Wasser, da komme ich mit einer Frau ins Gespräch, die ihren ausgebüxten Rauhaardackel heimholt. Die Tochter führt eine wunderschöne Fuchsstute vorbei und ich lache: „Die könnte ich jetzt gebrauchen!" Der Sohn kommt hinzu, fragt nach dem Woher und Wohin und ich nenne Kronburg als Minimalziel. Das seien nur noch fünf Kilometer! Na, dann muss es mindestens bis Lautrach gehen. Ich bitte ihn um heißes

Wasser, damit ich mir einen Tee machen kann – er nimmt meine Flasche und kommt mit einem wunderbaren Kräutertee zurück.

Weiter nach Zell. Am Ortsende biege ich – der Karte glaubend – auf einen Waldweg ab. Und jetzt verfranze ich mich hoffnungslos! Endlich finde ich eine Jakobswegmarkierung, folge ihr über einen kniehoch nassen Wiesenweg, und dann bin ich auf der Straße nach Kronburg – fast schon im Ort! Trotzdem: Auf diesen zwei Kilometern Luftlinie bin ich eine volle Stunde umhergeirrt, habe eineinhalb Stunden gebraucht statt einer halben und bin von den Knien abwärts nass bis auf die Haut.

Eigentlich wollte ich das Kronburger Schloss besichtigen – doch das ist nahe genug, um mal mit Silvia einen Ausflug dorthin zu machen – der Ausblick über das Allgäu muss gigantisch sein! Nur heute ist's recht neblig und bewölkt und ich kann das Panorama nur ahnen.

Ich verkneife mir die von den freundlichen Niederdorfern empfohlene Einkehr beim Bräu und folge dem Wegweiser nach Illerbeuren. Nur: Heute ist wohl mein „Verirrtag". Anstatt von Südwesten komme ich fast von Norden, am Bauernhofmuseum vorbei, in den Ort. Da steht gegenüber vom Museum vor einer Pizzeria der junge Mann aus Niederdorf, grüßt freundlich und erzählt offensichtlich seinen Vatertagsausflugskumpeln, wer ich bin und was ich vorhabe.

Mittlerweile regnet es wieder Schnüre. Ich überquere die Iller, mache kurz Rast im Schutz des Bushäuschens an der Durchgangsstraße, orientiere mich nach der Karte und den Wegweisern. Hochgeklettert zum Schloss, steil den Berg hinab und noch steiler die Aichstetter Straße wieder hoch. Ich schnaufe wie eine alte Dampflokomotive und muss immer wieder Halt machen. Oben auf der Höhe wird der Regen wieder stärker. Ich überlege, mich irgendwo unterzustellen, doch dann fasse ich den Entschluss: Sollte ich in Aichstetten ein Zimmer bekommen, wird der Tag zu Ende sein!

Und wirklich fällt dort mein Blick auf ein Schild: Zimmer. Das sind nur ein paar Schritte vom Weg, ich klingle zaghaft – schließlich bin ich nass wie eine gebadete Katze. Eine ältere, mütterliche Frau öffnet: „Buu, komm ner rein!" Fast traue ich mich nicht, die Teppiche zu betreten mit meinem tropfenden Poncho und den quatschnassen Stiefeln. Doch nach den freundlichen Begrüßungsworten weiß ich: ein Volltreffer!

Frau Wallner kümmert sich liebevoll um mich, schmeißt für mich die Waschmaschine und den Trockner an, bringt mir Kaffee und Kuchen. Ich dusche und telefoniere lange mit Silvia, dann kommt Frau Wallner auf ein

Schwätzchen. Sie fragt mich ein bisschen aus, wie ich auf den Jakobsweg komme – sie ist gläubige Katholikin, doch konfessionell sehr aufgeschlossen. Als sie mir erzählt, dass sie jedes Jahr eine Wallfahrt organisiert – Lourdes, Rom usw. – schenke ich ihr spontan eine Kopie vom „Pilgerlied". Sie freut sich ehrlich darüber!

Ich hole die Wäsche aus dem Trockner, mache mir einen Tee, schreibe Tagebuch und vertilge den sehr guten, doch fast „bleifreien" Holunderlikör, den mir Marie Wallner kredenzt hat. Jetzt mache ich mir noch eine Leberwurstsemmel, trinke meinen Tee – morgen Früh bügeln und um halb acht gibt's Frühstück. Ich bin gespannt, was ich zu zahlen habe – doch ich denke, es wird human werden.

Freitag, 6. Mai 2005   **4**

Aichstetten – Weitprechts   26 km

Es wurde human: gar nichts! „Mich macht's nicht arm und dir hilft's! Dafür nimmst du mich mit nach Santiago!" Mir kommen wieder die Tränen. Endlos könnte ich quatschen und beim Frühstück sitzen bleiben, so lieb und herzlich sind die Wallners – und draußen regnet's!

Um neun Uhr raffe ich mich endlich auf. Durch ein schönes Wiesental nach Altmanshofen. Es regnet und ein umhangbewehrter Radfahrer lacht mich an: „Hat's dich auch erwischt?!" Im Ort suche ich mir ein windgeschütztes Eck und es gelingt mir, den Poncho über das Gepäck und mich zu ziehen – eine etwas knifflige Sache, denn das ist eigentlich ein Fahrradponcho und die Proportionen stimmen da nicht so ganz: Vorne hängt er mir bis an die Knie und hinten spannt er um den Rucksack.

Unter der A 96 durch – die habe ich am Dienstagabend schon einmal unterquert. Und jetzt geht's durch ein Bachtal wie aus einem Märchenfilm. Da komme ich auch an meinem Traumhaus vorbei: einsames Gehöft mit Schuppen und kleinem Stall, einem schönen Obstgarten und einem riesigen Teich!

Unmerklich, den Bach entlang, ist das Gelände fast 100 Meter angestiegen und als ich aus dem Wald heraustrete, pfeift ein grausamer Wind, zusätzlich zum peitschenden Regen. Mein Umhang flattert in alle Richtungen, ich friere gottserbärmlich an den Händen – heute Morgen habe ich Depp die Handschuhe ganz unten in den Rucksack gesteckt! In Gospolzhofen verkrieche ich mich im Bushäuschen und fische die Handschuhe heraus: Danke, Silvia, dass du sie mir aufgedrängt hast! Nun geht es über weites, offenes Ried, es pfeift wie an der Nordsee, doch mir ist angenehm warm. Ich stelle nur fest, dass ich heute langsam gehe – dafür muss ich am Berg nicht so oft verschnaufen. Der Regen hat inzwischen nachgelassen, doch kurz vor Brugg kommt eine peitschende Bö und in Sekundenschnelle bin ich ab Mitte Oberschenkel bis unten vollkommen durchweicht.

Doch da ist der „Wirt von Brugg", den mir Herr Wallner zum Übernachten empfohlen hat – ich kehre ein. Eine wunderbare Brätspätzlesuppe und ein Tee für zusammen 3,60 € – da kann man nichts sagen! Ich erzähle dem Wirt und einem Gast woher und wohin, nenne Rohrbach oder das Nächste als Tagesziel und man rät mir ab: Die Gasthäuser dort haben keine Zimmer. Ich höre auf ihren Rat und laufe nach Weitprechts: teilweise sehr schön, aber alles auf unangenehmem Teer, ganze Strecken auf der Staatsstraße. Die Steigung nach der Ziegelei schlaucht mich – dafür wäre der Blick zurück umso schöner, wenn nicht alles von Regenvorhängen verschleiert wäre. Mitten im Wald an der Straße ein einsamer Bildstock mit der Jahreszahl 1745: an einer Seite ein gesottener Märtyrer (St. Vitus, erklärt mir am Abend die Gastwirtin) wie die Karikatur eines Missionars im Kannibalentopf, in der Mitte eine Madonna und an der dritten Seite ein Martin, der seinen Mantel teilt.

Einturnerberg: an der „großen" Straße eine ganze Reihe alter Kreuzwegstationen – alte Steinstöcke, doch die bemalten Reliefs in den Schaunischen sehen recht „neu" aus. Ich versuche, in die Kirche zu kommen, die ausnahmsweise nicht barock aussieht – an den Außenwänden deuten einige eingemauerte Grabsteine auf ein hohes Alter hin. Leider alles verschlossen – mal hinfahren! Überhaupt ist dies eine Landschaft zum Urlaubmachen!

Es fängt wieder an, zu regnen. In Weitprechts lockt der „Ochse" – sehr schönes Zimmer. Die nette Wirtin nimmt gleich Poncho, Regenjacke, später Hose und Stiefel samt den Socken in den Heizraum zum Trocknen. Abendessen, zwei Halbe: jetzt langt's! Es ist zehn vor acht Uhr, ich bin bettreif.

In der Nacht habe ich nachgedacht und beschlossen, den Trinkbeutel doch im Rucksack zu verstauen – sicherheitshalber mit einem dichten Plastikbeutel drumherum. Außerdem schnalle ich die Isomatte außen über den Regenschutz – so wird der Rucksack besser bedeckt. Klappt! Die Wirtin, Frau Schmidt, hat mir das Frühstück vorgerichtet und die getrockneten Kleider zurechtgelegt. So kann sie länger schlafen. Gestern Abend hat augenscheinlich ein Verein im Gasthaus getagt – high life bis halb drei!

Um dreiviertel acht bin ich auf dem Weg. Es geht mir heute überraschend gut, die Füße sind trocken, warm und schmerzen nicht. Auch meine Kondition am Berg freut mich. Ich beschließe: heute Meilen machen! Im Holz zwischen Weitprechts und Dettau widerlich verschlammte Forstwege mit knietief ausgefahrenen Spuren, da wurde augenscheinlich mit schwerem Gerät gearbeitet – weite Kahlschläge. Riesige Stämme, der harzige, herrliche Duft von frisch geschlagenem Holz: das versöhnt. In Alttann schläft noch alles, nur eine alte Frau im Gehwagen erwidert verwundert meinen fröhlichen Morgengruß. Steil über Treppen hinab zur Weißenbronner Ach, durch ein wunderschönes Tal nach Neutann. Auf der Terrasse des Sanatoriums zwei Mädchen; wir wünschen uns über den Rasen hinweg einen schönen Tag. Weiter den Bach entlang – der Wind wird von Berg und Wald abgehalten, es ist ein schönes Laufen. Nun ein endloser, langer Anstieg und ein ebenso lang gezogener Abstieg durch wunderbaren Hochwald. Die Beschilderung ist etwas verwirrend, doch Karte und Kompass helfen, den richtigen Weg zu finden. Am Fuchsenloch treffe ich auf eine Dame, die ihre Wanderkarte studiert. Wir kommen ins Gespräch – ihre wunderschöne Schäferhündin ist schon sechzehn Jahre alt: „Solange sie's noch macht, soll sie auch was davon haben!"

Durch Fuchsloch – schönes Anwesen, wieder mal so ein Traumhaus – Straßen klotzen bis Erbisreute und jetzt fängt's an zu regnen. Schlimme Windböen, ich kämpfe mich über die Wiesen und bin froh, wieder in den Wald zu kommen. Bergauf und bergab; mal Orientierungsschwierigkeiten: Wieder helfen Karte und Kompass, der richtigen Markierung zu folgen. Mitten im Wald an einer Wegespinne ein kleiner Pavillon, darin ein junger Mann mit einer hübschen Mischlingshündin. Nach Ravensburg seien es gerade mal noch drei Kilometer! Es regnet. Weiter in die Stadt. Ich suche Schutz in der Liebfrauenkirche. Eine wunderschöne Schutzmantelmadonna sehe ich da und einen herrlichen Auferstandenen – ich fotografiere beide und komme mit einem Ehepaar aus den Niederlanden ins Gespräch.

Als ich aus der Kirche komme, hat es aufgehört zu regnen. Ich beschließe, mich trockenzulaufen und zwar nicht Richtung Westen, nach Konstanz, sondern nach Süden, nach Friedrichshafen, und von dort das Schiff zu nehmen: Das halte ich noch für pilgergerecht, nur Radfahrzeuge sind tabu! So spare ich mir sicher zwei Tage. Doch dann, nach einer knappen halben Stunde, ein Wolkenbruch. Im Nu bin ich trotz des Ponchos vom Gürtel abwärts nass bis auf die Haut. Ich bin in Weißenau gelandet, habe mich in einem Ladeneingang untergestellt. Schräg gegenüber sehe ich eine Kneipe: Jetzt ein bisschen Wärme und etwas zu trinken. Doch es gibt sogar Zimmer! Da ist um halb vier der Tag zu Ende. Umziehen, die nassen Kleider auf die Heizung drapiert, unten im Lokal zwei Bier getrunken, etwas gegessen, Tagebuch schreiben. Jetzt werde ich noch zahlen und dann früh ins Bett – morgen möchte ich zeitig los!

Zwei Stunden habe ich geschlafen, dann weckt mich eine ganze Karawane mit Blaulicht und Martinshorn. Nicht daran zu denken, wieder einzuschlafen! Also in Hose, Pullover und Sandalen geschlüpft und noch mal runter, ein Bier trinken. Das wurde noch ein langer, netter Abend mit einem Polizisten und seiner Holden, Jens (ein Junggeselle, der mich unbedingt für die Nacht zu sich einladen wollte), dem griechischen Wirt und seinem Vater. Man gibt mir noch ein Bier aus, fragt mich aus über den Jakobsweg, meine Motive, mein Leben: Ich erzähle und erkläre und wundere mich über mich selbst, dass ich so offen darüber sprechen kann, dass dieser Pilgerweg für mich auch ein Weg ist, Gott zu suchen. Als ich gegen halb zwölf nach oben gehen will, verabschiedet sich Jens feierlich mit Handschlag: „Es war mir eine Ehre, Sie kennenzulernen!" Und den Anderen muss ich hoch und heilig versprechen, aus Santiago eine Karte zu schreiben!

Um sechs Uhr bin ich wach und um halb sieben werfe ich den Zimmer-schlüssel in den Briefkasten. Nachdem mir die Karte nicht sagt, wo ich bin, laufe ich erstmal verkehrt – mache einen weiten Bogen nach Osten, fin-de mich aber bald auf markiertem Weg. Im Schussenwald verfolgen mich Raben – ein ganz seltsam anrührender Laut sind ihre Rufe – zauberhaft, verzaubert im jungen Buchenholz. Die Sonne bricht durch – das erste Mal seit Tagen! An der Pferdepension in Weiler mache ich kurz halt und ziehe die Regenjacke aus – endlich! Ich koche drunter im eigenen Schweiß und beginne, meine Sparsamkeit, die mich abgehalten hat, vor dem Abmarsch zeitgemäße Regenkleidung samt Poncho zu kaufen, zu verwünschen: Die Jacke, die ich trage, ist zwar regendicht, aber auch alles andere als atmungs-aktiv!

Endloses Strassengeklotze – Gott sei Dank kein Verkehr. Da: eine Ja-kobswegmarkierung – der folge ich natürlich! Ein Feldweg, aufgeweicht, lehmig – und dann ist er zu Ende: Wo er war, hat man von beiden Seiten bis an die Grenze gepflügt und in den Furchen steht das Wasser. Ich rette mich mit lehmverklumpten Stiefeln, Hosen und Stöcken in eine Wiese mit kniehohem Gras – da werde ich zwar nass, aber halbwegs sauber – über den gepflegten Rasen eines Einfamilienhauses zurück auf die Straße. Am Ortseingang Brockenzell wieder ein Jakobswegweiser, der nach Karte gar nicht da sein dürfte. Das ist der Weg nach Konstanz – ich will aber runter nach Friedrichshafen und bleibe lieber auf der Straße.

Am Schloss von Hirschlatt mache ich im Bushäuschen Rast, und dann ist es, meine ich, nur noch ein Katzensprung nach Friedrichshafen. Nur: Die Beschilderung ist dürftig, die Karte ist bei den Wanderwegen unge-nau – dennoch finde ich zum Hafen und bin gegen 12.20 Uhr dort. Ich frage einen Hafenarbeiter nach dem Schiff nach Konstanz – Pier 4 sagt er, und als ich dort hinkomme legt gerade das Schiff ab! Das nächste Boot fährt 16.48 Uhr! Die Sonne ist warm, also ein paar Stunden Stadtbummel, einfach, aber teuer essen. Soll ich ins Zeppelinmuseum? Ich streife lieber durch den Park und am Seeufer entlang. Um sechzehn Uhr setze ich mich an die Anlegestelle, komme mit einer geschwätzigen alten Dame ins Ge-spräch und bin froh, dass ich sie beim Einsteigen „verliere".

Als das Schiff in Konstanz anlegt, begrüßen mich die beiden Holländer von der Kirche in Ravensburg freundlich. Ich habe keine Lust, quer durch die Stadt drei Kilometer zur Jugendherberge zu laufen. Also informiere ich mich gleich hier im Hafen an einer Anschlagtafel und leiste mir ein Privatzimmer direkt am Münster. Nicht gerade billig, doch sehr schön und sauber, 100% schwedisches Möbelhaus! Ich wasche meine lehmigen, nassen und verschwitzten Kleider von Hand, hoffe auf den Trockner, der in der Gemeinschaftsküche läuft, unterhalte mich ein bisschen mit einer netten Mitbewohnerin, wringe meine Wäsche aus und lege sie auf den Trockner.

Ich gehe ins Münster – dort endet gerade ein ökumenischer Friedensgottesdienst –, frage eine evangelische Pastorin und dann die Mesnerin, die gerade abschließt, nach dem Jakobswegweiser. Ich finde ihn – die 1950 Kilometer, die er ansagt, erscheinen mir etwas unrealistisch, doch ich beschließe, mich morgen früh davor fotografieren zu lassen.

Am Eck ein Restaurant, türkisch, aber gut und günstig! Der Trockner mit der fremden Wäsche ist fast fertig, so lese ich noch ein bisschen im NT: Paulus als Diener aller Christen, der deshalb nicht zu arbeiten braucht – theologische Grundlage des Berufspriestertums und eines schmarotzenden Klerus?

Ich räume die fremde Wäsche aus dem Trockner, stecke die meine rein, gehe ins Bett. In der Nacht wache ich ein paar mal auf, kontrolliere die Wäsche – der Trockner leistet Schwerstarbeit, doch bis morgen früh wird alles trocken sein!

 7 Montag, 9. Mai 2005

Konstanz – Affeltrangen   27 km

Um sechs Uhr beschließe ich, noch eine halbe Stunde zu schlafen. Meine Kleider sind trocken, ich packe, mache mir einen Tee in der Flasche und überlege: Rasttag? Nein! Ultreia!

Ich frühstücke bei McDonalds – überraschend gut – schreibe Postkarten, finde einen Briefkasten und mache mich auf. Man rät mir, am Ufer entlang zu gehen – tagsüber ist die Grenze dort offen: Ein Drahtzaun, ein offenstehendes Tor, Hinweisschilder, man möge mit zu verzollenden Waren doch bitte zum Grenzübergang kommen – das ist alles und schon bin ich in der Schweiz!

In Kreuzlingen irre ich ein bisschen herum, komme fast bis an die Jugendherberge – da hätte ich gestern gleich hingehen sollen! Ein Schild: „Change am Bahnhof". Ich wechsle 100,00 €. Der Bahnbeamte schickt mich auch richtig auf die Jakobswegmarkierung. Ein Radfahrer spricht mich als Pilger an, fragt mich woher, wohin, weshalb, ich sage auch, dass ich so etwas nur einmal im Leben mache und da meint er: Einmal ist keinmal – und ich würde diese Erlebnisse wiederholen wollen. Als der Weg abbiegt, überredet er mich, die Straße geradeaus weiterzugehen, da hätte ich nachher einen herrlichen Blick auf die Reichenau – ich bräuchte nur immer der Straße zu folgen, der markierte Weg käme auf sie zurück. Irgendwann ist er zuhause und ich keuche weiter die Steigung hoch. Bei einem stattlichen Bauernhaus mit der Thurgauer grün-weißen Fahne tatsächlich ein schöner Blick zurück auf den See – noch ein Foto und ich nehme endgültig Abschied von Deutschland und dem Bodensee.

Aufbruch in Konstanz

Die Regenwolken, die ich eben fotografiert habe, erreichen mich. Ich ziehe den Regenschutz über den Rucksack und spaziere unterm Regenschirm weiter. Ein Stück die B 1 entlang (Radweg) und dann hat mich der Jakobsweg wieder. Malerische Waldwege, ich ignoriere eine Wegsperrung wegen Forstarbeiten, wieder Straße, Feld, Kuhglocken. Am Bommer Weiher mache ich in der Sonne Rast und verstaue den Regenüberzug wieder im Rucksack. „Reifenwechsel": Sandalen an!

Zwei Frauen mit Hund studieren auf der Straße die Karte, gehen weiter, doch kurz vor Alterswilen machen sie schon wieder Orientierungshalt und so hole ich sie ein. Sie gehen heute den Jakobsweg bis Märstetten und wir beschließen, zusammen zu laufen. Der Weg führt kreuz und quer, vermeidet Asphalt, schöne Waldwege in eine Schlucht mit wildromantischem Bach. Dort steht ein schönes altmodisches gusseisernes Jakobswegschild und die Jüngere will unbedingt davor fotografiert werden, mitsamt ihrem Hund.

Und da passiert's: Als ich in die Knie gehe, um sie besser auf den Film zu kriegen, platzt die Innennaht meines linken Hosenbeins vom Knie bis zum Schritt auf und ich stehe halb im Freien! Die Frau bietet mir an, dass ich sie heute Abend anrufen soll, wo ich bin: Sie käme dann, holte die Hose, nähte sie und brächte sie wieder zurück. Doch dann hat sie einen besseren Gedanken: Sie fragt in einem einsamen Hof an, erklärt unsere Lage – und die Altbäuerin ist tatsächlich bereit, den Schaden zu beheben. Die Frauen

Die Bäuerin hilft: Meine Hose wird genäht

warten draußen, ich lasse Rucksack und Sandalen im Flur und finde mich in Unterhosen auf dem Sofa einer wunderschönen alten Stube mit einem urigen Kachelofen wieder. Die Bäuerin holt die Nähmaschine aus dem Kasten, näht die Naht doppelt und dreifach wieder zu – und die andere Seite auch gleich, damit so etwas nicht noch einmal passiert!

In Märstetten trenne ich mich von den Frauen und dem Hund – ich will ins Dorf, zur Jakobskirche. Dort finde ich einen Hinweis auf den Prägestempel und stemple meinen Pilgerpass. Gegenüber der alten Pilgerherberge ein Lebensmittelgeschäft: Ich fülle meine Mundvorräte auf. Nach Arlikon geht es eine endlose Steigung, den Bach entlang, ich mache Rast und da ist plötzlich ein Radfahrer aus Pfullendorf – auf dem Weg nach Santiago! Ich biete ihm Tee an, er hat Durst. Er ist erwerbsunfähig, Frührentner, kann nicht laufen, aber radeln. Er trägt sein Gepäck auf dem Rücken und ich rate ihm, sich besser einen Gepäckträger zu kaufen – er klagt über den hohen Schwerpunkt. Wir gehen ein Stück Weg gemeinsam, bei Holzhausen lasse ich ihn ziehen: Es war schön, Gesellschaft zu haben, doch jetzt genieße ich das Alleinsein wieder.

Oben an der Schule über Affeltrangen einige Regenspritzer, ein paar nette Ziegen, schwarzweiß mit lustigem Kitz, und da, an einem Wegweiser ein Hinweisschild: Zimmer für Pilger. Nach einigem Suchen und Fragen – alle Leute hier sind wirklich freundlich und hilfsbereit – lande ich im „Restaurant Schöffli" bei der Frau Hösli und kriege ein herrliches Zimmer, ein gutes Abendessen und aufgeschlossene und interessante Unterhaltung. Eine liebe und freundliche Frau! Sie kopiert das Blatt mit dem Jakobsgebet von Pfarrer Danner und mein Pilgerlied für ihren eigenen Pfarrer. Bis nach neun Uhr – also zwei Stunden – schreibe ich eineinhalb Tage Tagebuch nach. Ich bin heute noch müder als gestern, doch eines weiß ich: Die Schweiz ist schön und die Schweizer sind nette Leute!

Dienstag, 10. Mai 2005
Affeltrangen – Hörnli   22 km   8

Um halb neun gibt's ein wunderbares Frühstück – vorher war ich ausgiebig in der Luxusdusche. Frau Hösli erzählt, dass die Stammgäste gestern starke Zweifel geäußert hätten, dass ich den Weg nach Santiago schaffe. Ich nehme mir vor: Da schicke ich eine Karte hin!

Zehn vor neun bin ich auf der Straße. Heute will ich aufs Hörnli – von 511 Metern hoch auf 1133! Der Weg führt durch herrlichen Wald, die Sonne scheint, ich gehe mit hochgekrempelten Ärmeln – eine Lust nach dem vielen Regen der letzten Woche! Weiter, bergauf und bergab zum Ortseingang von St. Margarethen: schöne alte Kapelle. Auch die Kirche im Ort gefällt mir, lustig sind die jahrhundertealten Pilgergraffiti. Dann geht's wunderschön an der Murr entlang bis hinter Sirnach. Als ich mich auf die Bank vor dem Wirtshaus setze und die Schuhe wechsle, kommt gleich die Saaltochter und ich bestelle notgedrungen ein großes Mineralwasser – gut, aber teuer (4,00 CHF)!

Bei Wiezikon geht's zum ersten Mal richtig steil bergauf. Meine Kondition ist schlimm! Alle zwanzig, dreißig Schritt muss ich verschnaufen! Endlich Fischingen: Kurz vorher stehe ich in einem Hohlweg plötzlich vor einem großen Fuchs. Wir sehen uns groß an, dann springt er mit einem eleganten Satz ab.

In Fischingen ist die Klosterkirche leider eine einzige Baustelle, nur die Idda-Kapelle ist besuchbar. Aber wenn die ganze Kirche so ist: welch Kleinod! Vor dem Idda-Altar eine Bank, in der Vorderseite des Altars ein großes Loch: Da soll der Pilger seine müden, schmerzenden Füße hineinstecken, Idda verschafft Linderung! Ich probiere es natürlich aus und habe das Gefühl: Es hilft!

Im Sekretariat des Klosters stempelt man mir meinen Pilgerpass – vorher hatte ich schon in St. Margarethen gestempelt. In den Pilgerbüchern dort und hier sind drei Tage vor mir vier Damen aus Oberschwaben eingetragen – ob ich die wohl einhole?

Die Sekretärin im Kloster meint, bis aufs Hörnli schaffe ich's noch locker. Sie ruft dort an, der Wirt möge auf mich warten, denn der fährt abends immer ab ins Tal. Der Aufstieg nach Au ist mörderisch – zwar nur 60 Höhenmeter, aber steil! Im Ort gehe ich in die St. Anna-Kirche. Dort ist gerade die Maiandacht zu Ende – nett, wie die Leute einen begrüßen. Der Weg aufs Hörnli macht mich endgültig fertig: Von 691 Metern auf 1133! Steil, Treppen, Treppen, steil. Wie schaff ich das bloß?!! Zwischendurch treibt ein Bauer sein Vieh ein – ich bin froh, dass ich warten muss. Dann eine Tafel: Ab hier heißt es nicht mehr Schwabenweg, sondern Jakobsweg. Ich habe den Thurgau verlassen und bin im Kanton Zürich. Und wieder mal klatschnass: Seit Fischingen regnet es, und seit einer Stunde fallen Graupel und dicke Schneeflocken dazwischen.

Endlich oben – man hatte mich kaum noch erwartet und empfängt mich mit den Worten: „Da sind Sie ja endlich! Die andere Dame ist auch schon hier!" (Man hatte geglaubt, die Klostersekretärin käme aufgestiegen).

„Die andere Dame" ist Inge aus Dortmund. Sie ist vor zwei Jahren den Camino von Le Puy bis Santiago gelaufen und läuft heuer von Konstanz nach Le Puy. Wir waschen Wäsche und drapieren sie über die Heizungen, schwatzen, der Wirt kommt, spendiert Absinth und macht mir noch eine Lasagne – guuuuut!!

Inge ist schon im Bett, ich mache gleich das Licht aus. Morgen wollen wir gemeinsam nach Rapperswil gehen – sie hat dort einen Bekannten, den sie auf dem Camino kennen gelernt hat. Ich komme kaum auf das Stockbett, so fuß- und kreuzlahm bin ich! Todmüde, doch ich kann lange nicht einschlafen ...

Ich wache gegen halb sieben auf. Draußen ist herrliche Sonne und ein wunderbarer Blick. Ich zaubere heißes Wasser aus der Espressomaschine, Inge spendiert Neskaffee und Waffeln zum Frühstück. Packen, aufladen, von außen absperren. Während ich noch ein paar Bilder mache, deponiert

Blick vom Hörnli

Inge den Schlüssel im Briefkasten. Wir wollen gerade los, da merke ich, dass wir meine Stöcke in der Hütte eingeschlossen haben. Der Schlüssel ist unerreichbar! Also läuft Inge alleine los, während ich noch eine Stunde in der Kälte auf eine Angestellte warte, die mir aufschließt. Inzwischen habe ich dreimal die Hütte umrundet, Eis von den Tischen gekratzt, einen kleinen Ausflug zum Höhenrücken gemacht, auf dem die Feuerstelle liegt, und erstaunt ein Thermometer betrachtet, das behauptet, es sei knapp zehn Grad kalt! Doch in der Sonne ist es auszuhalten.

Um viertel vor neun komme ich dann los. Steiler Abstieg – kniebrechend, ich bin wieder einmal froh über meine Stöcke. Dazwischen ebenso steile Anstiege – ich gehe sie langsam an und es geht besser als gestern. Herrliche Sonne, Kuhglocken, Schaf- und Ziegenherden – welch paradiesisches Land! Oben ist der Frühling so weit wie bei uns vor einer Woche, doch je weiter ich absteige, desto sommerlicher wird es. Kastanien, Rhododendren, Magnolien blühen, Löwenzahn leuchtet in der Sonne, die Wiesen sind gelb vom Hahnenfuß. Eine Schulklasse wandert mit ihrem Lehrer, wir unterhalten uns, während ich überhole. Vor einem Bauernhof setze ich mich auf eine Bank, schmuse ein bisschen mit dem Hund und esse von meinen Vorräten. Bauer und Bäuerin wollen Schafen Glocken umhängen, doch denen passt das gar nicht und sie wollen sich nicht einfangen lassen. Ich könnte noch länger zusehen, doch ich will und muss weiter.

Endlich: Blick auf den Zürichsee – noch sehr weit. Wieder steil abwärts und aufwärts, Treppen, Steige, wunderschöner Wald. Im Hochwald an einer Kreuzung eine Bank mit der Aufforderung: „Jufle und strütte, des macht chrank, drum gönn dir es viertel Stündli uff derer Bank!" – was ich auch tue.

Kurz vor Rapperswil erwischt mich ein Regenguss. Eigentlich wollte ich weiterlaufen, doch es ist nach vier und mein linker Fuß macht Schwierigkeiten. Ich rufe in der Jugendherberge an – die sei voll, sagt man mir, ich versuche in Pfäffikon Quartier zu finden – auch belegt. Also hier in den Gasthof Jakob. Sehr schön, aber sehr teuer! Doch die Gratis-Pilgersuppe ist gut!

Ich bringe Ballast zur Post, schreibe Karten und genieße bei wieder wolkenlosem Himmel das südländische Flair am Zürichsee. Abendessen, Wäsche waschen, Tagebuchschreiben, ein bisschen Fernsehen, Schlafen. Morgen früh geht's nach Einsiedeln.

10 Donnerstag, 12. Mai 2005

Rapperswil – Alpthal   26 km

Ich habe schlecht geschlafen, war immer wieder wach. Gegen halb sieben bin ich endgültig auf den Beinen. Ich fülle den Trinkbeutel, packe, stelle den Rucksack an die Rezeption und gehe erstmal frühstücken. Die Bedienung füllt mir meine Flasche mit heißem Wasser und legt drei Teebeutel dazu – zwei gewonnen. Doch ich habe kein schlechtes Gewissen, dass ich mich an der Teebar auch noch mit Neskaffee, Ovomaltine, Kräutertee und Kakaobeuteln eindecke – bei dem Übernachtungspreis! In der Post kaufe ich noch einen zweiten Speicherchip für meine Kamera – sollte wohl reichen!

Über den langen Steg – da treffe ich zwei Damen, die mich ausquetschen. Eine war vor zwei Jahren in Santiago. Ein Schwan brütet direkt neben dem Weg und lässt sich auch von meiner Kamera nicht stören. In Pfäffikon geht's steil bergauf, Treppen – ich gehe langsam und muss nicht so oft verschnaufen wie in den letzten Tagen. Endlich erreiche ich das Haus Luegeten mit den lustigen Figuren auf der Liegewiese. Für ein kleines Mineralwasser zahle ich hier 3,95 €!

Weiter steil bergauf, ich lasse es ruhig angehen, lasse mich zweimal überholen, unter anderem von einer fünfköpfigen Familie aus Rorschach. In einem engen Tal Panzersperren aus Beton. Endlich oben in St. Meinrad. Ich gehe in die wunderschöne Kapelle, werfe den Pullover über, denn es pfeift empfindlich. Hinunter über die Teufelsbrugg, hoch über sonnige Matten und da hinten ist auch die Rorschacher Familie wieder und macht Pause. Vor Waldweg unterhalte ich mich mit einigen Spaziergängern und da haben sie mich eingeholt. Jetzt packt mich aber der Ehrgeiz: Mit denen halte ich mit! Papa hat einen strammen Schritt drauf, doch da es eben oder abwärts geht, bleibe ich locker neben ihm. Vor uns endlich der Stihlsee und schließlich Einsiedeln.

Erster
Blick auf
Einsiedeln

Am Ortseingang will ich in die Kapelle, doch die ist leider abgesperrt. So habe ich die Rorschacher verloren. Ich sehe sie im Münster wieder, als ich an der Gnadenkapelle vorbeikomme. Doch vorher fällt mir eine Abordnung historisch gekleideter Männer und Frauen auf, mit einem unterarmlangen goldenen Schlüssel – aber den krieg ich nicht – schade! Als ich die Kirche betrete, verschlägt es mir den Atem: gewaltig! Ich knie an der hintersten Bank und danke Gott für seinen Schutz und seine Führung bis hierher, bitte für meine Lieben und für meinen weiteren Weg.

Die Kirche ist gesteckt voll, sogar zusätzliche Bänke hat man hineingestellt. Hinter einer Absperrung huscht ein Mönch vorbei und ich frage ihn nach einem Jakobusaltar. „Einen Altar des heiligen Jakobus haben wir nicht, aber im Chor eine Statue! Haben Sie einen bestimmten Grund, gerade ihn zu suchen?" – „Ja, wissen Sie, ich bin auf dem Weg nach Santiago ..." – „Ah, ich verstehe! Wir haben eine Statue im Chor – aber das ist jetzt ungünstig: Das Hochamt hat begonnen – heute ist nämlich der nationale Pilgertag!" Doch dann öffnet er mir das Gitter und führt mich durch Klosterbereiche an die Seite des Chores – während am Hochaltar der Bischof die Messe zelebriert. Jenseits ein überlebensgroßer Jakobus, kenntlich an Hut, Stab und Muschel.

Der Klosterbruder übergibt mich an den Bruder Pförtner, der mir meinen Pilgerpass abstempelt. „Sie sehen müde aus", sagt er und bietet mir Quartier an. Doch ich will weiter, heute noch nach Hagenegg. Vor der Kirche suche ich nach einer Jakobsmuschel. Die Verkäuferin in einem der vielen Devotionalienstände hat tatsächlich eine, doch die ist nicht gelocht – und sonst hat sie nur noch ein paar scheußliche, schwere, aus „Silber". Schade, nicht mein Fall! Während ich noch mit ihr schwatze, kommt eine junge Frau mit einem vollen Kaffeebecher zwischen den Zähnen dazu. Ich frage, wo es den Kaffee gäbe und sie zeigt quer über den Platz, bergab. Da meine ich, das müsse ich mir zweimal überlegen, für einen Kaffee da hinzustiefeln, bergab und bergauf! Da lacht sie, schaut auf meinen Rucksack und schenkt mir ihren Kaffee!!

So gestärkt geht es weiter. Nach einer kurzen Rast am Ortsausgang geht es immer leicht bergan ein Tal entlang, am Kloster Au vorbei. Dort könnte man um Unterkunft bitten, doch es ist mir noch zu früh. Einige hundert Meter weiter sehe ich um ein Scheuneneck jemanden verschwinden, der mir recht bekannt vorkommt. Ich komme hin: Recht hatte ich – Inge vom Hörnli! Sie hat in Einsiedeln eine Adresse von einer Pilgerunterkunft bekommen, in Alpthal, kurz bevor es hinaufgeht nach Hagenegg. Ich beschließe, auch dort zu bleiben und den Weg über den Pass morgen mit frischen Kräften anzugehen. Wir kommen an der schönen alten Schule vorbei und finden auch richtig das Anwesen der Schulers, wo Pilger aufgenommen werden. Der Hund an der Kette bellt, ist aber freundlich, die Matratzenlager sind offen – herrlich primitiv – aber niemand ist da. Wir wollen nicht mehr weiter, teilen meinen Tee, sonnen uns.

Es wird halb sechs. Zwei Pilger aus Lohr am Main kommen vorbei, alte Santiagowanderer, die jetzt nach Rom unterwegs sind. Die Matratzenlager sagen ihnen nicht zu – sie wollten eigentlich im Nachbarhaus Zimmer nehmen, wurden aber per Zettel hierher verwiesen. Inge tauscht mit ihnen Jakobswegerinnerungen aus. Die Sonne verschwindet, es wird empfindlich kühl und die Lohrer entschließen sich: Sie fahren mit dem Bus nach Brunni, übernachten dort, fahren morgen wieder hierher zurück und wandern weiter.

Endlich kommt eine junge Frau angefahren mit ihrer vielleicht zwölfjährigen Tochter. Sie hatte uns schon ins Dorf kommen sehen, aber nicht geglaubt, dass wir zu ihr wollten, und so ist sie mit der Tochter einkaufen gefahren. Es gibt noch einen großen Topf Spaghetti mit Tomatensoße, hinterher Brot und Käse – köstlich! Ich esse zwei Riesenteller, trinke Leitungswasser literweise. Gegen zehn Uhr verkriechen wir uns in dem umgebauten Lieferwagen, der heute unser Quartier ist, und ich schlafe blitzschnell ein.

Freitag, 13. Mai 2005

Alpthal – Brunnen – Beckenried   20 km + 12 km Schiff

Um halb sieben Frühstück in einer wunderschönen Bauernstube, mit herrlichem beerenreichem, selbst gemachtem Müsli, eigener Marmelade und gutem Brot. Um sieben Uhr sind wir auf dem Weg. Es geht steil bergan (500 Höhenmeter), doch ich laufe langsam mit Pausen wie Inge und so sind wir fast in der „Wanderführerzeit" auf dem Hagenegg. Herrlicher Ausblick hinab auf den Vierwaldstädter See mit Schwyz und Brunnen. Neben uns die beiden Mythen – wir sind am höchsten Punkt unserer Schweizdurchquerung. Beim Aufstieg hat es geregnet. Nun geht es steil fast 1000 Meter abwärts nach Schwyz!

Gestern hatte ich feststellen müssen, dass meine guten Wandersocken Löcher haben, also in einem Kaufhaus am Ortsende neue gekauft: Löcher in den Socken sind zu blasenträchtig. Vorher aber noch Inge in die Kirche geschleppt – sie ist begeistert von der Kapelle St. Martin, vor allem aber von der Kirche selbst – mit Jakobsaltar! Mir wird es immer selbstverständlicher, von meinem Glauben zu sprechen. Die Hemmnisse, mich frei als Christ zu bezeichnen, vom Walten Gottes zu sprechen, werden immer geringer.

Großer und Kleiner Mythen

Die Strecke in der Ebene nach Brunnen zieht sich endlos und ich bringe Inge das Dauerlied vom Ele-Zwele-Trelefanten bei – das hilft über die erste halbe Stunde hinweg. In Brunnen (zwischendurch hatten wir uns kurz verlaufen, da wir nicht glauben konnten, dass der Wanderweg über einen Drahtzaun führt) eine Schar Enten im Bach, sogar mit Küken – doch dann sehen wir, das sind Plastikenten, naturgetreu und im Bachbett verankert! Aber gleich daneben zwischen Bach und Straße ein echtes Schwanennest: Ein Küken versucht mühsam, die steile Böschung zu seinen Eltern hochzuklettern ...

Am Hafen gibt's eine Batterie für meine Uhr – ich zahle 20 Franken: Viel mehr hat die ganze Uhr damals nicht gekostet.

Wir hatten eigentlich vor, mit dem Schiff nach Buochs zu fahren, doch da hätten wir zwei Stunden warten müssen. So fahren wir nur bis Beckenried, dahin geht das Boot schon um halb drei, und laufen morgen von dort aus weiter. Wir trinken einen Kaffee und holen meine Uhr ab – die Verkäuferin ist sehr nett und freundlich und schenkt dem Pilger händeweise Bonbons.

Dann geht's an Bord – wir sparen uns so mindestens 12 Kilometer Fußmarsch und an die hundert Höhenmeter auf und ab. An der Anlegestelle von Traub fällt uns das alte Fluchthaus auf (Freistätte für Flüchtlinge) und die Zahnradbahn. In Beckenried wurde das Tourismusbüro mit Quartiernachweis fünf Minuten vor Ankunft des Schiffs geschlossen. So fragen wir zwei Einheimische und die schicken uns Richtung Buochs die Uferstraße entlang. Das „Hotel Rigi" ist eine Bruchbude, dann finden wir die „Pension Seeblick". Auch hier müssen wir auf die Chefin warten, vielleicht eine Viertelstunde, doch die ist dann sehr nett und wir bekommen zwei schöne Zimmer. Die Wirtin steckt unsere Wäsche in die Maschine und den Trockner, Inge trocknet allerdings ihre Techno-Hose in der Sonne, und ich lerne, dass die Funktionswäsche nicht trocknergeeignet ist – merken! Ich gehe die paar Schritte rüber zur Wallfahrtskapelle Unsere Liebe Frau zu Ritli – herrlich mit einer ganz besonderen Atmosphäre – und lasse den Ort lange auf mich einwirken.

Zum Abendessen gehen wir runter ins Hotel Sternen. Hervorragender Felchen auf Nudeln (das Billigste!). Auf dem Rückweg bleiben wir an einer Kneipe hängen – die Männer laden uns auf Wein und „verstärkten" Kaffee ein – spaßig! Ich verspreche hoch und heilig, aus Santiago zu schreiben und notiere die Adresse eines der Schweizer. In der Pension unterhalte ich mich noch ein bisschen mit der Wirtin, schreibe Tagebuch und bin um halb elf im Bett.

Samstag, 14. Mai 2005

Beckenried – Flüeli – Ranft   19 km   **12**

Um halb sieben gibt's Frühstück; die Wirtin schenkt mir eine Jakobsmuschel aus der Sammlung ihrer Tochter. Die wird an meinen Hut kommen! Noch einmal in die Kapelle Unserer Lieben Frau von Ritli, Fotos machen. Wir wollen über Buochs nach Stans, doch dann verwechseln wir aus der Ferne ein Velo-Schild mit dem Jakobswegweiser, kürzen über eine Wiese ab und laufen fast eine ganze Stunde verkehrt. Als wir eine einsame Fußgängerin fragen, bringt die uns netterweise die vier Kilometer bis zur Heinrichskirche in Stans. Die Statue von der Eitelkeit und dem Mädchen beeindruckt mich, auch die Kirche selbst ist sehenswert, wenn auch nicht so prächtig wie Einsiedeln und auch nicht so stimmungsvoll wie manche der kleinen Dorfkirchen.

Wir kaufen auf dem Markt ein und dann setzen wir uns auf eine Bank und schmausen. Da kommt ein schwer bepacktes weibliches Wesen vorbei, Inge und ich sagen fast aus einem Mund: „Da ist jemand auf dem Jakobsweg!" Denise kommt aus dem Raum Zürich, wird im Juni den spanischen Camino gehen und übt auf den Schweizer Strecken vor. Auch ihr Tagesziel ist Flüeli und so schließen wir uns zusammen. Denise ist halbe Italienerin und ein „herziges" Mädchen. Zwei Tage werden wir zusammen gehen, bis auf den Brüning.

Es fängt an zu regnen. Wir kommen zur St. Jakobskirche in Ennettmoos; dort brennt auf dem Friedhof ein Feuer: Pfingsten wird Firmung sein, bis dann wird das Feuer unterhalten und die Familien der Firmlinge lösen sich bei der Feuerwache ab. Man nötigt uns zum Sitzen, macht uns Kaffee – die Kirche ist wunderschön, stelle ich fest – man fragt uns nach Woher und Wohin, nach unseren Motiven. Mich berührt die Herzlichkeit und Gastfreundschaft, mit der diese Menschen uns Wildfremde aufnehmen. Es fällt schwer, sich loszureißen, doch wir müssen und wollen weiter.

Den Tag „hat die Katz' g'fress'n"! Wir schleppen uns durch Regenschauer „von Gotteshaus zu Gotteshaus". Die Barockkirchen haben wir langsam über, doch die kleinen Kapellen haben immer wieder eine besondere Atmosphäre. Es geht bergauf und bergab – wir werden immer langsamer, vor allem Inge wird zusehends müder. Gehen Denise und ich in eine Kapelle, läuft sie lieber weiter – sie will ihren Schritt halten.

Oben am Berg zwischen Hausen und Niklausen eine „SB-Pilgerraststätte". Es gibt Schokolade, Kaffee, Milch, Wasser – und ein Dach überm Kopf! Zahlen soll man, was man will – gäbe es feste Preise, bräuchten die Bauern eine Schanklizenz und „die kostet!", erklärt uns der Altbauer (mit filmreifem Rauschebart!). Ich schreibe ein kleines Gedichtchen ins Gästebuch und als wir unseren Obolus entrichten wollen, hat Denise das schon erledigt.

Endlich: St. Niklausen. Eine herrliche Kapelle, ein Ort zum Beten. Und dann geht es steil abwärts in die Ranft: ein schmaler, tiefer Tobel, in dem

Bruder Klaus seine Einsiedelei hatte. Ein heiliger Ort! Wir hatten vorher im Wanderführer über Klaus von der Flüe gelesen, der als Familienvater mit 10 Kindern plötzlich alles liegen und stehen ließ und Eremit wurde. Und wir haben kräftig gelästert, dass das noch Zeiten waren, in denen ein Familienflüchtling heilig gesprochen wurde. Doch an diesem Ort verging uns das Lästern.

Jetzt müssen wir uns aus der Ranft hinaufquälen nach Flüeli. Ich glaube, für die 500 Meter Steigung und Treppe brauchen wir eine geschlagene halbe Stunde. Wir wollen in die Jugendunterkunft „Bruder Klaus" und finden sie nach einigem Suchen. Der Heimleiter ist nicht da, nur eine Familie, die hier Pfingsten verbringt. Ansonsten ist das Haus geschlossen. Und jetzt haben wir – vor allem ich – die Nase gestrichen voll! Inge und ich sind seit zwölf Stunden unterwegs, haben uns dreimal verlaufen, haben seit dem Frühstück kaum gegessen. Während Denise auf Schwyzerdütsch verhandelt, erkläre ich kategorisch, dass ich heute meinen Rucksack nicht mehr aufsetze! Denise bewirkt Wunder: Binnen 10 Minuten ist der Hauswirt da, die „Mädchen" (45 und 55) kriegen ein Doppelzimmer und ich ein Einzel, die Familie lädt uns zu Spaghetti mit Tomatensoße, Salat und Wein ein – herrlich! Nach einem vergnüglichen Abend sinke ich gegen elf Uhr ins Bett und schlafe traumlos bis halb sechs.

Sonntag, 15. Mai 2005 – Pfingsten

Flüeli – Ranft – Brünig   21 km   13

Gegen sieben Uhr sind wir marschbereit und gehen rüber in das Luxushotel, um dort unsere Pilgerpässe abstempeln zu lassen. Der Parkplatz steht voller Oldtimer – vom Topolino über Cadillac, Jaguar D-Type und Mark IV bis hin zum Aston Martin DB5! Ich denke an meinen Sangesbruder Karlheinz, den Oldtimerfan, und fotografiere. An der Hotelrezeption spendiert man uns einen Kaffee, wir kaufen Postkarten und kriegen unsere Stempel.

Hinunter nach Sachseln, auf einem steilen Kreuzweg, den die Markierung bald verlässt, um dem „Visionenweg" zu folgen – sagt mir nichts. Da sprechen mich die bemalten Steine mehr an, die am Wege liegen: Firmlinge? Auf einigen lese ich Namen. Die Kirche in Sachseln ist sehr schön, der Organist spielt sich vor dem Gottesdienst ein, das passt in den Raum und zu dem schlichten, würdigen Grab des Bruders Klaus.

Denise kann nicht an einer offenen Konditorei vorbeigehen. Sie ist Vegetarierin, hat aber einen unüberwindlichen Hang zu Süßem – man sieht es ihr an. Inge und mir spendiert sie Croissants, ich kriege heißes Wasser für meine Teeflasche. Weiter geht's den See entlang – wir verlassen uns auf den Wanderführer, nachdem wir wieder mal kein Jakobsschild entdecken konnten. Doch in Giswil haben wir die Markierung wieder. Nun ein steiler Anstieg zum Lungener See, ein schöner, schattiger Weg den See entlang. Das Wetter ist pfingstlich – lieblich! In Obsee läuft sogar der Sessellift auf den Berg! Wir rasten auf einer Bank und sehen zwei Pilger mit Jakobsmuscheln an den Rucksäcken und einem wunderschönen Golden Retriever an der Leine an uns vorbeistiefeln, die uns augenscheinlich nicht bemerken. Dabei trage ich seit heute früh stolz meine Jakobsmuschel am Hut – Inge hat sie mir angenäht, nachdem ich mit der Ahle meines Leatherman-Tools zwei Löcher hineinfabriziert hatte.

Nun geht es auf historischen Wegen steil nach oben. Stufen, uralte in den Fels eingefahrene Karrenspuren. Der Hochwald duftet nach Bärlauch – der ganze Boden ist mit den blühenden Pflanzen bedeckt. Der Weg ist nicht ganz ungefährlich: laubbedeckt, streckenweise gerade mal einen halben Meter breit und rechts geht es senkrecht hundert Meter runter – man könnte den Autos aufs Dach spucken, die unten auf der Passstraße fahren. Und mehr als einmal fürchtet man um Leben und Gesundheit der Motorradfahrer, die sich blind in eine Kehre stürzen, ohne zu sehen, was wir sehen: Gegenverkehr! Doch da unten machen wohl Schutzengel Überstunden. Endlich sind die steilen und schwierigen Abschnitte überwunden, es geht nur noch mäßig ansteigend durch ein weites Hochtal mit lautstarken Kuhglocken, auch mal über die Bahnlinie, und bald sind wir am Brüningpass: von 483 m in Sachseln auf 1007 m am Bahnhof.

Wir finden etwas abseits der Straße einen Gasthof mit Matratzenlager. Inge und ich haben einen ganzen Schlafsaal für uns alleine, sie darf sogar die Privatdusche der Wirtin benutzen, denn der große Gemeinschaftsduschraum ist nicht abschließbar. Wir essen eine Kleinigkeit und nehmen mit herzlichen Umarmungen Abschied von Denise. Die hat noch eineinhalb Stunden Abstieg zum Bus vor sich, denn sie muss heute zurück nach Zürich. Abends gibt es ein sehr gutes Pilgermenü (Halbpension hat

50,00 CHF gekostet – günstig für diesen Ort!) Wir zahlen, Inge geht schlafen und ich schreibe noch ein bisschen Tagebuch. Es ist viertel vor zehn: gute Nacht!

Montag, 16. Mai 2005

Brünig – Brienz/Interlaken – Merligen   26 km + Schiff   14

Um halb sechs bin ich wach. Im Schlafsaal war es so warm, dass ich im Lauf der Nacht aus dem Schlafsack gekrabbelt bin und mich nur zugedeckt habe. Ich glaube, ich muss mir noch einen leichteren kaufen, so einen Hüttenschlafsack, will ich in den Herbergen in Südfrankreich und Spanien nicht verkochen ...

Der Himmel draußen ist bedeckt und während Inge und ich frühstücken, beginnt es zu regnen! Poncho übergezogen, und als mir die Bedienung auf meine Frage nach der Wegbeschaffenheit antwortet: „Der Weg ins Tal ist genauso wie der hier herauf, sogar noch schwieriger!", da kann ich es nicht verantworten, mit Inge bei diesem Regen über schlüpfrige Felsen und nasses Laub abzusteigen. Das wäre bodenloser Leichtsinn! Inge ist sehr damit einverstanden und so laufen wir die Passstraße hinab. Es geht ziemlich flott – der Wanderführer schreibt von eineinhalb Stunden Weg, doch wir sind in einer knappen dreiviertel Stunde unten – aber nass wie begossene Pudel!

Wir beschließen, uns im „Bären" etwas aufzuwärmen – ein innen wie außen uriges Lokal. Als wir dort ankommen, sehen wir gerade einen der beiden Jakobspilger mit Hund abziehen, die uns gestern in Obsee aufgefallen waren. Ich trinke im Bären eine heiße Ovomaltine, Inge einen Kaffee, und als wir den Gasthof verlassen, steht dort der „Jakobspilgerhund" samt Frauchen, und die sieht etwas sorgenvoll aus: „Entschuldigen Sie, haben Sie vielleicht ein Handy dabei?" Der Wiener Tonfall ist unverkennbar. Sie hat ihren Mann verloren, der vorausgegangen war. Wir versuchen mit meinem und Inges Handy unser Bestes, doch wir erreichen ihn nicht. Schließlich beschließt die Frau, vom Gasthof aus über Netz in Wien anzurufen: Von dort aus soll man ihren Mann benachrichtigen, dass sie und der Hund im „Bären" warten ...

43

Inge und ich marschieren weiter – es hat aufgehört zu regnen – und da kommt uns der Mann äußerst eilig entgegen. Wir wundern uns nur, dass er ohne Gepäck ist! Im nächsten Ort liegt auf einer Bank unter der Dorflinde ein einsamer Rucksack. „Da hat aber einer ein großes Gottvertrauen!", meine ich und Inge pflichtet mir bei. Doch da kommen sie auch schon zu dritt: Dagmar, Andi und Benni, der sechsjährige Golden Retriever. Sie sind etwa fünfzig, haben Kinder und Enkel und gehen den Jakobsweg abschnittsweise ab Wien. Vorgestern sind sie in Einsiedeln gestartet und wollen jetzt bis Genf. Heute haben sie im „Bären" übernachtet – irgendwie hat es sich ergeben, dass Andi vorging und Dagmar war mit Benni einer falschen Markierung gefolgt. Wir erzählen ihnen, dass wir ab Brienz bis Interlaken das Schiff nehmen wollen, und Dagmar ist sofort begeistert. Andi überlässt ihr die Entscheidung und bald steht fest: Wir fahren alle fünf mit dem Boot! Am Brienzer See gehen wir erstmal falsch, fragen einen Angler in seinem Boot, der uns den rechten Weg zeigt und da kommt auch schon die „Jungfrau" angedampft. Ein bisschen Beeilung und wir sind glücklich allesamt an Bord.

Mein Hemd ist triefend nass: Die Ärmel, weil sie unterm Poncho vorgeschaut haben, Rücken und Brust vom Schweiß. Ich geniere mich nicht sondern krame ein trockenes T-Shirt aus dem Rucksack und ziehe mich um. Das nasse Hemd kommt außen aufs Gepäck. Die Stunde Fahrt über den See ist schön, obwohl wir vor lauter Wolken und Regen kaum etwas sehen. Schließlich stößt das Schiff im Krebsgang weit in einen Kanal, bevor es in Interlaken anlegt: Es ist länger als der Kanal breit ist! Es regnet wieder einmal. Vorbei an mondänen Hotels und sichtlich sündteuren Läden, dann durch einen gepflegten Park führt die Jakobsmarkierung aus Interlaken heraus.

Wir wollen heute noch über die Beatushöhle nach Merligen – nur die Markierung wird etwas verwirrend: In entgegengesetzte Richtungen leiten zwei Wegweiser mit unterschiedlichen Wegzeiten zum gleichen Ziel! Wir glauben meinem Kompass und einem Einheimischen und marschieren los – da kommen uns zwei Frauen entgegen. Deutsche, eine von ihnen ist sehr bestimmend und ist sich sicher, dass der Spielzeugkompass in ihrer Trillerpfeife ihr den richtigen Weg weist – die andere folgt brav. Wir werden an uns selbst irre, kehren um, doch nach 200 Metern fragen Dagmar und Andi doch noch mal einen Einheimischen. Der erklärt uns, dass die „Chefin" wahrscheinlich Beatushöhle und Beatusberg verwechselt und mit ihrer kölschen Begleiterin auf dem Weg auf den Berg ist. Ich sehe der anderen Frau an, dass sie gerne mit uns gehen würde, aber sie zockelt doch brav hinter ihrer selbstbewussten Freundin her. Wir machen wieder kehrt und kommen nach viel Steigerei über dem Steilufer des Sees (wäre sicher schön, wenn nur die Sonne schiene!) endlich zur Beatushöhle. Heute interessiert uns keine Höhle – höchstens etwas Warmes zu trinken und zu essen und ein trockenes Hemd: Es regnet. Kleine Rast auf den Bänken vor dem Höhleneingang, ein heißer Tee und weiter geht's!

Gegen sechzehn Uhr dreißig sind wir endlich in Merligen, finden die „Traube" und haben auch bald unsere zwei Einzel- und ein Doppel-(+Hund)zimmer. Duschen, Wäsche waschen, Abendessen. Die anderen sind schon im Bett, ich schreibe noch Tagebuch. Morgen früh mit dem Boot über den See nach Spiez und dann so weit wie möglich Richtung Rueggisberg, wo es über den letzten Schweizer Pass geht!

Ungewohnt, so spät aufzustehen: Unser Schiff geht erst um zehn Uhr elf! Ich bin um sechs auf den Beinen, packe, gehe ein bisschen spazieren – traumhaft schönes Wetter, aber kühl. Um halb neun gibt es ein gutes und ausgie-

Morgen-stimmung in Merligen

biges Frühstück. Als wir am Schiffssteg sind – Andi geht noch auf die Post, Ballast nach Hause schicken – muss ich zurück in den Gasthof: Ich habe meinen Zimmerschlüssel noch in der Hosentasche.

Die Bootsfahrt nach Spiez ist traumhaft. Im Ort geht's hoch auf den Berg, durch Weinberge über Burg und Ort, in herrlichen Buchenwald – wunderbar! Lange folgt der Weg einem Grat, unter mächtigen Kastanien, tief unter uns das Ried, durch das der Weg von Thun heraufkommt. Dann durch wunderschönen Wald einen Bach entlang und wir sind mitten in einem Militärdepot mit weit verstreuten Bunkern. Bald finden wir den Weg wieder: Vorbei an bizarren höhlenartigen Felsüberhängen landen wir endlich in Amsoldingen. Kurze Pause, ich gehe in die Kirche: eine herrliche Basilika aus dem zehnten Jahrhundert, dreischiffig mit je sieben Pfeilern beiderseits des Hauptschiffes. Reformatorisch karg, doch an einer Seite ein eindrucksvolles uraltes Fresco.

Wohin jetzt? – Orientierungshalt bei Amsoldingen

Die Anderen sind schon weitergelaufen; doch als ich sie wieder einhole heißt es: Zurück! Militärisches Sperrgebiet! Schießübungen! Wir haben schon länger die Ballerei gehört; jetzt laufen wir in den Übungsplatz ein. Doch eine Bäuerin erzählt uns, die Sperrung sei nur, weil am Durchgangsweg Bäume saniert würden – da könne man ruhig durchlaufen. Wir kommen an den Männern vorbei, die hoch oben in den Eichenwipfeln Äste ausschneiden, zwei Leopardpanzer donnern vorüber – dann nimmt uns der Wald wieder auf. Schön kühl – es ist sonnig und warm heute. Doch langsam wird es Zeit, an Quartier zu denken. Der Rucksack drückt, mein Ischias macht Zicken, ich habe Hunger. Den andern geht es nicht besser.

Unser Tagesziel ist Wattenwil. Wohin? Andi und ich sprechen im „Bären" vor – keine Zimmer! Doch an der Restaurantür ein Plakat: „Schlafen im Stroh bei den Künzis in der Hotmatt!" Die holen einen sogar in Wattenwil ab. Das ist es!

Ich gehe in die Apotheke, kaufe mir Voltarensalbe. Daneben erstehe ich in einem Sportgeschäft ein Funktionsunterhemd: Die Baumwollshirts, die ich mithabe, werden blitzschnell schweißnass und dann ist die Erkältungsgefahr groß. Nur etwas frustriert bin ich, als ich mir Größe „L" ausgesucht hatte und der Verkäufer mir mit den Worten: „Unterschätzen Sie sich da nicht ein bisschen?!", ein „XXL" in die Hand drückt.

Im Bären gibt es noch eine herrliche Lasagne und ein Mineralwasser, Benni kriegt eine große Schüssel Pasta ohne Soße vom Wirt spendiert, dann holt uns Regine Künzi ab. Hund, Stöcke und zwei der Rucksäcke im Laderaum des Kombis, das andere Gepäck nehmen die Fondpassagiere auf den Schoß – so geht es halsbrecherisch den Berg hinauf. Wir trösten uns über die „frevlerische" Autofahrt hinweg: Der Weg von der Hotmatt zum Jakobsweg ist sogar noch etwas weiter als der von Wattenwil zum Treffpunkt (die paar Höhenmeter, die wir uns morgen sparen werden, übersehen wir geflissentlich).

Das Strohlager ist herrlich – und wir kommen gerade rechtzeitig, um durch das Fenster zwischen Aufenthaltsraum und Stall die Geburt eines Kalbes mitzuerleben. Jakobus soll der Riesenkerl heißen, uns Pilgern zu Ehren. Ich blättere noch ein bisschen im Gästebuch, doch nach einem Schoppen Rotwein bin ich sogar zum Tagebuchschreiben zu müde und verziehe mich bald ins Stroh.

Etwas länger geschlafen als sonst – gerade rechtzeitig zum Frühstück um halb sieben aufgewacht. Es gibt gutes, hausgemachtes Müsli, Brot, Käse, Marmelade, Kaffee, Milch – ein gutes Fundament für einen langen Tag! Draußen nieselt's. Um halb acht geht's los. Durch den Wald, wieder einmal steil bergauf und bergab. Wir kommen durch Riggisberg, das im zweiten

Weltkrieg von den Engländern zerbombt und wieder aufgebaut wurde, zur Kirche geht's steile Treppen hinauf. Die Kirche selbst ist zwinglianisch karg – beeindruckend der uralte Chor, fast eine Viertelkugel unter dem Turm. Lustig die Bänke für die Presbyter – da können sie während des Gottesdienstes mit strengen Augen die Gemeinde überwachen! Ich sehe sie im Geiste steif und schwarzgekleidet dasitzen und ihre würdevollen Blicke strafend auf jeden richten, der nicht andächtig genug aussieht ...

Bergauf, bergab durch nasse Wiesen – es nieselt immer noch. Wir rasten in Rueggisberg. Ich wechsle das nasse Hemd, trinke Tee. Zwei Schwäbinnen kommen in die Gaststube, hatten bereits in Heitenried bestellt. Wir raten von den Waldwegen ab, die sind heute glatt und matschig, doch sie wissen es besser und sind bald verschwunden. Es regnet stärker.

Wieder steil auf- und abwärts. Tief sind wir in das Tal der Schwarzwasser hinabgestiegen, haben sie auf der kühnen Brücke überquert und sind nach mühsamem Aufstieg endlich gegen halb zwei in Schwarzenburg. Das Bahnhofsrestaurant lockt. Drinnen wechsle ich schon wieder das Hemd – nur das „Funktionsleiberl", das ich gestern gekauft habe, hält warm und trocken. Andi versucht telefonisch im nächsten Ort Quartier zu machen – alles belegt! Schließlich erhält er die Zusage vom Katholischen Bildungsinstitut in St. Antoni. Auf, die zwei Stunden packen wir auch noch! Es kommen historische Jakobswegabschnitte: mittelalterliches Pflaster, Trittsteine, liebevoll gepflegt und restauriert. An Heitenried vorbei und dort sehe ich an einer Kapelle das erste Mal das neue Jakobswegzeichen – nun wird es mich begleiten bis zum Atlantik. Endlich Quartier in diesem Freizeitheim. Schönes Zimmer, allerdings ohne Frühstück und unchristlich teuer. Doch wir haben keine andere Wahl – auch ein Bett bei Mutter Natur kommt bei dem Regen nicht in Frage. Wäsche waschen und im Heizungskeller aufhängen, Schuhe ausstopfen – es regnet. Noch ein Wasser und ein Eisenkrauttee, etwas in der Bibliothek geschmökert („Die Schweiz im Zweiten Weltkrieg" – interessant!) – von den Vorräten essen, schreiben. Gegen halb neun dann ins Bett.

Kurz nach halb sieben treffen wir uns im „Stüble". Es gibt Neskaffee, Inge spendiert Croissants – kurz vor sieben geht es los. Ich schaue kurz in die katholische Kirche – schöne alte Basilika, in der ich meinen Pilgerpass stempeln kann und um Kraft für den neuen Tag bitte. Bald habe ich die anderen eingeholt – in Tafers gehen sie wieder weiter, während ich in St. Martin einkehre und den wunderbaren Altar und eine Statue fotografiere. Doch die Jakobskapelle bewundern alle – mir fällt noch das reich verzierte Sigristenhaus auf, dann geht es weiter.

Jakobus-
kapelle
Tafers

Das Wetter ist herrlich – etwa zehn Grad nur, aber sonnig – ideal zum Wandern! „Die führen uns ganz schön in den Krieg!", meint Andi: Der Weg kreuzt immer wieder die Straßen, die im Tal verlaufen, und jagt uns den Berg hinauf von einer ehemaligen Kapelle zur andern – schließlich ist das der historische Weg und wir können uns vorstellen, dass die Bachtäler im Mittelalter unpassierbar waren ...

Besonders beeindruckend ein berühmter Abschnitt: Halbmannshoch zehn, zwölf Meter aus dem Fels gehauener Hohlweg, gerade karrenbereit, und für die Fuhrleute Trittlöcher neben dem gepflasterten Weg, damit sie beim Fuhrwerk bleiben können.

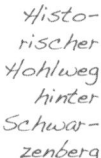
Histo-
rischer
Hohlweg
hinter
Schwar-
zenberg

Endlich sehen wir auf der anderen Talseite Freiburg liegen oder Fribourg, wie es von hier an heißt, denn hier ist die Grenze zur Französischen Schweiz: eine tiefe, breite Schlucht, jenseits die riesige Kathedrale mit dem stumpfen Turm – ich habe schon Angst, wir müssten ganz runter und wieder hinauf. Doch dann führt die mächtige Brücke über das Tal – unten Altstadt. Vor uns die obere Altstadt und schon stehen wir vor der Kathedrale. Ich muss natürlich hinein: gewaltig! Das Licht, das durch die bunten Fenster fällt, verzaubert den gotischen Raum, in dem ich Dinge aus allen Stilepochen finde. Das Gebäude wird innen restauriert, mächtige Gerüste durchziehen das Schiff. Vergeblich suche ich einen deutschen Führer. Schade – doch vielleicht fährt man im Urlaub mal mit dem Auto hierher und nimmt sich einen halben oder ganzen Tag Zeit?

Draußen warten die Anderen schon ungeduldig. Wir geraten ans Rathaus – gegenüber eine Cafeteria. Dort gibt's einen Kaffee und ein Schinkenbaguette: 8,50 CHF! Wir verzichten auf die geplante Besichtigungstour und machen, dass wir aus dem Krach und Gestank der Stadt hinauskommen. Vorher aber geht's ins Touristenbüro, Quartier für die kommende Nacht suchen. Die freundliche Dame dort findet etwas in Autigny: 55,00 CHF mit Frühstück sind für Schweizer Verhältnisse recht human. Wir wandern endlos durch Vorstädte, kommen am Jakobskreuz vorbei, das an der Stelle einer ehemaligen Kapelle steht und tauchen dann in den Wald. In St. Apolline schaue ich natürlich in die Kirche – beeindruckt mich nicht. Doch nachdem wir an Kläranlage, Wertstoffhof und Schrottplatz vorbei unten im Tal wieder im Wald sind, kommt die wunderschöne alte Brücke mit der Kapelle daneben: *das* Motiv für den Weg! Die Beschilderung führt in großem Bogen um Hauterive herum und wir erreichen Ecuvillens. Vorher treffen wir zwei deutsche Frauen, die heute in Freiburg aufgebrochen sind. Jetzt ist Mittagspause angesagt.

Nachdem Hund und Menschen gesättigt sind, geht's weiter – noch etwa zwei Stunden Marsch liegen vor uns. Mein T-Shirt ist durchweicht, das Funktionsunterhemd tut es auch – obwohl ich eigentlich nicht so gerne so „unzivilisiert" rumlaufe. Ich habe eine schwarze Kordel durch das geflochtene Lederband meines Hutes gezogen, und so den Hut enger gemacht. Jetzt sitzt er gut auf dem Kopf und nicht mehr auf den Ohren: Das Leder dehnt sich in der Wärme. Ich bin froh, dass ich den Hut habe bei der strahlenden Sonne!

Brücke bei St. Apollinaire

Vorbei an der Kapelle von Posat – schöne Malereien, doch leider sehr lückenhaft. Aber die ornamentalen Deckenfresken sind schön! Die Quelle, die gleich unter der Kapelle entspringt, gilt als heilkräftig – ich habe meine Flasche aufgefüllt: Vielleicht hilft's gegen schmerzende Füße? Gegen halb vier sind wir in Autigny. Das Hotel ist sauber, wir teilen uns ein Bad. Die Wirtin nimmt unsere Wäsche zum Waschen und Trocknen mit nach Hause. Ich hätte – mit Pausen – eigentlich noch weiterlaufen können. Ich fasse den Entschluss, mich morgen von den Anderen abzusetzen und, wenn das Wetter hält, ein oder zwei Nächte im Freien zu schlafen.

Frühstück steht bereit und wir können gegen sieben Uhr aufbrechen. Kurz vor der None erreichen wir die Zisterzienserinnenabtei Les Chavannes sur Romont. Das Münster ist ein wundervoller Raum, voller Würde und Stille. Kein Raum zum Fotografieren, sondern zum Beten! Ich knie in einer Bank und danke Gott für allen Schutz, begleitet vom liebevollen Lächeln einer alten Nonne, die ein Gesicht hat wie ein Engel, so voller Frieden und Stille. Andere graue Schatten huschen herein, nehmen schweigend im Chorgestühl Platz, und als ich leise und andächtig den Raum verlasse – nicht ohne mich das erste Mal seit Jahren zu bekreuzigen – verabschiedet mich das Engelsgesicht mit einem freundlichen Nicken. Es ist nicht mehr weit nach Romont. Ich habe den anderen meinen Entschluss mitgeteilt, mich dort von ihnen zu verabschieden – sie wollen schnell weiter, ich möchte in Kathedrale und Schloss. Wir hängen auch so schon lange genug zusammen. Auf dem Weg wird der „Muschelcowboy" (mein Hut!) noch fotografiert und am Ortseingang sagen wir uns adieu. In der Kathedrale – gotisch – herrliches Licht und wunderbares geschnitztes Chorgestühl. Eine Mesnerin kommt, ich frage, französisch radebrechend, ob ich fotografieren dürfe – ja, aber bitte nicht den offen stehenden Tabernakel. Das berücksichtige ich natürlich. Am Burgtor ist das riesige Tretrad für den Brunnen beeindruckend.

Chorge-stühl in der Kathedrale von Romont

Ich folge den Jakobswegschildern und habe südwestlich des Ortes am Straßenkreisel Orientierungsschwierigkeiten, doch dank Wanderführer und Kompass bin ich bald wieder auf dem richtigen Weg. Der

Blick oben vom Sendemasten aus ist genau so phantastisch, wie ihn der Wanderführer anpreist. Steil hinab nach Curtilles – auf halbem Weg ein Dorf mit einem herrlichen Brunnen. Ich wasche Gesicht und Hände, fülle meine Flasche – es ist heiß in der Sonne! In Curtilles überlege ich gerade, ob ich der Beschilderung folgen soll oder dem als schöner beschriebenen Weg den Fluss entlang, als mich lautes Rufen und Pfeifen herumfahren lässt: Da sitzen die Wiener und Inge vor einem Lokal beim Essen! Ich setze mich dazu, trinke ein Mineralwasser und dann gehe ich weiter. Die Kirche ist leider geschlossen, doch sie hat von außen eine Besonderheit: Der Turm ist einfach nur eine Mauer, in der in Fensterbögen die Glocken aufgehängt sind. Ich gehe am Fluss entlang; von der anderen Seite grüßt Schloss Lucens herüber. Schönes Steilufer, schöner Schatten, doch dann über Kilometer pralle Sonne: heiß und ungewohnt! An einem Wehrhäuschen mache ich Rast, schreibe ein bisschen Tagebuch, dann geht's weiter nach Moudon.

Vor der Tourist-Info sitzen die Anderen, haben mich auf dem „normalen" Weg überholt. Sie haben Quartier in Vucherens im Auge, ich möchte draußen schlafen. Kirche besuchen: schöner gotischer Bau, doch reformatorisch karg. Blöde Bilderstürmerei! Die Altstadt ist pittoresk und gemütlich, doch die Beschilderung entweder lückenhaft oder ich habe etwas übersehen. Ich folge meinem Instinkt und der groben Skizze und Beschreibung im Wanderführer und lande glücklich am Bahnhof von Bresonnaz, überquere die Geleise und bin wieder richtig.

Zweihundert Meter weiter habe ich die Anderen wieder; die überreden mich, mit ihnen weiterzugehen und Quartier zu machen – draußen zu schlafen sei heute nicht angebracht, so bedrohlich, wie sich der Himmel zuzieht. Wir kommen bis Vucherens und dort fragt Andi nach Unterkunft – schließlich ist er von uns der Einzige, der Französisch spricht. Die sehr hilfsbereite Gemeindeangestellte telefoniert herum und dann packt sie uns allesamt in ihr Auto und fährt uns zurück nach Moudon, wo wir in einer alten Villa, die schon bessere Tage gesehen hat, zwei Doppelzimmer bekommen. Sogar die sonst recht zimperliche Inge ist einverstanden, mit mir ein Zimmer zu teilen: Kein Doppelbett, sondern zwei getrennte Schlafstätten. Mit Benni und der läufigen Hündin der Zimmerwirtin gibt's ein bisschen Aufregung, wir beschränken uns auf den vorderen Teil des Gartens. Die Frauen kaufen im Ort noch ein und wir picknicken auf der Terrasse. Um neun Uhr liegen wir todmüde in den Betten.

Gegen sechs Uhr fährt uns der Hauswirt nach Vucherens. Es regnet – wenn ich heute draußen geschlafen hätte ... Wir marschieren frohgemut los, freuen uns auf ein baldiges Frühstück in einer bekannten Fernfahrerraststätte an der Nationalstraße. War wohl nichts: Wirtshaus samstags geschlossen! Über schlammige, von Reitern aufgewühlte Waldwege führt heute der Chemin St. Jacques. Es regnet. Ich habe keine Lust auf Poncho, dazu ist es zu warm, so gehe ich mit Regenschirm. Umwege, auf steilen Treppen auf und ab. Eine schöne Kirche – Ste. Caterine – und dann ein Golfplatz. Wir stürmen glücklich ins Lokal, werden aber abgewiesen: members only! Eine Vorstadt: Kindersportfest im Regen. Endlich St. Laurent und ein Frühstück am Campingplatz. Nochmal Wald, langsam wird er parkähnlich. Jetzt sind wir fast in Lausanne!

Schließlich erreichen wir die Kathedrale. Ein gewaltiger Bau mit beeindruckender Atmosphäre. Nur: Wieso ist der Verkaufsstand am Samstag um halb zwölf geschlossen? Ich hätte gerne ein paar Karten gekauft! Vom Vorplatz geht's die Treppen hinab durch die Altstadt mit buntem Markttreiben. Wir suchen und finden den Bahnhof und dort die Touristinfo, wo man uns sehr von oben herab eine Hotelliste in die Hand drückt: Sucht euch etwas aus! Privatzimmer gibt es nicht! Wir gehen bei McDonalds essen und Andi ruft in einem Hotel in Morges an, das im Hotelführer steht. Nachdem es heißt: „79,00 CHF pro Person", buchen wir.

Hinunter zum See, vorbei an Banken, Sportverbandspalästen und ähnlichem Protz. Es stinkt nach Geld und Snobismus! Ein großer Park, dann ein langer Marsch den See entlang auf asphaltierten Wegen. Der Regen hat Gott sei Dank aufgehört! Endlich, gegen halb sechs am Abend, sind wir im Hotel in Morges. Morgen früh können wir um sechs Uhr frühstücken, dann geht's per Schiff nach Genf, wo sich unsere Wege trennen. Die zwei bis vier Tage Marsch auf Teer den See entlang wollen wir uns sparen: Vor allem Benni ist am Ende! Der arme Kerl ist richtig fußlahm, hat deutlich abgenommen und viel von seiner Munterkeit verloren.

Nach dem Abendessen und Wäschewaschen bummle ich noch ein bisschen durch die nette Altstadt und über die in der Abendsonne herrliche Seepromenade. Kastanien blühen, es ist Frühsommer hier und es wirkt fast mediterran. Ich komme mit einer winzigen Frau aus Bolivien ins Gespräch, die hier ihren Sohn besucht. Als ich dann im Hotel zahlen will, verlangt man 129,00 CHF! Ich reklamiere, und der Chef drückt „gnadenhalber" den Preis auf 118,00 Franken – Frechheit! Ich schlafe schlecht und bin um halb fünf wach.

Sonntag, 22. Mai 2005

Morges – Genf   Schiff +14 km   20

Als wir gegen sechs Uhr frühstücken wollen, ist keiner da. Doch bei diesem Preis aufs Frühstück verzichten?! Außerdem müssen die anderen noch zahlen. Also: Frühstück um sieben und dann am späten Vormittag mit dem Schiff nach Genf. Ich mache bis dahin noch einen Spaziergang am See entlang und beobachte und fotografiere ein Haubentaucherpärchen, das fröhlich im Morgenlicht balzt.

Nach dem Frühstück bleibt noch immer viel Zeit, die ich zum Tagebuchschreiben nutze. Gegen zehn Uhr dreißig gehen wir allesamt Richtung Hafen. Eine Frau spricht mich an – als sie hört, dass ich nach Santiago gehe, wünscht sie mir überschwänglich Glück. Ihre Freundin sei von Le Puy aus gegangen, erzählt sie. Ein braungebrannter Schwerbepackter marschiert nach Norden und wir fragen uns, ob das ein Jakobspilger auf dem Rückweg ist.

Benni lahmt und macht keine überflüssige Bewegung – der arme Kerl ist völlig am Ende! Ich muss daran denken, wie oft ich gefragt wurde, warum ich Charly, meinen Cockerspaniel, nicht mitnehme nach Santiago. Ich glaube nicht, dass der jetzt besser dran wäre als Benni! Es hat aufgehört zu regnen, die Sonne kommt durch. Gegen zwanzig nach zwei legt das Schiff nach ruhiger Fahrt kreuz und quer über den See in Genf an. Der Himmel ist wieder bedeckt; zwischendurch auf dem See hat es geregnet. Inge verabschiedet sich: Sie will noch bis Beaumont in Frankreich gehen. Ich möchte heute nicht weiter und habe mir nach dem Wanderführer eine Herberge ausgesucht, die preiswerte Unterkunft bieten soll. Ich begleite Dagmar, Andi und Benni Richtung Bahnhof bis zum Wegweiser „City Hostel". Jetzt heißt es Abschied nehmen. Unsere Wege trennen sich endgültig.

Das Hostel ist voll belegt, doch nach einigem Suchen und Telefonieren komme ich am anderen Ende der Innenstadt günstig unter. Ich ergattere noch einen Stadtplan und dann klotze ich dort hin – quer durch die Stadt, ein Stück weit das Seeufer entlang – und da kommt mir ein älterer Herr entgegen, weißhaarig und -bärtig, in Wanderschuhen, mit einer großen Herzmuschel an einer Lederschnur um den Hals. Ich verkneife mir, ihn anzusprechen – es würde mich aber doch interessieren, ob die Muschel ein Pilgerzeichen ist oder nur folkloristischer Schmuck ...

Das Zimmer im Hotel Central ist einfach, ich richte mich ein und mache noch einen Streifzug durch die Genfer Altstadt. In der Lutherischen Kirche singt die Kantorei eine Bachkantate – herrlich. Ich setzte mich vor die Kirche, höre von außen zu und kämpfe wieder einmal mit den Tränen. Kathedrale, Russisch-Orthodoxe Kirche, Mariendom, der Ausgangpunkt der Via gebennensis, des Jakobswegs von Genf nach Le Puy. Ein bisschen Schaufensterbummel – man merkt schon, dass Genf eine reiche Stadt, oder auch Stadt der Reichen ist! Deshalb beschränke ich mich zum Abendessen auch auf einen BigMac.

Morgen also nach Frankreich! Ich habe immerhin den ersten Abschnitt geschafft – eigentlich bin ich schon ein bisschen stolz auf mich!

Bevor es losgeht:
Was muss ich bedenken?

Das war also der erste Abschnitt meines Pilgerwegs nach Santiago. Im Zurückblicken nenne ich diesen Abschnitt: laufen lernen. Ich habe in diesen drei Wochen Lehrgeld bezahlt: Ich bin falsch ausgerüstet und mit falschen Vorstellungen über meine eigene Leistungsfähigkeit, über den Weg und über das Pilgern überhaupt auf den Weg gegangen. Ich kann und möchte keine allgemeingültigen Ratschläge erteilen, sondern hier meine Erfahrungen weitergeben. Was habe ich auf dem Weg zu Vorbereitung und Ausrüstung gelernt? Wie soll man sich vorbereiten?

Literatur

Ich habe bewusst darauf verzichtet, mir Berichte über den Jakobsweg zu beschaffen. Das Einzige, was ich ganz gelesen habe, war der erste Bericht von Carmen Rohrbach – ein Buch, das ich jetzt jedem empfehle, der wissen will, wie es in den neunziger Jahren auf dem Camino francés – dem spanischen Jakobsweg – aussah. Dann habe ich mich entschlossen, den Weg mit meinen Augen zu sehen und nicht durch die Brille eines meiner Vorgänger. Den esoterischen Roman von Paolo Coelho habe ich nach zwanzig Seiten weggelegt und nie mehr aufgeschlagen. Ich habe mir die Outdoor-Wanderführer über den schweizerischen und den französischen Jakobsweg beschafft – und einen sehr schönen, reich bebilderten Führer mit herausnehmbaren Karten für die einzelnen Etappen in Spanien. Ich konnte also abschätzen, wie groß einzelne Wegstrecken sein würden und hatte auch eine Vorstellung über die Schwierigkeiten unterwegs. Auch die Sehenswürdigkeiten am Weg und Hintergrundinformationen findet man in diesen Führern. Da der Weg fast durchweg sehr gut markiert ist, muss man sich nicht mit Karten belasten. Die Neuauflagen der Outdoor-Führer sind absolut ausreichend und geben alle Informationen, die der Pilger braucht. Sehr hilfreich ist in Frankreich das „miam-miam-dodo". Das ist ein Verzeichnis aller Herbergen, Privatunterkünfte, Geschäfte, Bahnhöfe und Banken am und beiderseits des französischen Fernwanderweges GR 65 ab Le Puy, der gleichzeitig der Jakobsweg ist. Für den „camino francés" in Spanien gibt es dieses Heft auch! Die Verzeichnisse werden jährlich aktualisiert und können, wenn man sich auf die Markierungen verlässt, mit ihren Kartenskizzen fast einen Wanderführer ersetzen. Hilfreich ist auch das sechssprachige Glossar am Ende. Sie beziehen das Heft am besten direkt bei Les éditions du Vieux Crayon (www. levieuxcrayon.com). Ein ähnliches Verzeichnis für den Abschnitt zwischen Genf und Le Puy ist zu beziehen über die

Association Rhône-Alpes des amis de Saint-Jacques
133, chemin Rapillard
F-38890 Salagnon
Tel. 0474924031 (www.amis-st-jacques.org)

Ausrüstung

- **Pilgerpass:** Das wichtigste Dokument für den Jakobspilger. Ohne ihn kommt man nicht in die spanischen Herbergen, mit ihm erhält man in Frankreich und Spanien beim Eintritt in Kirchen und Museen Rabatte, viele Wirte geben auf ihn Nachlass bei Essen, Trinken und Unterkunft. Er ist der Nachweis, dass man die Voraussetzungen für den Erhalt der Pilgerurkunde in Santiago de Compostela und in Fisterra erhält. Und: Mit den vielen Stempeln, die man in Kirchen, Herbergen, Gemeindeverwaltungen oder auch einfach Gasthäusern bekommt, ist er ein schönes Andenken an den Jakobsweg. Erhalten können Sie ihn bei Ihrer örtlichen Jakobusgesellschaft oder in den Herbergen am Weg.
- **Rucksack:** Der Rucksack sollte nicht zu groß sein – das verführt nur dazu, zu viel hineinzustopfen. Ich bin mit einem Deuter Futura 40+10 Vario gegangen. Der ist zwar nicht leicht, „trägt sich aber selbst". Deuter hat inzwischen sehr leichte Modelle eigens für den Jakobsweg entwickelt, auch spezielle für Damen, die sich individuell auf den Körper des Trägers einstellen lassen. Das ist sehr wichtig: Das Gewicht des Gepäcks soll fast ausschließlich auf den Hüften liegen und dazu muss es optimal angepasst sein.

- Ein **Trinksystem** halte ich für überflüssig. Meinen Zweilitersack mit dem Nuckelschlauch habe ich ab Le Puy kaum und in Spanien gar nicht mehr benutzt. Ich hatte am Schluss eine Halbliterflasche griffbereit am Bauchgurt des Rucksacks hängen, die ich bei jeder Gelegenheit nachfüllte. Zusammen mit einer Literflasche am Rucksack kam ich so in Südfrankreich und Spanien sehr gut über die Runden.
- **Stöcke:** Ohne einen guten Stock, besser noch zwei Trekkingstöcke, sollte man nicht aufbrechen. Die Wege sind zwar nicht hochalpin, doch die Stöcke entlasten, richtig eingesetzt, Wirbelsäule, Hüften, Knie und Füße. Ich habe die Stöcke nicht nordic-walking-like bei jedem, sondern bei jedem zweiten Schritt weit nach vorne eingesetzt und mich fest aufgestützt. Ich habe einmal ausgerechnet: Von Hiltenfingen zum Kap Finisterre waren es über drei Millionen Schritte, etwa 1,5 Millionen Stockeinsätze. Rechne ich da jeweils nur 2 Kilogramm Entlastung, sind das 3000 Tonnen Belastung, die in diesen drei Monaten meinem Gehapparat erspart wurden! Was sonst als Argument für Stöcke zu lesen ist: Hilfe beim Überspringen von Bächen, Abwehr von bösen Hunden usw. ist meiner Erfahrung nach Humbug. Im Gegenteil: Wenn ich einem Hund begegnete, nahm ich die Stöcke in die vom Tier abgewandte Hand, um es nicht zu reizen. Und einen einzigen Bach ohne Brücke musste ich überqueren – aber da lagen Trittsteine. Vergessen Sie nicht, ein Paar Ersatzgummistopfen für die Spitzen mitzunehmen. Die Stopfen sind schnell verschlissen oder gehen verloren, geben aber auf Asphalt oder Pflaster besseren Halt und dämpfen das Klappern.
- Nun zur **Kleidung:** Ich würde heute keinen einzigen Faden Baumwolle mehr mitnehmen. Moderne Funktionsfasern saugen sich nicht voll, transportieren Schweiß sofort von der Haut weg, lassen sich gut von Hand waschen und trocknen schnell. Auch die Unterwäsche nicht aus Baumwolle – gerade der Slip sollte Feuchtigkeit schnell loswerden: Wem jemals ein schweißnasser Slip wie ein feuchter Klumpen zwischen den Schenkeln hing und scheuerte, der weiß, was ich meine. Zwei Zipp-off- Hosen, ein langärmeliges und zwei kurzärmlige Funktionshemden, ein Unterhemd, drei Slips, drei Paar gute Trekkingsocken, eine Fleecejacke, eine gute Regenjacke und ein guter Poncho mit Ausbuchtung für den Rucksack: Mehr braucht man nicht! Wobei eine Garnitur davon am Körper getragen wird. Unter Umständen ein

Paar leichte Handschuhe, doch die habe ich nur in Deutschland und in der Schweiz benutzt. Abends wird die tagsüber getragene Garnitur gewaschen – wenn sie am nächsten Morgen noch feucht ist, hängt man sie mit Sicherheitsnadeln außen an den Rucksack oder nimmt sie mit ins nächste Quartier, um sie dort fertigzutrocknen. Das gleiche gilt für Handtücher: auch hier „Techno-Faser", die schnell trocknet und Gewicht spart. Zwei Handtücher waren fast schon zu viel!

- Ganz wichtig: **Kopfbedeckung!** Nicht umsonst gehörte im Mittelalter ein fester, breitkrempiger Hut zum Pilgergewand: Unverzichtbar in der sengenden Sonne in Frankreich und Spanien ist zumindest ein leichter Hut, aber unbedingt mit breiter Krempe, der das Gesicht und den Nacken beschattet. Doch auch in Mitteleuropa sollte man auf ihn nicht verzichten!

- **Schuhwerk:** Der Weg, den ich gegangen bin, forderte höchstens in einigen Abschnitten wirklich feste Schuhe. Heute trage ich leichte Stiefel oder Trekkingschuhe, wobei eine gute Sohlendämpfung und gute Ventilation wichtiger sind als Halt am Knöchel. Der spanische Jakobsweg ist mit guten Halbschuhen zu bewältigen. Vor dem Start die Schuhe unbedingt einlaufen und beim Kauf darauf achten, dass der Vorderfuß nicht eingeengt wird! Viel wichtiger waren für mich die Trekkingsandalen. So oft es ging, bin ich mit diesen gelaufen: Da blieben die Füße trocken – oder Regenwasser lief einfach hindurch. Die TEVA-Sandalen, die ich trug, hatten überdies weichere Sohlen als die Stiefel, was auf Asphalt und Pflaster sehr gut tat. Auch die Sandalen müssen eingelaufen werden: Bis sich der Fuß an sie gewöhnt hat, besteht Gefahr, dass die Riemen trotz Polsterung scheuern! Darüber hinaus nehme ich ein paar leichte Badeschlappen mit dicker weicher Sohle mit: In den Herbergen muss man meistens die Wanderschuhe vor der Türe ausziehen und im Haus oder überhaupt nach Feierabend freuen sich die Füße über Luft und weiche Sohlen!

Was gehört sonst noch ins Gepäck?

- **Toilettenartikel:** Mittlerweile gibt es überall die Kleinpackungen für Flugreisen – die sind ideal für den Rucksack. Duftwässerchen und Aftershave zuhause lassen: Unnützer Ballast. Ein Duschgel für Haut und Haar genügt – auch zum Wäsche waschen. Wer zu zweit wandert, kann sich die Toilettensachen teilen – sogar die Zahnpasta. Wichtig ist Sonnenschutz. Ich habe Lichtschutzfaktor 12 bis 20 benutzt und habe mir so die scheußlichen Verbrennungen erspart, die ich bei anderen gesehen habe. Mückenschutzmittel habe ich nicht benötigt, andere haben jedoch berichtet, es sei notwendig. Hilfreich war, dass ich für Notfälle einige Blatt Toilettenpapier und auch einzeln verpackte feuchte Toilettentücher griffbereit hatte.
- **Nähzeug und einige große Sicherheitsnadeln** nicht vergessen! Die Sicherheitsnadeln brauchen Sie auf jeden Fall, um Wäsche zum Trocknen am Rucksack zu befestigen. Und auch dort, wo es Wäscheleinen gibt, finden Sie meist keine Klammern vor.
- Ein **Taschenmesser** zum Brotzeitmachen, als Flaschenöffner und Korkenzieher und für kleine Reparaturen. Und eine kleine **Taschenlampe** werden Sie auf jeden Fall auch benötigen. Ich hatte eine LED-Minitaschenlampe dabei, die völlig ausreichte.
- **Apotheke:** Ich hatte eine kleine homöopathische Apotheke gegen alle möglichen Widrigkeiten dabei, nicht größer als eine Zigarettenschachtel, die mir viel geholfen hat. Dazu Desinfektionsspray, Sprühverband, ein paar sterile Kompressen und Heftpflaster, dazu Hansaplast vom Meter (Schere nicht vergessen!) und in einzelnen sterilen Strips. Spezielles Blasenpflaster verträgt nicht jeder Fuß! Voltarensalbe, Schmerztabletten und „Tigerbalsam" für Stiche. Meinen Füßen und auch Druck- und Scheuerstellen hat Ringelblumensalbe sehr gut getan. Heute würde ich für den Notfall noch eine elastische Binde mitnehmen. Dank meiner Magnesium- und Kalziumtabletten, die ich in Wasser auflösen konnte, hatte ich kaum Schwierigkeiten mit Muskelkater oder Krämpfen. Das Dreiecktuch aus einem abgelaufenen Autoverbandskasten diente als Halstuch, als Schweißtuch und auch schon mal als Mundschutz, als es sehr staubig wurde. Sonnenbrille nicht vergessen! Ohropax ist wichtig: In den Herbergen geht es nachts manchmal zu wie in einer Zimmerei, so wird gesägt – und manche meinen, sie müssten bis weit nach Mit-

ternacht lauthals schwatzen. Und dann sind da noch die Frühaufsteher, die morgens ab halb vier geräuschvoll packen und durch den Schlafsaal trampeln.

- **Schlafsack und Isomatte:** Nur, wenn Sie vorhaben, im Freien zu übernachten, müssen Sie einen Campingschlafsack mitschleppen. Das Gleiche gilt für eine Isomatte. In Herbergen und sonstigen Unterkünften brauchen Sie einen „Hüttenschlafsack": Ein dünner, ungefütterter Sack (ich empfehle Seide oder Microfaser) der verhindert, dass Sie mit den manchmal nicht sehr appetitlichen Matratzen, Decken und Kopfkissen in Berührung kommen. Vorteilhaft ist es, wenn der Schlafsack eine Extratasche für das Kissen und innen einen kleinen Beutel für Brieftasche und Handy hat. Notfalls in einen gekauften Schlafsack einnähen!

- **Regenschirm:** Gerade im warmen Nieselregen in Galizien, aber auch in der brennenden Sonne auf der Meseta war ich für den billigen kleinen Taschenschirm dankbar, der griffbereit am Rucksack steckte – und wenn er nur bei der Siesta dazu diente, meinen Kopf zu beschatten.

- **Fotoausrüstung:** Ich hatte eine gute, zigarettenschachtelgroße Digitalkamera dabei, mit der ich über 1200 Aufnahmen machte. In jeder größeren Ortschaft gibt es Läden, in denen man von der Speicherkarte eine CD brennen lassen kann. Moderne Speicherkarten mit Gigabytekapazität sollten sogar dies überflüssig machen. Ein kleines Stativ hilft bei Innenaufnahmen (Blitzverbote!) und wenn man sich selbst per Selbstauslöser ins Bild bringen möchte.

- **Handy, Mp3-Player und ähnliches:** Handy ja, aber auch nur das! Die besondere Schönheit des Pilgerns macht auch aus, dass man mit allen Sinnen die Umwelt wahrnimmt. Wer aber mit einem Knopf im Ohr die Geräusche der Natur aussperrt, kann das nicht. Wenn Sie das Handy als Wecker benützen, nehmen Sie es bitte in der Herberge mit ins Bett! Sonst ist der ganze Schlafsaal wach, bis Sie es aus dem Rucksack gekramt haben! Vergessen Sie Ladegeräte für Handy und Digitalkamera nicht. Die normalen Eurostecker passen in Frankreich, der Schweiz und Spanien auch; Sie brauchen also keinen Adapter.

Mit welchen Kosten muss ich rechnen?

Ich habe drei junge Männer getroffen, die mit einem Budget von 7,00 € pro Kopf und Tag durch Spanien gewandert sind. Das war natürlich extrem. Wenn ich Preissteigerungen seit 2005 berücksichtige, rechne ich für heute, 2008, an Kosten für Unterkunft und Verpflegung:

- **Schweiz**: Zwischen 40,00 und 100,00 € pro Tag (und das sind keine Luxushotels!)
- **Frankreich**: Zwischen 25,00 und 45,00 € pro Tag (Gîtes und Privatquartiere; in Hotels natürlich mehr)
- **Spanien**: Zwischen 20,00 und 35,00 € pro Tag (Refugios/Albergues und Pilgermenüs)

Das sind in meinen Augen niedrige Durchschnittswerte. In Spanien gibt es viele Herbergen, die von den Kirchengemeinden unterhalten werden und die prinzipiell gratis beherbergen und auch verköstigen, jedoch eine Spende erwarten. Hier hätte ich mich geschämt, nicht mindestens 10,00 bis 15,00 € zu geben. Nach oben sind den Kosten natürlich keine Grenzen gesetzt – doch ein großer Reiz des Jakobsweges liegt auch in der Gemeinschaft in den Herbergen. Wer prinzipiell im Hotel übernachtet, lebt zwar bequem, aber er versäumt auch viel. An- und Abreise sind auch zu berücksichtigen. Fliegen ist ab Santiago wohl die billigste Lösung – die Teuerste ist die Bahn. Sogenannte „Gabelflüge": Hin nach Biarritz mit Transfer nach St. Jean Pied de Port und Rückflug ab Santiago sind im Bereich zwischen 150,00 und 180,00 € zu haben.

Training vor dem Start

Unbedingt: Wanderschuhe und Trekkingsandalen einlaufen! Packen Sie ihren Rucksack Probe und wandern mit Gepäck einen Tag. Sie werden wohl umpacken und vielleicht auch den Rucksack neu anpassen. Gehen Sie die letzten vier bis sechs Wochen vor dem Start jeden Tag mindestens eine Stunde und steigern Sie auf eine Sonntagswanderung von 20 Kilometern mit Gepäck. Suchen Sie sich Strecken aus, auf denen Sie auch steigen müssen. Üben Sie das Gehen mit Stöcken. Auch Konditionstraining mit Fahrrad oder Hometrainer ist sinnvoll.

Routenplanung

Nehmen Sie sich nicht zu viel vor. In den ersten Tagen sind Abschnitte von 20 bis 25 Kilometern das absolute Maximum. Achtung – der dritte Tag ist erfahrungsgemäß der Schlimmste! Sie werden bald Ihre eigene Leistungsfähigkeit einschätzen können und dann entsprechend planen. Eine Durchschnittsleistung von 25 Kilometern am Tag und mindestens alle zwei Wochen einen Ruhetag sollten Sie einplanen. Ich selbst bin im Durchschnitt 31 Kilometer pro Tag gelaufen, wenn ich halbe oder ganze Rasttage als volle Marschtage rechne. Legen Sie sich mit der Planung nicht langfristig fest. Am Vormittag ein Quartier zu reservieren, reicht meist aus. Herbergen in Spanien können Sie nicht reservieren – da muss man eben rechtzeitig ankommen. Und sonst: Ich habe auf dem Jakobsweg gelernt, eben nicht zu detailliert zu planen, sondern den Tag auf mich zukommen zu lassen. Gerade das hat mir das Gefühl gegeben, sicher und behütet zu sein.

II. Weite und Tiefe:
Der Weg durch Frankreich

Um sechs Uhr raffe ich mich auf, nachdem ich schlecht geschlafen habe und oft wach war. Es regnet Schnüre. Um sieben kommt das Frühstück aufs Zimmer, dann Rucksack packen, Schlüssel abgeben. Die Post, die ich gestern erkundet habe, macht erst in einer halben Stunde auf, also genehmige ich mir in der Bar daneben noch einen Kaffee und studiere die Zeitungen: im Herbst Neuwahlen in Deutschland. Das einzig Erfreuliche ist, dass ich auf die Art viel auf Französisch lesen kann – und auch das Sprechen und Verstehen geht besser, als ich befürchtet habe – schließlich habe ich nie richtig Französisch gelernt!

Endlich macht die Post auf: Karton besorgt, eingepackt, dann eine ellenlange Zolldeklaration. Um 2885 Gramm und 32 Franken leichter mache ich mich auf den Weg. Nach einigem Fragen finde ich den richtigen Weg aus der Stadt hinaus – in St. Franziskus vorher ein stilles Gebet um Kraft und Schutz – dann füllt sich die Kirche und eine Seelenmesse beginnt. Jetzt aber endgültig los!

Nach dem Kreuz von Carouge holt mich ein Wanderer ein – und als ich genauer hinsehe, ist das der Muschelträger von gestern. Gerhard kommt aus Kressbronn und ist – genau wie ich – von zuhause losgelaufen mit dem Ziel Finisterre. „Zeig mal deine Schuhsohlen!", fordert er mich auf und versichert mir, dass er meine Fußabdrücke gemeinsam mit Hundespuren schon vor Lausanne gesehen hat. Und auch das Wellenmuster unter meinen Sandalen kommt ihm bekannt vor. Er ist einige Jahre älter als ich, baut Modellschiffe und ist letztes Jahr vom Bodensee bis in seine sauerländische Heimat marschiert. All das erzählt er mir, während wir selbstverständlich den Weg gemeinsam fortsetzen. Er hat einen ganz schönen Schritt drauf und ich bin froh, dass ich auf diese Weise etwas weniger bummle als die erste Stunde aus der Stadt heraus. Wir kommen an keiner Bank mehr vorbei – vielleicht in den nächsten Orten? Es regnet. Ich spare mir den Poncho und spanne nur den Regenschirm auf, doch als wir das offene Feld erreichen, hört es auf und ich kann den Knirps wieder einstecken. Wir kommen nach Campessieres – alte Malteserkomturei mit großer Kirche – drinnen Ausgrabungen: Menschenknochen in Plastik-schüsseln: Mit denen macht man radiologische Untersuchungen um fest-zustellen, woher sie kommen. Ich denke mir, dass man noch vor zweihun-dert Jahren aus den Knochenresten Reliquien gemacht hätte – irgendein Heiliger wäre dem zuständigen Bischof schon erschienen und hätte ihm gesagt: „Ich bin das!"

Der erste franzö-sische Weg-weiser

Endlich die französische Grenze: Ab jetzt wird das Leben hoffentlich billiger. Neue Wegmarkierungen, das Weiß-Rot des GR 65, von dem mir Inge so viel erzählt hat, und die stilisierte Muschel, der „Jackl", wie Gerhard und ich das nennen. In Neydens auf dem Campingplatz tauscht mir die nette Dame am Empfang 100 Franken in Euro um. Der Bäcker hat offen: Wir kaufen mit Schwei-zer Geld ein und ich bekomme meinen letzten 20-Fran-ken-Schein auch noch getauscht. Die Wegbeschreibung im „Outdoor"-Jakobswegführer ist wesentlich besser als die im Führer für die Schweiz – und auch die Markierung ist phantastisch – der „Jackl" hängt an fast jedem Later-nenpfahl!

Es regnet wieder, ich schwitze unterm Poncho und bin froh, dass ich die Zipp-off-Funktionshose anhabe, weil die sich nicht vollsaugt und sehr schnell abtrocknet. Kein Vergleich zu den Jeans, mit denen ich mich bisher abgeplagt habe! Gegen halb zwei erreichen wir Beaumont – wie der Name sagt, oben auf dem Berg, mit si-cher sehr schöner Aussicht, wenn es denn eine gäbe vor lauter Regen! Wir finden die Gîte und die bildhübsche und sehr charmante Wirtin hilft uns weiter: Sie telefoniert für uns nach Chatillon, etwas abseits vom Chemin und verkauft jedem von uns noch einen Herbergs- und Routenführer: eine hervorragende Ergänzung zum normalen Wanderführer. Wir wären gern noch geblieben, doch: Ultreia! Weiter!

Am Ortsausgang an der Kirche eine schöne Jakobsstatue, die Kirche selbst ein Ort der Stille – schön! Es folgt ein Marsch in strömendem Re-gen entlang der vielbefahrenen Nationalstraße – schrecklich! Wir folgen den Straßenschildern – es regnet – und landen endlich in Copponnex. Ein freundlicher Herr mit rudimentären Deutschkenntnissen (er war mal in der Armee im Schwarzwald stationiert) zeichnet uns sogar den Weg nach Chatillon auf: „Nach dem Friedhof links! Und vorher immer gerade aus!" Nur: Die Straße macht Bögen, geradeaus geht's öfters von der Straße weg, der Friedhof ist gut versteckt. Doch irgendwie finden wir ihn und wissen, wir sind richtig. Ohne Karte und beide ohne große Sprachkenntnisse wäre es schon fatal, sich zu verirren! Weiter Straße, da ist Chatillon, und nachdem wir erst einmal bei den Falschen angefragt haben, landen wir endlich bei Madame Bouvier.

An der Grenze zu Frankreich

Eine herzliche alte Dame mit überquellendem Wortschwall, vor dem mein bisschen Französisch kapituliert. In der alten Scheune ein Zimmer mit Doppelbett – ich werde mich mit Gerhard schon nicht schlagen. Duschen, Wäsche waschen, Tagebuch schreiben und um halb acht geht es runter zum Abendessen. Wir essen im Familienkreis: Madame steht meistens am Herd, ihr Mann isst mit, der Bruder, die Söhne: Es gibt einen Aperitif (Kir), sauer eingelegten Blumenkohl mit Sauce, Tintenfischringe, Huhn mit Nudeln, Kuchen, einen selbst gebrannten Cidre hinterher – wir tafeln wie die Fürsten zweieinhalb Stunden lang und fallen dann ins Bett.

22

Chattillon – Motz

31 km

Um sieben Uhr Frühstück. Madame bedient uns, trinkt einen Tee mit. Sie ist überglücklich, als wir unsere Halbpension bezahlen – 30,00 € zahle ich in der Schweiz für ein Abendessen! Sie zeichnet uns noch den Weg bis zum Chemin de St. Jacques auf und verabschiedet uns herzlich. Wir wandern die Straße entlang, es ist frisch, der Himmel ist blau und es ist eine Lust, zu laufen. Mir fällt auf, wie heruntergekommen die Häuser teilweise aussehen – ein starker Kontrast zur blitzblanken und satten Schweiz! Ein Hof mit zwei Kühen, einem halben Dutzend Hühnern, ein struppiger Hund blafft uns durch den löchrigen, schiefen Drahtzaun an, eine alte Frau gießt ihre Bohnen.

Wir kommen an einer Abzweigung an ein Bistro und erfragen drinnen den Weg nach Marlioz. Das ganze Publikum will uns helfen, ein netter Mann zaubert eine Wanderkarte hervor – schließlich einigt man sich: nach Marlioz da den Weg hinauf, dann weiter nach Contamine – dort findet sich der Jakobsweg wieder. Die Steigungen sind steil, doch spüre ich, dass

Steiniger, steiler Hohlweg zwischen Le Malpas und Chaumont

meine Bergkondition schon wesentlich besser ist als noch vor vierzehn Tagen, obwohl mir Gerhard bergauf immer noch wegläuft – dafür hole ich ihn mit Leichtigkeit wieder ein, sobald es halbwegs eben geht. In Contamine eine schöne Kirche.

Zwischen Le Malpas und Chaumont ein steiler, steiniger, wildromantischer Hohlweg abwärts, unten eine uralte Brücke über eine tiefe Klamm mit Wasserfall. Wieder steil bergauf, schöner Hohlweg mit viel Schatten den Berg entlang. Überhaupt: Schatten! Der Himmel ist wolkenlos, es wird richtig heiß, fast dreißig Grad – dabei war es gestern noch frisch und regnerisch! Endlich

Frangy. Wir kaufen Brot, Wurst und Käse, setzen uns auf eine Bank und schmausen. Kurz vor eins geht es weiter. Der Nachmittag wird sehr heiß. Es geht auf und ab mit phantastischen Ausblicken. Der Wanderführer nennt zwar die Höhenlage der Orte, die wir passieren, doch von dem Auf und Ab dazwischen steht nichts im Buch. Der Führer ist sehr genau, wenn die Skizzen auch sehr grob sind, und die Markierung zu verlieren ist fast unmöglich!

Der Anstieg nach Motz hinauf in der prallen Sonne auf Asphalt von 290 Metern hoch auf 460 ist dann doch eine ziemliche Herausforderung! Doch die schöne Auberge mit dem herrlichen Blick aufs Rhônetal und den schönen Zimmern entschädigt. Leider ist die Kirche geschlossen, so schön sie von außen ist. Das Abendessen ist gut und reichlich, gegen viertel nach neun habe ich auch mein Tagebuch nachgeschrieben: Gute Nacht!

*Morgen-
stimmung
am Orts-
ausgang
von Motz*

Mittwoch, 25. Mai 2005

Motz - Yenne   31 km

23

Das Frühstück ist etwas mager – anstatt der erhofften Croissants oder Brot gibt's nur Zwieback. Vielleicht ist es noch etwas früh für den Bäcker?

Wir folgen den Jakobswegweisern und genießen am Ortsausgang den herrlichen Blick über das Rhônetal im Morgenlicht. Die Straße kurvt in Serpentinen durch die Weinberge hinab in den Talgrund – da kürzen wir ab, gehen fast Falllinie und sind sehr schnell unten, haben auch bald die „Jackl"-Schilder wieder – die Beschilderung hier ist lückenlos! In Mathy, wo ich mir eine Rose stibitze und an den Rucksack stecke – herrlicher Duft! – entscheiden wir uns für die Variante den Fluss entlang. Wunderbare Auwälder, Vogelstimmen, Akazien blühen, der Mohn sprenkelt die Wiesen rot, willkommener Schatten, denn die Sonne strahlt kräftig. Wir laufen jetzt in der Ebene sehr schnell – in den ersten zwei Stunden fast elf Kilometer! Wir rasten unter der Brücke von La Loi und ich befreie meine Füße aus den Stiefeln – ab jetzt barfuß in Sandalen: eine Wohltat! Auch die langen Hosenbeine habe ich schon am Morgen abgenommen.

Die Berge kommen noch einmal kurz bis an den Fluss, und dann geht es kilometerweit auf dem Hochwasserdamm entlang. Eine Gruppe Arbeiter mit Kran und Boot birgt gemütlich einen mächtigen treibenden Baumstamm samt Wurzelstock, und dann sind wir schon am Campingplatz von Chanaz. Über die große Fußgängerbrücke, die Uferpromenade entlang – eine schöne alte Stadt! Auf dem Marktplatz machen wir große Pause, essen aus dem Rucksack, trinken uns satt und füllen die leeren Wasserflaschen aus dem öffentlichen Wasserhahn. Ein großer Schäferhund bettelt mich um Wurst an, trollt sich aber ganz friedlich, als ich ihn wegschicke.

Dann machen wir uns auf den steilen Anstieg – vorher aber besichtigen und fotografieren wir noch die historische Ölmühle mit dem großen Wasserrad und machen noch ein Bild über die Dächer des Ortes hinweg. Am Einstieg in den steilen und engen Waldweg, der uns weiterführt, treffen wir eine kleine, rundliche Frau mit einem riesigen Rucksack und einem kunstvoll gedrechselten Pilgerstock. Christiane heißt sie, kommt aus Genf und will – ganz langsam, denn sie ist Anfängerin – nach Santiago. Als ich ihr erzähle, dass ich aus Augsburg komme, ruft sie: „Dann sind Sie der Christian!" Inge hat ihr von mir erzählt, sie haben heute gemeinsam auf dem Campingplatz im Ort übernachtet. Die sei sehr früh losgelaufen heute, erzählt Christine, und sie liefe sehr rasch. Also hat Inge gerade mal vier Stunden Vorsprung – bin gespannt, ob ich sie einhole bis Le Puy. Es geht jetzt wirklich sehr steil bergauf und wir lassen Christiane sehr bald hinter uns. Wir fragen uns nur, wie diese Frau diesen Riesenrucksack bis nach Santiago schleppen will! Doch mein Rucksack trägt sich auch schon leichter und Gerhard erzählt mir, dass auch er in Rapperswil auf dem Steg die beiden Frauen getroffen hat, eine Stunde nach mir, und die haben starke Zweifel geäußert, dass ich überhaupt bis Genf komme .

Es geht so etwa 200 Höhenmeter hoch, dann wird die Strecke eben und führt praktisch nur über Feldwege. Ich gehe sehr schnell, möchte „Meilen machen". Nach einem Ort mit einem großen Brunnen – herrliches kühles Wasser zum Waschen und Trinken – geht es steil abwärts nach Jongrieux (Kirche leider abgesperrt). Doch dann der endlose Aufstieg in der prallen Sonne nach Jongieux le Haute! Arbeiter im Weinberg – schwitzend wie wir, und eine Frau fragt verwundert, ob es nicht „trop chaud" sei zum Wandern!? Ich bin eigentlich der gleichen Meinung, doch ich stiefle tapfer hinter Gerhard her. Aber der Blick zurück übers Rhônetal entschädigt für vieles!

Drüben auf der Bergspitze eine Kapelle – und die Markierungen (wie auch der Führer) sagen: dorthin! Noch mal abwärts und bergauf, da ist eine Pilgerstatue aufgestellt, eine Madonna, die die Weinberge segnet und eine wunderschöne Kapelle, 1992 erbaut anstelle der historischen, die in der Französischen Revolution zerstört wurde. Wir sitzen im Schatten auf den Eingangsstufen – der Bau ist gewestet, ungewöhnlich bei christlichen Sakralbauten – und beschließen, nachdem wir Führer und Herbergsverzeichnis gewälzt haben: Wir gehen heute nach Yenne in die „Clo des Capucins".

Kapelle
über
Haute
Jangieux
le Haut

Zwei Monteure der Telecom kommen auf den Berg gefahren, halten drüben am Sendemasten, und als wir an ihnen vorüberkommen fragt uns der eine nach dem Woher und Wohin. Er erklärt dann seinem dunkelhäutigen Kollegen, was Santiagopilger sind und der kann kaum glauben was wir da tun! Dann das Warnschild: Glatt und steil! Gute Schuhe tragen, Hunde und Kinder „an die Leine"! Es geht wirklich in steilsten Serpentinen 200 Meter abwärts: Stufen, Laub – wie in den Alpen. Es folgt ein wunderschöner Marsch durch den Auwald, schattig, voller Vogelgesang. Ich bin zwar erschöpft, doch es geht mir gut. Endlich Yenne: ein malerischer alter Ort mit einer herrlichen, schlichten alten Kirche, die allein durch den Raum wirkt. Ich kann mich nur schwer losreißen!

Doch nun heißt es: Quartier machen! Wir fragen uns nach dem „Clo des Capucins" durch. Die Direktorin schaut erst etwas bedenklich, doch dann kriegen wir ein schönes Zimmer, duschen, schreiben, waschen Wäsche, kriegen Tee – und dann gibt's ein phantastisches Abendessen, dazu Wasser und sogar Wein.

Eine Gruppe Kinder aus Koblenz hat das Haus belegt und der Lehrer – wir essen am „Erwachsenentisch" – stellt uns der Gruppe als Jakobspilger vor. Die Kinder kommen an unseren Tisch und fragen uns Löcher in den Bauch, bewundernd und interessiert. Die schlechte Meinung, die ich durch meine Tage mit Jugendlichen bei Kolping oder im Berufsförderzentrum von der heutigen Jugend habe, muss ich wohl revidieren. Der Lehrer – er ist selbst einmal acht Tage auf dem Jakobsweg gegangen, berichtet er stolz – erzählt uns ein bisschen über die Kinder – eigentlich alles Problemkinder und -jugendliche. Ich spüre, dass ich hier jemanden vor mir habe, der mit Leib und Seele Pädagoge ist, trotz langer Berufserfahrung noch nicht abgebrüht, voller Liebe, doch auch ein Verfechter konsequenter Disziplin.

Nach dem Essen telefoniere ich mit Silvia – ich halte mich nicht unbedingt an den ausgemachten Freitagmorgen, sondern habe zwischendurch einfach Sehnsucht und möchte ihre Stimme hören. Als ich in unser Zimmer zurückkomme, fehlt einer meiner Slips! Wir hatten unsere Stöcke außen vor dem Fenster in die Laibung geklemmt und die Wäsche darübergehängt und da hat mir wohl der Wind einen Streich gespielt. Doch da kommen auch schon einige Mädchen von der Koblenzer Gruppe und haben das kostbare Stück gefunden. Wir werden weiter ausgefragt, es entwickelt sich ein langes Gespräch über die Fensterbank – wieder freue ich mich über mich selbst, dass ich bekenne, durchaus religiöse Gründe für diesen Weg zu haben – nur Gerhard sieht mich da etwas verwundert an. Um viertel nach zehn verabschieden sich die Kinder mit guten Wünschen.

Um viertel nach sieben gibt es Frühstück – reichlich und gut. Gegen acht Uhr verabschieden wir uns – Kinder und Lehrer schlafen noch. Wir finden nach einigem Fragen den Einstieg in die „leichtere" Variante des Chemin – ein freundlicher Autofahrer hupt und zeigt: Dahin! Jetzt geht es meist in wohltuendem Schatten bis zum Fuß des Berges und dann teils auf Asphalt steil bergauf.

Yenne liegt bei 230 Metern Meereshöhe und gegen elf Uhr sind wir auf dem Colle de Mont Tournier bei 851! Dort machen wir erst einmal Rast, essen von den morgens eingekauften Vorräten und dann geht es in glühender Hitze wieder bergab. Ein altes Steinkreuz mit einer Pilgerfigur und die Tafel mit dem „Gebet des Pilgers" laden zum Verweilen, nachdem wir bei Dronière wieder den „normalen" Weg erreicht haben. Wir gehen in die Kirche von Saint-Maurice-de-Rotherens: Ein harmonischer Raum mit wunderbaren Proportionen, aber arm: Liebevoll gepflegt, zeigt er doch überall Anzeichen des Verfalls – es fehlt an allen Ecken und Enden. Ich leere kurzerhand das Münzfach meines Geldbeutels – etwas mehr als 4 Euro – und deponiere es mit einem Zettel auf einem Tisch im Chorraum: „Von zwei deutschen Jakobspilgern für Ihre Kirche!" Als ich gerade durch die Ausgangstüre ge-

O heiliger Jakobus! Hilf uns in allen Gefahren, begleite unsere Wege, sei uns Schatten gegen die Sonne, ein Mantel gegen Regen und Kälte, sei der Stab, der uns am Sturze hindert und der Hafen für die Schiffbrüchigen, auf dass wir, von Dir geleitet, sicher unser Ziel erreichen und gesund und wohlbehalten zurückkehren in die Heimat!

hen will „packt mich St. Jakob am Kragen": Ich kehre um und lege noch einen 10-Euro-Schein dazu.

Wir schleppen uns durch die Mittagsglut und kommen nach Gresin. Der große Baum vor Mairie, Kirche und Schule spendet Schatten, ich verpflastere meinen linken Mittelzeh, den ich mir aufgestoßen habe (trage heute Sandalen), sehe drei Busladungen voller Kinder zu, die aussteigen, gezählt werden, in Doppelreihe antreten und dann erst geht es in den Kindergarten. Disziplin ist wohl großgeschrieben hier – ist wohl auch nötig bei solch quirligem Volk!

Eine freundliche Dame in der Mairie stempelt uns unsere Pilgerpässe ab, wir studieren Wanderführer und Herbergsverzeichnis und beschließen, bei einem Privatquartier in Saint-Genix-sur-Guiers unser Glück zu versuchen. Hinab ins Tal, über den Bach – und dann ist der Fels nicht mehr Jurakalk, sondern Sandstein – erinnert irgendwie an das fränkische Stufenland! Die ganzen zweihundert Meter, die wir abgestiegen sind, geht es wieder hinauf, erst Teer, dann steil durch den Wald – schweißtreibend! Doch wir werden oben durch einen grandiosen Ausblick auf den Rhônebogen entschädigt. Abwärts zur Chapelle des Pignieux oberhalb von Saint-Genix-sur-Guiers. Ein schöner Bau, klassizistisch mit Jugendstilanklängen, der an Stelle einer alten Kapelle steht, die im IX. Jahrhundert als Dank für einen Sieg über die Mauren errichtet wurde. Ich wusste gar nicht, dass die so weit gekommen waren!

Auf dem Friedhof unterhalb der Kapelle endet gerade eine Beerdigung. Wir fragen einige Trauergäste nach Madame Odette Arnaud, die hier Zimmer vermietet – und da sprechen die nur Italienisch! Da genieße ich richtig, mich wieder mal halbwegs fließend unterhalten zu können!

Madame Arnaud, bei der wir heute abend Quartier machen wollten, fährt heute Abend in „vacances", sagt sie am Telefon, so rufen wir die Auberge/Campingplatz unten im Tal an: „Pas de problem!" Es ist ein guter Kilometer über die Straße ins Tal, der Asphalt glüht, doch das gemütlich-rustikale Gasthaus, der großzügige Wohnwagen mit den zwei getrennten „Schlafzimmern", das phantastische Essen mit der charmanten Bedienung und vor allem der Halbpensionspreis von 20,00 € pro Kopf waren das wert!

Duschen, Wäsche waschen und auf der Hecke hinter dem Wohnwagen trocknen, essen, und nach der Flasche Wein: schlafen wie in Abrahams Schoß.

Pünktlich um sieben Uhr sitzen wir nach einer ruhigen Nacht (nur die Autobahn rauschte) am Frühstückstisch und zwanzig nach sind wir auf der Straße. Wir marschieren nach Saint Genix hinein – am Netto-Markt vorbei – und überqueren auf der Brücke über einer malerischen Stromschnelle den Fluss. Nun haben wir Hochsavoien verlassen und sind im Departement Isère. Es geht flussaufwärts an einem großen Baggersee mit Campingplatz entlang, dann unter der Autobahn hindurch im weiten Bogen um ein Dorf herum und den Berg hinauf. Abwärts ins nächste Bachtal – da fällt uns ein überdachtes Gebäude am Bach auf: der dörfliche Waschplatz. Gerhard spekuliert, was dieser Platz im Laufe der Zeit wohl an Klatsch, Tratsch und Intrigen gehört hat – ich halte dagegen, wie viele heimliche oder offene Liebesszenen er gesehen hat, wie viele Ehen hier gestiftet wurden …

An einem Brunnen in einem Bauernhof machen wir Pause, füllen unsere Flaschen – der Hofhund ist erst skeptisch, wird dann aber freundlich. Am Mühlbach ein gravitätischer Schwan. Steil hinauf zur Brücke über die Bahnlinie – der TGV rauscht vorüber und wir stellen uns vor, wir säßen jetzt im klimatisierten Abteil und wären bequem blitzschnell am Ziel – aber …

Und jetzt sind wir in Les Abrets. Ein Fotogeschäft liegt am Weg und die bildhübsche Fotografin brennt uns CDs von unseren Fotospeicherchips – jetzt haben wir wieder Platz. Sie erklärt uns noch den Weg zur Bank mit Geldautomaten und wir füllen unsere Kassen wieder auf. Als wir zurückgehen auf den Jakobsweg kommt sie uns im Auto entgegen und wünscht freundlich „Bon appetit!" Ja, schön wär's! Weiterlaufen!

In weitem Bogen über Felder – und wieder mal über Berg und Tal. Doch meistens haben wir Schatten. Den können wir auch brauchen, denn die Sonne knallt unbarmherzig: In Les Abrets habe ich an einem Thermometer 30° im Schatten gesehen! In einem Ort geht's wieder mal steil bergauf – und am Ortsende ein Haus mit einer großen Jakobsmuschel über dem Türstock und einem Schild, das Pilger willkommen heißt. Unsere Wasserflaschen sind leer: Wir sind gerade noch am Überlegen, ob wir klopfen sollen, da öffnet sich die Haustüre und eine freundliche Dame füllt uns gleich zwei Mal die Flaschen: Die erste Portion haben wir in

Siesta

einem Zug leergesoffen wie zwei verdurstende Gäule. Ein paar hundert Meter weiter, jenseits des Berges auf halber Höhe, ein schönes Gebüsch, das tiefen Schatten wirft! Ideal zum Siestamachen! Das zweite Mal, seit ich sie mit mir herumschleppe, rolle ich die Isomatte auf, mache es mir an einem Steinhaufen bequem, esse, trinke – und dann schlafe ich tatsächlich ein! Eine gute halbe Stunde schlafe ich, träume sogar, und dann ist es halb drei und die Stunde Mittagspause ist fast vorbei.

Wir haben kaum aufgesattelt, da kommen zwei Herren den Berg hinab, vorneweg ein kleiner, drahtiger, dahinter ein rundlicher, weicher. Der vordere erzählt, er käme aus Saarbrücken, habe den ganzen Jakobsweg schon 1990 gemacht und 97. Und jetzt sei das alles soooo einfach geworden und gar keine richtige Herausforderung mehr ... Ich höre schon gar nicht mehr zu! Als wir losziehen, haben wir die beiden bergab und in der Ebene schnell hinter uns gelassen, doch an der nächsten Steigung, als wir einen Gang zurückschalten, überholt uns der Kleine und zeigt, dass er der Größte ist, während sein Begleiter weit hinterdrein schnauft. Oben am Berg sitzt er dann demonstrativ unter einem Baum und studiert die Karte, blickt gar nicht auf, als wir freundlich grüßend an ihm vorbeikommen. Menschen gibt's ...

Vor Valencogne fallen uns die Wegweiser mit den echten Jakobsmuscheln auf – im Ort eine liebevoll gestaltete Jakobssäule mit Hinweis- und Streckentafeln; in der stillen, atmosphärereichen Kirche ein Livre d'or für die Pilger, in das auch wir uns eintragen. Nach etwas Fragen bekommen wir sogar einen Stempel in unsere Pilgerpässe. Wieder mal den Berg hoch, durch einen Wald steil ab – und dann kommen wir auf den Gedanken, nach Quartier in Le Pin am Weg zu telefonieren. Pech: alles belegt. Doch man empfiehlt uns ein Privatquartier abseits vom Chemin am Lac de Paladru und da ist frei: ein Glücksgriff! Als wir – nach kurzer Schmuserei mit einem possierlichen Esel – über dem stillen, schönen See ankommen, empfängt uns die Hausfrau, eine reizende alte Dame. Mir teilt sie sofort das Zimmer mit dem großen Bett zu, sie wäscht unsere verschwitzten und staubigen Kleider, und um halb acht treffen wir uns mit den anderen Hausgästen im Freien zum Abendessen. Köstlicher, am Nachmittag vom Familienvater selbst geangelter Fisch aus dem See, Salat aus dem Garten, Eintopf mit Erbsen und Wurst, Käse, Brot und Wein – ein wunderbarer Tagesausklang! Doch gegen neun fallen uns fast die Augen zu, wir verabschieden uns und ich schlafe tief und gut.

Nach einer ruhigen Nacht, in der mich nur einmal ein leuchtend orangeroter Mond geweckt hat, der mir durchs offene Fenster direkt ins Gesicht schien, stehe ich pünktlich um halb sieben gestiefelt und gespornt mit Gerhard am Frühstückstisch, der im Freien für uns gedeckt ist. Wir tun uns gütlich und dann zahlen wir unsere jeweils 29,00 € und freiwillig noch einen drauf fürs Wäschewaschen. Die süße alte Dame bedankt sich herzlich – wir aber auch – hier wäre ich gern noch geblieben – vielleicht mal mit Silvia?

Zehn vor sieben sind wir wieder auf der Straße. Den stillen See entlang, vorbei an blühenden Lilien – dann rechts ab, den Berg hoch und da kommt auch schon die Straße nach Le Pin und mit ihr die Jakobsmarkierung. Wir kommen in den Ort, gehen erst einmal in die Kirche: Wie die meisten Kirchen hier ein fast leerer Raum mit wunderbarem Licht (farbige Fenster) und einer schlichten Harmonie – wie anders als der überschwängliche Prunk in den Barockkirchen!

Weiter: blühende Heckenrosen, Kletterrosen, Iris, draußen im Feld Orchideen, Wiesen voller Blumen, bunter, duftender, lebendiger als unsere überdüngten Graserzeugungsflächen! Unter der Autobahn durch, nach einer langen, heißen Strecke übers Feld, und dann in Quétan setzen wir uns auf einen Brunnen, rasten, essen, trinken und beobachten die langwierigen Versuche zweier Bauern, einen mit Holz beladenen Wagen an einen Traktor anzukoppeln.

Die Rast hat gut getan, doch jetzt geht es wieder steil bergauf – herrlicher Blick – dann wieder über Weiden, an einem großen Hof vorbei bergab. Von Le Pin aus sind wir zweimal bestimmt hundertfünfzig Meter auf- und wieder abgestiegen und jetzt geht es noch tiefer hinab nach Le Grand Lemps. Der Chemin führt eigentlich daran vorbei, doch wir gehen die paar hundert Meter in die Stadt hinein – erst einmal in die Kirche. Schön! Ganz besonderes Licht, vor allem im Chor – schade nur dass gerade mit viel Hin und Her und Palaver für die Firmung morgen dekoriert wird!

In der Stadt erledigt Gerhard ein paar Einkäufe, ich warte draußen, bewache die Rucksäcke und da spricht mich ein junger Mann auf Deutsch an: Er hat Verwandte am Bodensee, dort ist praktisch seine zweite Heimat, und er freut sich, dass er uns helfen kann. Als ich ihn bitte, für uns in Cote-de-Saint-André anzurufen, hat er sein eigenes Handy schon am Ohr, ehe ich meines auch nur aus dem Rucksack kramen kann. Mit dem Hausvater der Orphanage, die auch Pilger beherbergt, verabredet er einen Termin um halb sechs abends. Jetzt ist es halb zwölf, wir haben also reichlich Zeit. Wir bedanken uns herzlich.

Nun aber zurück auf den Chemin! Jetzt geht's im Tal auf meist schattigen Wegen flott voran bis La Frette. Der Aufstieg zur Kirche schlaucht – leider wird sie gerade renoviert und ist geschlossen. Wären wir einfach an der Kirche weitergelaufen, ohne auf die Markierungen zu achten, hätten wir uns sicher einen Kilometer gespart – so führt uns der Weg in weitem Bogen aus dem Ort heraus und dann zum Schloss. In der herrlich schattigen vierreihigen Eichenallee, die zum Portal führt, machen wir eine Dreiviertelstunde Siesta, streng bewacht von einem der Hofhunde.

Auch die Kirche von Saint Hilaire ist verschlossen, doch gibt es auf dem Friedhof Wasser und wir können unsere Flaschen auffüllen. Etwas später, in einem schattigen Hohlweg mit grandiosem Blick über das Tal erfüllt mich plötzlich ein fast euphorisches Gefühl: Ich lebe! Kurze Zeit später, gegen drei Uhr, muss ich auf einmal an meine Schwester Käthe denken und ich habe Angst, dass mit ihr etwas Schlimmes geschehen ist. (Später erfahre ich, dass sie an diesem Nachmittag einen leichten Herzinfarkt hatte.) In Gillonay führt der erste Weg natürlich zur Kirche – und da bin ich verzaubert!

Uralter Bau, im Schiff weißgestrichene Holzbalkendecke, im Chor ein einziges Fenster hinterm Altar. Hier muss man innehalten, mit Leib, Geist und Seele Atem schöpfen. Ich finde das Pilgerbuch und schreibe als Gebet mein Pilgerlied hinein.

Weiter, durch glühende Hitze! Endlich, gegen vier Uhr, erreichen wir La-Cote-de-Saint-André, die Geburtsstadt von Hector Berlioz. Während ich vergnügt vor mich hinsumme, kommen wir am alten Schloss Ludwigs XI. vorbei, steile Treppen hinab zu den Markthallen und schließlich, am Bahnhof vorbei auf die endlose Allee. Endlich geht es links ab zum Waisenhaus, während die Allee sich am anderen Ende des Tales im Wald verliert, schnurgerade bis zum Horizont.

Wir sind über eine Stunde zu früh – doch wir finden uns in einem wunderbar ruhigen Innenhof wieder, fast schon ein Kreuzgang zu nennen, aber vom Beginn des 20. Jahrhunderts. Abgeschieden von der Hitze und vom Lärm der Sportplätze außen rasten wir, schreiben, hängen unseren Gedanken nach. Ein junger Mann kommt, Elsässer aus Straßburg, der sich gerne mit uns auf Deutsch unterhält, dann kommt der Hausvater.

Ich lebe!
Mit allen Sinnen!

Der Druck meines Gewichtes auf den Füßen! Der spitze Stein unter der Sohle meiner Sandale!

Der Schweiß, der die Griffe meiner Stöcke glatt macht und von meiner Stirne tropft! Das Brennen der Sonne auf meinen Schultern!

Das melodiöse Flöten eines Pirols, das monotone Gurren der Holztauben! Das Knirschen des Rucksacks, sein Gewicht auf meinen Hüften, der Zug der Trageriemen an den Schultern!

Der Duft nach Heu und Blumen, der aromatische Wind, der mein Gesicht kühlt, leise im Gras rauschend. Das Wogen des Gerstenfeldes neben mir, sattgrün mit erstem goldenem Schimmer!

Tausenderlei verschiedene Grüns, die dem Auge wohl tun!

Das Keuchen beim Aufstieg, das befreite Ausschreiten in der Ebene!

Ich bin auf dem Jakobsweg!
Ich spüre, dass ich lebe!

Um sechs Uhr haben wir unsere Schlüssel und kommen nur eine winzige Idee zu spät zur Messe: Wir hatten in der Hauskapelle gesucht, die aus Sicherheitsgründen nicht benutzt werden darf. Ich verstehe nicht viel von der Predigt – es geht, wie ich glaube zu hören, um die Transsubstantiation – unerklärlich, unglaublich, doch: Bei Gott gibt es das Wort „unmöglich" nicht! Und dann der Gedanke: Im Tod muss man die Kommunion empfangen, um mit Jesu Fleisch im Leib leiblich zu Jesus zu kommen – einleuchtend: Mit Gott zu Gott – doch irgendwie fremd. Ich scheue mich nicht, die Kommunion zu empfangen, behalte jedoch später im Gespräch mit dem Priester meine Konfession für mich, um ihn nicht in Gewissensnöte zu stürzen. Was mich beeindruckt, ist die inbrünstige Frömmigkeit, die ich in der Gemeinde spüre. Ich sehe zum ersten Mal, wie sich Menschen zum Empfang der Kommunion auf die Knie fallen lassen und sich bekreuzigen. Wir zwei Fremden sind in der kleinen Gemeinde natürlich aufgefallen. Wir werden gefragt, woher und wohin; und dann sagt eine der Frauen den Satz: „Betet in Santiago für uns, wir beten für euch!"

Nach der Messe gibt uns der Priester, ein ganz lieber weißhaariger und -bärtiger alter Herr hoch in den Siebzigern, unser Abendessen aus der Küche: Wir können es uns oben im Pilgerappartement in der Mikrowelle warm machen. Während wir essen, kommt er noch einmal, bringt uns zwei Kiwis und wünscht uns gute Nacht. Morgen sechs Uhr dreißig Frühstück!

27 Sonntag, 29. Mai 2005

La-Cote-de-Saint-André – Saint-Romain-de-Surieu 41 km

Um fünf Uhr bin ich wach, kann nicht mehr einschlafen und mache mich langsam marschbereit. Kühle Morgenstimmung – herrlich! Ich reinige und fülle Trinksystem und Flaschen, dusche und bin um sechs Uhr fertig. Als Gerhard und ich um halb sieben ins Erdgeschoß kommen, erwartet uns der Priester bereits, führt uns in den Speisesaal, wo schon alles bereit steht und verabschiedet sich herzlich von uns.

Um sieben wandern wir die endlose Allee Hector Berlioz hinauf und finden an der Markthalle den „Jackl" wieder. Die Kirche, die wir besichtigen wollen, ist, wie könnte es anders sein, abgesperrt. Erstmal geht es natürlich den Berg hoch und wieder hinunter; noch ist es kühl und wir kommen flott voran. Am Teich von Faramans sprechen uns vier alte Herren an, quetschen uns aus, woher, wohin, wie weit, wie lang, erzählen von anderen Pilgern, die hier vorbeigekommen sind und viel fotografiert haben – ein interessierter, herzlicher Wortschwall, dem ich kaum folgen, geschweige denn antworten kann.

Aufstieg ins Dorf, dann über weite Felder auf den Bergrücken zu, auf dem das nächste Dorf liegt: Wir sind in Pommieur-de-Beaurepaire mit der „Sternenhimmelkirche". Schön! Es ist sehr heiß, wir freuen uns über jeden Baumschatten. Vor Pisieu machen wir eine Stunde Siesta – ich schlafe fest und träume. Um ein Uhr machen wir uns wieder auf. Gott sei Dank tauchen wir bald wieder in den Wald ein, aber die Wege! Faust- bis kopfgroße Kieselsteine, teilweise lose, abwechselnd mit Pfützen und Matsch – anstrengend. Dann sind wir an der TGV-Trasse, der Weg führt in praller Sonne am Bahndamm entlang, der Ginster blüht, aus dem Wald ruft der Kuckuck – ob das derselbe ist, der mich seit Hiltenfingen immer wieder begleitet hat?

Da unten scheint der Durchlass durch den Bahndamm zu sein – doch das ist leider nur der Bach! Also die endlose Steigung den Gegenhang hinauf, der Schweiß rinnt, die Füße protestieren gegen die losen Kiesel auf dem Weg – endlich haben wir den tunnelartigen Durchlass erreicht, sinken erschöpft gegen die Seitenwand im Schatten. Drei Züge haben uns passiert, während wir hier hochgekrochen sind! Ausruhen, Atem schöpfen. Unsere Wasserflaschen sind fast leer. Der Führer sagt, es käme bald eine Schutzhütte mit einem Wasserhahn. Aber erst mal weiter bergauf, dann sind wir am Wasserturm, eini-

Kreuz mit Muschel

ge hundert Meter weiter die völlig vandalisierte Hütte. Doch der Hydrant daneben funktioniert und das ist Gold wert!

Weiter über Bellegarde. Der Weg biegt vor den Häusern ab, den Berg hoch zu einer Kapelle: mühsames Steigen in der Hitze, endlich am Ziel, herrlich liegt das Kapellchen, wunderbarer Blick – doch hinein kommt man nicht. Wir lassen uns auf einer alten Grabplatte nieder und machen unserem Ärger Luft, während uns ein giftiger Minihund vom Nachbargrundstück aus pausenlos ankläfft. Fast eben so hoch wie wir aufgestiegen sind, geht es wieder abwärts. Wir kommen an einem Friedhof vorbei; auf dem Rasen vor der Mauer spielen drei Männer und eine Frau Boule. Man erkennt uns als Pilger, hält uns auf: woher, wohin, wie weit, wie lange – „Voulez-vous une petite collation?!" Und schon haben wir zwei köstlich kühle Bierchen in der Hand – und ich lerne zum ersten Mal abschraubbare Kronkorken kennen. Der freundliche Wortführer der Gruppe erklärt uns den Weg nach St. Romain, ruft auf unsere Bitte hin dort an und reserviert das Quartier. Mit Handschlag und guten Wünschen werden wir verabschiedet.

Wir sind eigentlich schon recht erschöpft, doch wir haben noch gut zweieinhalb Stunden vor uns. Viel Wald – Gott sei Dank bei der Hitze – doch streckenweise unwegsam – und dann lärmen und stinken auch noch zwei Rüpel auf Crossmotorrädern über den schmalen Weg und drängen uns rücksichtslos ins Gebüsch! Ich habe Mühe, meine Aggressionen in Zaum zu halten. Dann geht es wieder auf Asphalt – und da ist plötzlich die Straße abgerutscht, tief in die Schlucht und vorher an der Einmündung war nur ein kleines Schild gestanden: „route barrée" – sonst keinerlei Absperrung. Gerhard, der vor seiner Rente für ein Bauamt tätig war, schüttelt nur den Kopf: Was würde man in Deutschland da für einen Aufwand treiben: Blinkleuchten, Baken, Schilder!

Ein nettes Hinweisschild: „Zum Igel; Joycelyn und Nancy" lese ich. Da müssen wir hin! Noch einmal steil den Berg hinauf – gut, dass wir nicht erst abgestiegen sind in den Ort. Endlich kommen wir an dem urig-malerisch eingerichteten Bauernhaus an: Bar im ehemaligen Pferdestall, Ziegen, Schafe, Esel und Pferd auf der Weide, schönes Zimmer, saubere Duschen, nette Wirtsleute. Kühles Bier, gutes Essen auf der Terrasse mit herrlichem Blick, Wäsche wird für uns gewaschen. Todmüde ins Bett mit dem festen Entschluss: Morgen machen wir nur eine Minietappe, gerade mal über die Rhône, und das wird dann sozusagen ein halber Ruhetag!

Wir starten heute spät: Um acht Uhr Frühstück und um halb neun brechen wir auf. Wir stehen gerade vor dem Tor, da fängt es an zu regnen. Habe ich mich doch nicht getäuscht, mit dem was ich in der Nacht gehört hatte! Ich war wach gelegen, hatte es rauschen und plätschern hören und den Gedanken gehabt: runter zur Bahn, nach Lyon fahren, einkaufen, ein Hotel suchen, rasten, und morgen mit der Bahn hierher zurück und weiterlaufen. Und auf diese Weise von Gerhard loskommen: Er ist zwar ein netter Kerl, doch immer wieder die gleichen Stories anhören müssen, kaum dass er mal eine Stunde schweigt, das Gefühl, dass er sich in jeder Hinsicht auf mich verlässt – er spricht weder Englisch noch Französisch, geschweige denn Spanisch. Ich möchte und muss wieder alleine gehen! Doch über der Routine des Packens, Frühstückens, Loslaufens verflüchtigt sich dieses Vorhaben. Wir steigen im Nieselregen den Berg hinab und sind noch einmal froh, dass wir gestern das Hinweisschild zur Gîte gesehen haben – es wäre grausam gewesen, hier wieder hinaufsteigen zu müssen! Die Kirche, die der Wanderführer so lobt, ist natürlich abgeschlossen.

Es geht bergauf in den Wald – eine alte Dame gießt die Blumen neben ihrem Hoftor und grüßt freundlich. Hier im Wald ist der Regen kaum spürbar – eher ein penetrantes Nieseln. Ich schlage den Poncho zurück und lege ihn auf dem Rucksack ab, denn ich schwitze darunter. Doch sobald wir auf das freie Feld kommen, brauche ich ihn wieder, denn es wird unangenehm feucht und klamm. Durch ein, zwei Dörfer, wieder einmal über einen Bergrücken, dann ein Stück die Autobahn entlang und über die Brücke. Wenn man so über der Autobahn steht, sieht man erst, wie gefährlich dicht manche auffahren – besonders die Kleintransporter tun sich da hervor.

Die Kirschen sind reif – fast in jedem Garten steht ein übervoller Baum, auf den Wiesen, die wir durchqueren, die Feldwege entlang. Immer wieder holen wir uns im Vorübergehen eine Handvoll – Pilgerprivileg!?

Langsam wird's Zeit für eine Rast. Mein Rucksack hat anscheinend eine eingebaute Uhr: Nach eineinhalb, spätestens zwei Stunden fängt er an zu drücken. Da, auf der überdachten Laderampe eines verwaisten „Agri Sud-Est"-Lagerhauses steht ein Sofa! Absatteln, ein bisschen essen, trinken – wir sitzen weich und vor allem trocken. Ein Sattelzug fährt auf den Hof, der Fahrer fragt etwas, ich radebreche: „Nous ne sommes pas d'ici et ne parlons pas français!" Er wendet, kommt nach zehn Minuten wieder, wendet und fährt weg, kommt zurück, wendet, fährt weg ... Wir amüsieren uns köstlich. Wahrscheinlich sucht er nach dem Lagerhaus und man schickt ihn immer wieder hierher.

Weiter. Der Regen hat aufgehört und ich kann meinen Poncho verpacken. Es geht wieder einmal über einen Bergrücken und dann steile Treppen hinab in einen Ort. Jetzt haben wir das Rhônetal vor uns: weit, dicht besiedelt, hektarweise Netze über Obstplantagen – und jenseits himmelhohe Berge über die wir drüber müssen! Asphaltstraßen nach St. Alban; das Atomkraftwerk kommt immer näher. Hinter der Leitplanke auf dem Straßendamm über einer Vorortsiedlung hinauf zu einer Brücke: die Rhône. Breit wie der Rhein bei Koblenz, mächtig, schiffbar. Jenseits liegt Chavanay, das wir uns als Ziel unserer heutigen Kurzetappe ausgesucht hatten. Doch es ist gerade mal viertel nach eins und da ist es für uns klar: Ultreia! Weiter!

Wir beschließen, heute bis Maclas zu gehen – dort empfiehlt der Führer ein Hotel und der Ort liegt nur einen Kilometer abseits des Chemin. Wir durchqueren das liebevoll gepflegte alte Städtchen, dann kommt ein steiler Aufstieg zu einer renovierten Kapelle mit einem herrlichen Ausblick über die Rhône-Ebene. Weiter steil aufwärts – ich glaube, die Rhône hier ist bis Santiago der tiefste Punkt des ganzen Jakobsweges und Maclas liegt vierhundert Meter hoch! Und dann haben wir die Markierung verloren – die Skizzen im Wanderführer verwirren auch eher, als dass sie helfen. Wir kommen an einer Weinkellerei vorbei und da fragen wir nach dem Weg. Die großen Fässer, der Weinduft, die freundlichen Menschen – am liebsten würde ich hier bleiben und stillvergnügt vor mich hin zechen! Die ganze Gruppe von Weinbauern und Kunden rät uns nach temperamentvollem Palaver: „Geht einfach immer diese Straße entlang, und wo sie zu Ende ist, biegt links ab – das ist der sicherste Weg!"

Endlich sind wir in Maclas und finden das Hotel du Parc: eine Rarität! Augenscheinlich – ein altes Photo lässt mich das glauben – hat die alte Dame, der das Hotel gehört, es Anfang der Dreißiger Jahre als junges Mädchen übernommen, komplett eingerichtet – und seitdem wurde kein Finger gerührt, es zu modernisieren! Wir bekommen ein großes Zimmer mit zwei breiten Betten, Waschbecken und Bidet hinter einem dezenten

Wandschirm. Die Tapete ist zerfetzt, die Dielen knarren, antike Fensterbe-
schläge – doch ich bringe das Fenster wenigstens auf. Auf der fensterlosen
Toilette finde ich keinen Lichtschalter, finde mich damit ab, im Dunkeln
zu hocken – da bemerke ich, dass die Beleuchtung mit der Türverriegelung
gekoppelt ist – zum Schießen! Einkaufen (Kirche ist abgesperrt), Dusche
sparen wir uns: wenig einladend. Das Essen ist nicht so besonders, dafür
gibt es gutes belgisches Bier – und die Bekanntschaft mit Silvya und Jürn
aus der Schweiz (Aarau).

Wir gehen zurück zur Kreuzung des Jakobsweges mit der Straße, die wir
gekommen sind – gestern Nachmittag war uns die Markierung aufgefallen. Um sieben sind wir losgelaufen, nachdem ich in der Nacht miserabel geschlafen habe, wirr geträumt, immer wieder aufgewacht bin. Ich bin
kribbelig, möchte wieder alleine laufen – doch körperlich fühle ich mich
gut.

    Das Wetter ist schön, der frische Wind kühlt. Wir sind von 400 Me-
ter auf 690 gestiegen, dann wieder herab auf 585, als wir in Saint-Julien-
Moulin-Moulette angekommen sind. Ein schöner, malerischer Ort, mit
harmonischer Kirche, die zum Verweilen einlädt, doch ist hier gleich eine
Beerdigung. Ich suche einen Geldautomaten: keiner im Ort, und ich habe
nicht mehr allzu viel Bargeld. Aus dem Ort hinaus, bergauf links ein inte-
ressanter Kirchhof mit Kreuzweg und einem Kalvarienberg in einer Grotte. Mein linker Fuß schmerzt, trotzdem geht es flott weiter. Doch nach
einigen Kilometern:

    Aus! Schluss! Ende! Keinen Schritt mehr!

    Die vierte Zehe an meinem linken Fuß fühlt sich an, als sei sie total zer-
fetzt, dazu schmerzt das Fußgelenk – aus! Ich habe das Gefühl, als quelle
mein Fuß aus dem Stiefel, die Schmerzen sind fast unerträglich. Das Ge-
lenk, der Zeh, der Ballen – alles fühlt sich an wie eine einzige Blase mit
ständigem Pochen und Brennen. Gerhard redet mir gut zu, als ich mich
vor einem Bauernhof auf einer Bank niederlasse. Er befreit mich von Stie-

fel und Socken – das schmerzt wahnsinnig – und dann besehe ich mir den Schaden: Am vierten Zeh hat sich eine Blase gebildet, die unter den Dritten gewachsen und aufgeplatzt ist und jetzt weit klafft, dazu eine Druckblase unter dem Ballen. Ich schneide die überschüssige Haut weg, öffne die Druckblase und lasse sie auslaufen, desinfiziere, Gerhard verpflastert. Der Druck ist weg und der Fuß schmerzt weniger. Zum Schutz der offenen Wunden frische Socken über Sprühverband und Pflaster und dann Sandalen. So komme ich hoffentlich bis in die nächste Unterkunft!

Ganz langsam, mühsam und schmerzlich geht es weiter. Unter uns liegt Bourg-Argental und jenseits steigt das Tal an zu einem Pass mit etwa 1200 Metern – wie soll ich das schaffen?!! Doch hier im Ort gibt es laut Führer kein Quartier. Hinab ins Dorf, Kirche: schön stiller Raum mit leiser Musik. Wir sitzen, lassen den Raum wirken, ich bete, dass es weitergeht. Dann raus und den Berg hinan. Es geht stetig bergauf, erst auf vielbefahrener Straße, dann eine steile V-förmige Rinne, die den Füßen gar nicht gut tut, später der übliche steinige Feldweg. Nun kommen wir immer wieder auf eine alte Eisenbahntrasse, die unter Viadukten hindurch, in Einschnitten und auf Dämmen verläuft. An einem Weiler machen wir Rast – und da kommen Silvya und Jürn. Sie rufen für uns in der nächsten Gîte an, in der auch sie übernachten werden und gehen schon voraus. Ich lasse Gerhard mit ihnen ziehen und humple mühsam hinterdrein.

Die Gîte ist in einem alten Bauernhof mit Metzgerei, hell, freundlich, die Hausmutter weist uns blitzsaubere Zimmer zu. Silvya macht für uns Tee. Ich bin dankbar für meine Badeschlappen mit den dicken weichen Sohlen! Gerhard näht seinen aufgeplatzten Schuh mit Nylonfasern von Garbenbindegarn, das wir unterwegs aufgelesen haben: Er macht das wie ein gelernter Schuster, nur dass er seine große Nadel mit der Zange von meinem Leatherman-Tool durch das dicke Leder ziehen muss. Wenn er nur nicht immer wieder die Geschichten erzählen würde, die ich schon x-mal gehört habe!

Zum Abendessen gibt es eine deftige Suppe mit Gemüse aus dem Garten, hervorragende brühfrische Schweinswürste aus der Metzgerei des Hausherren, Pellkartoffeln, Käse, Kirschkuchen, dazu zwei Flaschen Landwein, Quellwasser – paradiesisch! Um zehn Uhr fallen wir todmüde in die Betten.

Wir bekommen um sieben Uhr Frühstück, gut und reichlich. Ich packe und lasse Gerhard laufen: „Ich will dich nicht aufhalten, ich muss langsam machen!" Außerdem muss und will ich wieder alleine gehen – über eine Woche mit immer dem gleichen Partner ...

Als ich zahle, frage ich die Wirtin, ob es unten im Ort eine Bank mit Geldautomaten gäbe: Nein, der nächste sei in Montfaucon, und das seien 30 Kilometer! Das wird eng – ich werde das heute sicher nicht schaffen und habe gerade mal noch knapp 30,00 € in der Tasche. Silvya und Jürn haben das wohl mitgekriegt: Halb schon im Gehen, drückt mir Silvya einen 100-Euro-Schein in die Hand: „Hier, damit du beruhigt langsam gehen kannst. Schick uns das, wenn du zurück bist." Ich bin sprachlos und habe Tränen in den Augen. „Ich habe ja nicht mal eure Adresse! Und ihr meine auch nicht!" Silvya muss ich den Schuldschein förmlich aufdrängen. Als sie dann fort sind, schicke ich erst einmal ein Stoßgebet zum Himmel. Danke!

Kurz nach halb neun mache ich mich doch auf den Weg – es juckt mich in den Füßen weiterzugehen. Und wenn's nur ein kleines Stück ist: nicht aufgeben, ultreia, immer weiter! Ich gehe langsam und ruhig, bleibe immer wieder stehen, fotografiere, bummle aber nicht. Anfangs ärgert mich mein linker Fuß noch, doch das gibt sich im Laufe des Tages. Es geht weiter

Im
Sétoux

auf der alten Bahntrasse. Der Ginster leuchtet. Zwei Pferde am Hang unter mir auf der Weide, dahinter das weite Tal – lieber Gott, hast du eine schöne Welt gemacht! Und es ist schön, alleine zu gehen, schweigend seinen Gedanken nachhängen, schauen, leise singen – ich fühle mich immer wohler.

Nun geht es stetig, doch nicht zu steil aufwärts auf guten Forstwegen. Ein heimeliger Fichtenhochwald, die Kiefern haben aufgehört, ein paar Tannen dazwischen – nur schade, dass eine Motorsäge die Stille stört. Ich bin im Naturpark Pilatusregion angekommen. Die Beschilderung ist hervorragend, immer wieder Hinweisschilder und Höhenangaben, bis ich bei 1204 Metern den Pass erreicht habe. Ich trete aus dem Wald heraus und bin überwältigt von dem Ausblick: Weit nach Norden und Westen endlose Bergketten, runde, steile – herrlich! Ich kann mich nicht sattsehen!

Nun geht es hinab nach Les Sétoux. Das Café lädt ein und ich bestelle bei der liebenswürdigen alten Dame „un grand café au lait". Der kommt mit einer großen Keks- und Waffelschale und der Aufforderung, kräftig zuzulangen! Ich trage mich in das Goldene Buch ein und zahle zwei Euro, bevor ich herzlich verabschiedet werde. (Les Sétoux war eigentlich das Ziel, das ich mir für heute vorgenommen hatte.)

Es ist schön, alleine zu gehen. Auf und ab, durch Weiler und Wiesen und Wald – und ab und zu ein steiles, steiniges Stück. Viel stiller Hochwald, heimelig dunkel. Der Duft frisch geschlagener Tannen. Die Kuh, die eben auf der Weide ein Kalb zur Welt gebracht hat, ruhig die Nachgeburt ausstößt und frisst und mich dazwischen ansieht und leise muht, als wolle sie sagen: „Hab ich das nicht gut gemacht?!" Die Männer in dem kleinen Bauernhaus, die ich beim Mittagessen störe: „Ich brauche dringend eine Toilette!" Und die mich dann ganz interessiert ausfragen: woher und wohin?, und mir meine Wasserflasche auffüllen. Der Wind, der die Sonnenhitze vergessen macht und immer wieder die herrlichen Ausblicke. Das Gebet am Steinkreuz von 1870. Langsam, ruhig gehen, nicht hetzen.

Ich stelle mich darauf ein, heute endlich einmal draußen zu schlafen, in einem dieser herrlichen Hochwälder – und da bin ich in Montfaucon! Ich widerstehe der Versuchung, die der Wegweiser zum Hotel „Les Platanes" darstellt, stürze mich auf den Geldautomaten an der Bank, komme in die Touristinformation. Dort gibt mir die nette junge Dame einen Stempel in meinen Pilgerpass und gegen den Obolus von 7,00 € den Schlüssel zur Gîte: Morgen bitte hier in den Briefkasten werfen!

In der Gîte finde ich einen etwas angeberischen Deutschen, der wohl sämtliche Rekorde brechen möchte: Er sei heute 50 Kilometer gelaufen und morgen plane er 60. Er macht sich daran, sich etwas zu kochen, er habe das zwar noch nie gemacht, doch es werde schon was werden – ich biete ihm an, für uns beide etwas zu fabrizieren, doch er lehnt ab. So gehe ich für mich alleine einkaufen. Vorher war ich noch in der Kirche nebenan: Schön – und die Sammlung von Bildern eines Holländers, hier in Frankreich! Ich kaufe eine Karte von Notre Dame de Montfaucon, die ich Pfarrer Danner schicken werde.

Zurück in die Gîte. Der Deutsche klagt über sein missglücktes Essen und verzieht sich – ich koche wie zuhause: Nudeln gleich in der Fleischbrühe, Schinken gewürfelt hinein, Kräuter, Salz – zwei große Teller voll gibt es! Ich setze mich an den Tisch, habe eine Weinflasche aufgemacht und schenke mir gerade ein – da blicke ich durch die Glastüre nach draußen und sehe Silvya und Jürn vorbeigehen! Aufgesprungen, Tür auf, einen Schrei rausgelassen – und dann kommen sie mir nicht davon, ohne mit mir den Wein zu teilen. Sie freuen sich sehr, mich zu sehen, hatten sich schon Sorgen gemacht, wie es mit mir wohl weiterginge. Sie erzählen, dass sie unterwegs Gerhard überholt haben. Das erste, was er gefragt habe, sei gewesen: Könnt ihr mir ein Quartier besorgen? Aber er sei nicht im gleichen Hotel wie sie. Ich bin nur froh, dass er nicht in die Gîte gekommen ist. Eigentlich böse von mir, doch es ist besser, wieder alleine zu sein. Ich nehme herzlich Abschied von den Schweizern, auch erleichtert, denn ich habe meine Schulden bezahlen können.

Zwei Französinnen sind mittlerweile eingetroffen: eine anscheinend zu Fuß, die andere begleitet sie von Etappe zu Etappe mit dem Wagen. Wir teilen uns den restlichen Wein, nachdem ich ihnen denjenigen der drei Schlafsäle gezeigt habe, der noch ganz frei ist. Der Deutsche ist auch kurz da und erregt sich über die Autofahrerin: In Spanien käme die nie in eine Herberge! Ich verkneife mir, ihn darauf hinzuweisen, dass dies keine Pilgerherberge ist, sondern eine Unterkunft für Wanderer, und die Franzosen sehen das anscheinend nicht so verbissen! Er verkriecht sich mit seinem Wanderführer in sein Schlafzimmer, ich schmökere noch ein bisschen im Gästebuch: langes Lamento eines Deutschen, der sich vom Jakobsweg Wunder welche Erleuchtung und Umkrempelung seiner Seele erhofft hat und sich jetzt bitter beklagt, das einzige, was ihm widerfahren sei, seien wunde Füße und müde Beine. Welch armer Mensch! Ich habe Wunder erlebt – nicht zuletzt heute!

Draußen schmettert eine Amsel. Es ist zwanzig nach acht: Ich werde gleich ins Bett gehen und morgen möglichst früh weg. Bis jetzt war dies meine schönste Etappe.

31 Donnerstag, 2. Juni 2005

Montfaucon – Moulin de Guérin 37 km

Ich habe gut geschlafen, endlich wieder mal alleine im Zimmer, bei offenem Fenster. Ab fünf Uhr döse ich eigentlich nur noch: Mein rechtes Bein schmerzt, ist geschwollen, und ich habe es mit Voltaren eingerieben. Trotzdem pocht es weiter – ich versuche es mit Kühle, indem ich es aus dem Schlafsack strecke, das hilft ein bisschen. Kurz vor sechs stehe ich auf. Ich habe noch ein Stück Baguette und mache mir mit der Feigenmarmelade, die die Französinnen auf dem Tisch haben stehen lassen –„pour votre déjeuner!" – zwei köstliche Brote zum Morgentee. Dann noch ein Croissant, eine Banane – was geht es mir gut!

Ich packe, bringe den Schlüssel zum Tourist-Office und um kurz nach sieben hat mich der Jakobsweg wieder. Das rechte Bein schmerzt bei jedem Schritt, nur manchmal gibt es Ruhe. Ich gehe sehr langsam – mein Körper mag offenbar nicht schneller – in den ersten beiden Stunden gerade einmal sechseinhalb Kilometer. Gegen viertel vor zehn bin ich in Tence.

Ein netter Hund mit einem Kippohr wie ein Collie beschnuppert mich freundlich, ein Schild sagt: „Entrée Chapelle" und ich finde mich in einer ruhigen, schönen Kirche wieder, in der ein stiller Beter sitzt. Ich danke Gott für den herrlichen Tag gestern und die ruhige Nacht, für die vielen freundlichen, hilfsbereiten Menschen, denen ich begegnen durfte und bitte um Kraft und Schutz für die nächsten beiden Drittel meines Weges.

Dann setze ich mich vor einem kleinen Lokal hinter einen großen Café au lait und schreibe Tagebuch. Während ich da im Schatten sitze, sehe ich Gerhard die Kirche fotografieren, in ihr verschwinden und wieder zum Vorschein kommen. Ich bleibe still sitzen, mache mich ganz klein und er bemerkt mich offensichtlich nicht. Lass ziehen …

Ich sitze nun schon fast eine Dreiviertelstunde hier und schreibe. Langsam wird es doch Zeit, weiterzugehen – aber es ist so schön, mal faul zu sein! Zwei, drei Tage noch, und dann bin ich in Le Puy – da bekommt mein Körper einen ganzen Tag Ruhe.

Ich habe mich aufgerafft, habe in der Boulangerie nebenan noch eingekauft. Dann geht es weiter: über die Brücke – von hier bietet die Stadt ein malerisches Motiv – an einer Drechselei vorbei mit wunderschönen Holzsachen – soll ich mir einen Bollerwagen kaufen für meinen Rucksack?! Herrlich friedliche Wege, Rast am Waldrand, – wenn mir nur mein rechtes Bein nicht solche Sorgen machte! Endlich finde ich einen schönen Platz zum Siestamachen und komme auf den Gedanken, mein Bein mit einem feuchten Umschlag zu kühlen – das tut gut. Der Muskel neben dem Schienbein ist dick geschwollen! Ich schlafe fast eine Stunde.

Eine herrliche Allee, eine ganze Herde Ziegen auf einer Weide, ein Hofladen, in dem ich köstlichen Ziegenkäse einkaufe. Ehe ich mich versehe, bin ich in Saint Jeures. Natürlich erst einmal in die Kirche: still, schön, beeindruckend – und als ich wieder herauskomme, sind da Silvya und Jürn! Ich freue mich riesig, sie wiederzusehen. Sie gehen noch in die Kirche, nachdem ich ihnen mein Pilgerlied aufgeschrieben habe. Am Ortsausgang dann der Blick auf die beiden Vulkankegel – ich kann nicht anders: Mich erinnern sie an die weibliche Anatomie! Bin ich vielleicht schon zu lange von zuhause weg?

Vulkan-
kegel bei
Saint
Jeures

Dann: Araules – und als ich von der Kirche auf den Dorfplatz komme, sind da die beiden Schweizer wieder, todtraurig: Sie haben ihre Pilgerpässe verloren! Nochmals ein herzlicher Abschied. Weiter bergauf, eine endlose Asphaltstraße hoch durch den Wald, und als ich oben bin, kommen sie wieder angestiefelt. Silvya hat Schwierigkeiten mit dem Knie, Jürn mit dem Schienbein. Ich lasse sie vorangehen und stapfe langsam weiter: Mein Bein schmerzt.

Bei La Banque die höchste Stelle: 1280 Meter. Herrliche Aussicht! Alle Wege steil hinab jetzt, ein Brunnen, an dem ich mein Bein kühlen kann und meine Wasserflasche auffülle. Ein kleiner Ort, in dem ich mich kurz verlaufe. Es wird Abend, die Sonne sinkt. Ich komme in die Schlucht bei der Moulin de Guérin. Ruhebänke, Picknicktische, kurz geschnittener Rasen: Ideal zum Lagern. Endlich einmal draußen schlafen! Ich esse noch ein bisschen Brot und Wurst, trinke ein paar Schlucke Wasser, dann schlüpfe ich in den Schlafsack und schlafe fest.

32 Freitag, 3. Juni 2005

Moulin de Guérin – Le Puy   31 km

Ich habe geschlafen wie in Abrahams Schoß heute Nacht, bin nur ein, zweimal aufgewacht und habe den hier in 1000 Metern Höhe herrlich klaren Sternenhimmel betrachtet – seit meiner Kindheit habe ich die Sterne bestimmt nicht mehr so groß und deutlich gesehen, das leuchtende Band der Milchstraße, den milden Schein vor dem samtenen Schwarzblau des Himmels. Wunderbar! Doch um fünf hat mich etwas Anderes geweckt: Ein deutliches, suchendes Schnüffeln – und als ich die Augen aufschlage, sehe ich mich einem großen Fuchs gegenüber, der mich ebenso überrascht und neugierig ansieht wie ich ihn. Sekundenlang sehen wir uns in die Augen, dann dreht der Rotpelz gemächlich ab und trollt sich lautlos. Der Morgen graut und ich mache mich langsam marschbereit, wasche mich im herrlich kalten Bach und vertilge Brot und Wurst zu einem Becher Wasser.

Ich bin frisch und ausgeruht und stiefle frohgemut los. Wieder auf und ab, durch malerische Hohlwege – schön in der Morgenfrische! Und dann, jenseits des Tales hoch oben auf dem Berg Saint-Julien-de-Capteul. Herrlich die Kirche, die da wie eine Burg über Land und Ort thront. An langsam erwachenden Höfen und Häusern vorbei mühsamer Aufstieg zum Kirchenanger und dann sitze ich auf der Mauer, über dem Hang, lasse die Beine baumeln und telefoniere mit Silvia. Es ist schön, ihre Stimme zu hören: Sie fehlt mir mehr, als ich es erwartet habe.

In die Kirche – ein Dankgebet für die Nacht – herrlich der Raum! Doch langsam fühle ich, dass ich nicht mehr so intensiv aufnehmen kann – ich schaue nur, spüre Atmosphäre – doch das kunsthistorische Interesse beginnt, zu erlahmen. Heute bin ich einen Monat unterwegs, und jeden Tag Neues!

Jetzt knurrt mein Magen – und meine Gedärme kollern! Ein Café – und hier das erste südeuropäische Hock-Klo, das ich seit meinem ersten Italienurlaub Ende der sechziger Jahre sehe. Doch eigentlich eine recht hygienische Angelegenheit. Ich trinke Kaffee, kaufe ein paar Ansichtskarten und frage einen Gast, wieso die Straßenschilder hier zweisprachig seien? Das ist Okzitan, erklärt er mir, ich höre Stolz heraus und jetzt fällt mir auf, wieviel rauer und weniger nasal die Leute hier sprechen als noch an der Schweizer Grenze.

Weiter. Es geht über einen niedrigen Bergrücken in ein weites Tal, durch Felder und Wiesen. Vor mir der markante Turm von Saint-Germain-Laprade. Der Weg schlägt einen Bogen, vermeidet die Straße, die schnurstracks in den Ort führt. Hinein in das Dorf, ich suche die Kühle und Stille der Kirche: Die Tür steht zwar offen, den Zugang aber versperrt ein hässliches nagelneues Gitter. Doch auch so: Ein Raum, der Atmosphäre ausstrahlt, vor allem durch das unverputzte Steinmauerwerk, das die Kunst der Maurer vor tausend Jahren offenbart.

Saint-Germain-La-prade

Weiter. In einer offenen Tür steht eine Dame, sieht mich freundlich an und fragt: „Tout seul?!", und ich bestätige: „Oui, tout seul!" Nach einigen Schritten dann der Gedanke: Ich bin doch gar nicht alleine! Habe ich in diesem letzten Monat nicht immer wieder gespürt, dass ich nicht alleine bin? Ich nehme mir vor, ab jetzt auf diese Frage zu antworten: „Un pèlerin n'est pas seul!" Denn ein Pilger ist nicht alleine, auch wenn niemand sichtbar neben ihm hergeht.

Und dann: Le Mont Joi! Der Berg der Freude! Ein großes Schild: Hier treffen die Via gebennensis und der Pilgerweg von Paris herab zusammen und der Pilger kann den ersten Blick auf Le Puy werfen: das Gegenstück zum Monte Gozo vor Santiago. Doch der Jakobsweg führt nicht hinab ins Tal auf die Stadt mit der markanten Kapelle und der Riesenmadonna zu, sondern schlägt einen weiten Bogen um den Berg herum, kilometerlang an der Autobahn entlang. Ich werde fast von einem Motorradfahrer über den Haufen gefahren, der wie ein Irrer über den Feldweg fegt, mache Rast in einem verluderten Bushäuschen, beobachte Bauern, die Heu aufladen, während ich mich weiterschleppe. Mein Schienbein schmerzt, auch meine Füße protestieren, obwohl ich seit gestern Mittag Sandalen trage.

Le Puy

Endlich eine alte Brücke: die Loire! Es geht durch Vorstadtsiedlungen, die Sonne brennt, und dann eine endlose Strecke die starkbefahrene Hauptstraße entlang. Da ist ein Krankenhaus, lockt: hier einchecken – mit meinen Füßen und dem Bein nehmen die mich sicher auf – vor allem als Privatpatienten! Doch nein: weiter – erst in die Stadt! Durch Grünanlagen komme ich in die Altstadt, keuche einen Berg hoch, stürze mich in eine Bar und schütte einen halben Liter Mineralwasser hinunter. Der Wirt empfiehlt mir das Grand Seminar als Quartier und erklärt mir den Weg. Noch einmal den Berg hoch – ich fühle mich am Ende meiner Kräfte. Da: durch eine enge Gasse, ein Tor, der Eingang. Man hat für zwei Tage ein Einzelzimmer für mich. Ich bin angekommen und habe das erste große Ziel meines Pilgerweges erreicht: Le Puy!

Eine Dusche, saubere Kleidung: Bald fühle ich mich wieder als Mensch, vor allem, da ich einen Rasttag vor mir habe, den ersten richtigen Ruhetag.

Mein erster Weg führt mich zur Kathedrale – ein paar Schritte nur vom Tor der Herberge, eine steile, holprig gepflasterte Straße hinauf. Rechter Hand, gegenüber dem Seiteneingang der Kirche ein wohl uralter, verwitterter Steinlöwe – wie viele Hände mögen schon über diesen Stein gestrichen, wie viele Füße ihn als Aufstiegshilfe aufs Pferd be-nützt haben? Scharen von Betern unter der Leitung von Führern – ich erfahre: Dieses Jahr ist heiliges Jahr in Le Puy, wer heuer zur Schwarzen Madon-na pilgert, die verschiedenen Stätten besucht und dort die vorgesehenen Gebete spricht, erhält den „Grand Pardon". Tiefgläubige Menschen sehe ich, die inbrünstig vor den Altären beten, als ich in die Kathedrale komme.

Verwit-terter Löwe an der Kathe-drale von Le Puy

Ich bin überwältigt, als ich aus dem Seitenschiff unter die Vierung trete: Mächtiger Raum, harmonisch, voller Atmosphä-re! Eine gewaltige Orgel, ein herrlicher moderner Altar – und im anderen Seitenschiff eine wunderschöne Jakobsstatue. Ich setze mich still in eine Bank, lasse die Beter an mir vorüberziehen, hänge meinen Gedanken und Gebeten nach. In der Sakristei wird mir mein Pilgerausweis abgestempelt und man schenkt mir eine echte Jakobsmuschel, durchbohrt, so dass ich sie am Rucksack festbinden kann.

Ich bringe die Muschel in mein Quartier und mache mich auf den Weg in die Stadt. Ich möchte und muss einkaufen: neue Socken, vielleicht ei-nen ganz dünnen Hüttenschlafsack – und außerdem habe ich Hunger. Ich finde am großen Platz unterhalb der verwinkelten Altstadt tatsächlich ein „Intersport"-Geschäft. Hier kaufe ich neben den Socken auch einen Sei-denschlafsack – der wunderschöne Daunenschlafsack, den ich mittrage, ist in den Herbergen einfach zu warm! Doch zurücksenden werde ich ihn

nicht, ich will ja noch öfters draußen schlafen. Auch an einem Kurzwaren-
geschäft komme ich vorbei und kaufe starken Zwirn und einen Satz großer
Nadeln. Ich finde die Post – da werde ich morgen wieder einmal ein Paket
wegschicken – und lasse mir von meinen Speicherkarten eine CD brennen. Zurück in die Altstadt, kreuz und quer – verschiedene Kirchen, wieder in die Kathedrale – man könnte Tage verbringen, bis man alles gesehen
hat, was Le Puy an Kultur und religiösen Schätzen bietet. Zwischendurch
ein Sandwich, da knurrt der Magen nicht mehr so.

Gegen 19.00 Uhr bin ich dann am „Accueil de Pèlerins", wo ich herzlich empfangen werde und man meinen mittlerweile schon recht eindrucksvollen Pilgerpass bewundert. Es sind noch einige andere da, die
um Rat fragen, ich schmökere ein bisschen im Gästebuch und schreibe
dann mein Pilgerlied hinein – die freundliche Dame meint, es gäbe in der
Gemeinschaft jemanden, der das dann ins Französische übersetzen kann.
Auch hier bekomme ich eine Pilgermuschel geschenkt. Anschließend, mit
zwei Gläsern Bowle im Bauch, wieder in die Altstadt hinab – ich bin ruhe-
los, meine Füße wollen laufen. Endlich finde ich ein Restaurant, bei dem
mir auch die Preise zusagen und esse ein Menü mit „lentilles", der örtlichen
Spezialität: Linsen mit Kutteln – köstlich! Gegen halb elf bin ich dann im
Bett und schlafe sehr gut.

33 Samstag, 4. Juni 2005
Le Puy   Ruhetag

Früh aufgestanden: Ich gehe heute in die Pilgermesse, weil ich morgen vor
Tau und Tag loswandern möchte. Als ich in die Kathedrale komme, sitzen
Silvya und Jürn in der Bank – da liegen wir uns in den Armen! Sie sind
überglücklich! Sie haben ihre Pilgerpässe wieder! Man hatte sie gefunden
und beim Bürgermeister abgegeben, der hatte alle Quartiere abtelefoniert
und sie ihnen dann gebracht.

Ich darf mich zwischen sie setzen; die Bänke füllen sich mit Pilgern,
die ihre Stöcke und Rucksäcke neben den Bankreihen abgelegt haben. Ein
weißhaariger Priester sitzt neben dem Hauptaltar und blickt mit ruhigen
Augen in die Menge, während graugekleidete Nonnen durch den Mittel-

gang schweben, eine Pilgerin zu etwas einladen: Sie wird nachher einen Bibeltext vorlesen!

Und dann ist Gerhard da – ich hatte gehofft, er sei schon weiter! Silvya fühlt, dass mir das gar nicht passt, und hält beruhigend meinen Arm, als er sich zu uns setzt. Die Messe beginnt, wird würdig zelebriert mit zusätzlichen Fürbitten für die Jakobspilger. Die Feierlichkeit der katholischen Messe nimmt mich gefangen – schade, dass unsere evangelischen Gottesdienste meist so karg sind! Wieder gehe ich mit, die Kommunion zu empfangen – mir ist einfach danach. Nach der Messe versammelt sich alles unter der Statue des heiligen Jakobus und der Priester fragt jeden, woher er kommt und wie weit er geht. Gerhard stopselt nur: „Allemagne ... Santiago ..." und ich ernte einige überraschte Blicke, als ich sage, dass ich zu Fuß aus Bayern komme und bis Santiago laufe. Ich frage eine junge Nonne mit einem lieben Gesicht, wieso sie sich Namen und Ziel aufschreibt, und sie sagt: „Wir rechnen uns aus, wie lange jeder braucht, und so lange wir glauben, dass er unterwegs ist, schließen wir ihn in unser Morgen- und Abendgebet ein!" Ich bin tief gerührt – diese Art von unmittelbarer Frömmigkeit, des Betens für andere – wie ist sie mir doch fremd geworden! Der Priester überreicht jedem von uns eine kleine Medaille mit Notre Dame de Le Puy: Die soll uns auf unserem weiteren Weg beschützen und uns an den Grand Pardon erinnern, den wir errungen haben. Ich werde sie tragen und in Ehren halten!

Dann Abschied von Silvya und Jürn: Sie fahren gleich mit dem Zug zurück nach Hause. Seltsam wie lieb mir die beiden in den wenigen Stunden geworden sind, die wir zusammen waren!

Gerhard wartet auf mich und wir verabreden uns, gemeinsam zur Post zu gehen: Auch er will Sachen zurückschicken und mit seinen nicht vorhandenen Sprachkenntnissen ... Zu zweit in die Stadt hinunter – auf der Post muss ich mit meinem rudimentären Französisch den Dolmetscher spielen, während ein wunderschöner riesiger Hund sich von hinten an meine Beine drängt, bis ich ihn hinter den Ohren kraule. Doch endlich haben Gerhard und ich unsere überflüssigen Lasten los. Ich verabschiede mich von ihm – ich muss noch einkaufen. Auch er will morgen weiterziehen. Ich hoffe, ich kann alleine bleiben!

Den lieben langen Tag streife ich durch die Stadt. Le Puy ist schön, lebendig und die Altstadt wildromantisch. Doch die Aufstiege zur Kapelle und der großen Bronzemadonna verkneife ich mir. Da streife ich lieber durch den Kathedralenbereich, entdecke immer neue Details, und plaudere übers Handy mit Silvia. Am Abend suche ich mir ein nettes Lokal und genehmige mir, in einer stillen Seitenstraße im Freien sitzend, eine große Pizza, eine halbe Flasche Wein und viel Wasser. Später noch ein Eis am Dönerstand: Der Wirt hat lange in München gearbeitet, spricht gut deutsch und wir halten ein kleines Schwätzchen. Auf morgen freue ich mich schon: Der Rasttag hat gut getan, ich fühle mich tatendurstig und erwartungsvoll! Gegen elf Uhr liege ich im Bett.

34 Sonntag, 5. Juni 2005
Le Puy   krank

Die Nacht war grausam. Ich hatte alles fertig gemacht, Knopf ans Hemd und das Band am Hut festgenäht, vorgepackt – und dann ereilte mich die Rache der Pharaonen! Dreimal ans Waschbecken gestürzt und gebrochen – schade um die schöne Pizza – ständig am Laufen zur Toilette – und dennoch muss ich am Morgen erst einmal den Slip auswaschen. An einen frühen Aufbruch ist nicht zu denken. Um sieben Uhr dreißig bin ich endlich marschbereit – ich muss ja das Zimmer räumen. Doch beim Frühstück packt mich die Verzweiflung, nachdem ich zweimal in kürzester Zeit fluchtartig die Keramikräume aufsuchen musste. Ich frage eine der Frauen, die im Speisesaal Aufsicht führen, ob ich nicht noch eine Nacht bleiben könne. Die sieht mir an, wie es um mich steht und meint, das ginge auf jeden Fall – ich solle erst einmal in Ruhe frühstücken; sie kümmere sich darum!

Ein älterer Herr gesellt sich zu mir, rät zu Milch, Joghurt und Bananen. Wir sprechen über Religion und Dogmen – er ist der Ansicht, eine Religion ohne Dogma sei wie eine Sprache ohne Grammatik. Als ich aufstehen will, bekomme ich einen grausamen Krampf im Oberschenkel. Nun bietet man mir an, mich ins Krankenhaus zu fahren, doch ich vertraue auf meine homöopathische Apotheke und habe Mühe, die Leute davon zu überzeugen, dass ich alles habe, was ich brauche. Mittlerweile weiß ich, dass ich noch eine Nacht bleiben kann: Da bin ich auch nicht mehr ganz so in Panik.

Während ich noch meinen Kakao schlürfe, komme ich mit zwei deutschen Frauen ins Gespräch, die bis hierher eine Woche gelaufen waren und heute zurückfahren. Wir sprechen über Milch und Kühe und die moderne Landwirtschaft mit ihren Auswüchsen. Endlich wird mein neues Zimmer frei und ich schlafe fast ohne Unterbrechung von zehn Uhr vormittags bis morgens früh um sechs.

Es geht mir erheblich besser. Ich packe, nehme gegen die Kreuzschmerzen vom Liegen ein Voltaren und gehe gegen sieben Uhr frühstücken. Der Himmel ist bewölkt, es wird heute wohl nicht zu heiß werden, gut, um auf meinen noch etwas wackligen Beinen eine langsame, nicht allzu lange Tour zu gehen.

Ich schenke eine der beiden Jakobsmuscheln, die ich am Rucksack hängen habe, einer französischen Pilgerin und werde mit einem Küsschen bedankt – stolz zeigt sie ihrer Mitwanderin ihr neues Pilgerattribut. Ein freundlicher Engländer schenkt mir Mineralpulver in Portionsbeuteln: Er braucht sie nicht mehr, da er heute mit der Bahn nach Hause fährt. Er und ein Franzose finden, dass ich zu viel Wasser mitschleppe – ich habe auch das Trinksystem gefüllt. Der Franzose hebt meinen Rucksack und ruft: „Trop lourd!!" Doch ich habe dies Gewicht schon so lange getragen, dass ich glaube, damit zurecht zu kommen.

Als ich aus der Türe des „Grand Seminar" trete, fängt es an, zu regnen. Also absatteln, Poncho raus, Regenüberzug übers Gepäck – und als ich vor der Kathedrale stehe, ist der Regen wieder vorbei. Zwei Pilgerinnen, rundlich, kurzbeinig, hoch bepackt, kennen anscheinend den Weg aus der Stadt – ich folge einfach. Es geht endlos bergauf – ein herrlicher Blick zurück über die Stadt – vor und hinter mir eine ganze Karawane. Eine große Jakobsstatue, ein Kilometerschild nach Santiago – und ein knapper Kilometer weiter das nächste – nur sind es da angeblich über zweihundert Kilometer weiter! Ich traue keinem Kilometerstein mehr! Der Konvoi zieht sich auseinander, doch in La Roche sammelt sich alles wieder: Es geht dort

Blick
zurück
auf
Le Puy

außen an der Stadtmauer entlang, links geht es steil hinab ins Tal, und dann ist da ein kleiner Stand, an dem ein junges Mädchen gegen freiwilligen Obolus Trinkbares anbietet. Willkommener Anlass, eine kurze Pause zu machen. Die Kirche in Saint-Christophe ist beeindruckend – und der Hund, der das große Kreuz auf dem Marktplatz bewacht, amüsiert mich.

Nächster Halt: Die Rochuskapelle bei Montbonnet – wieder ein Raum, der einfach Atmosphäre in sich hat – uralt, schön. Ich lerne den heiligen Rochus kennen, den Schutzheiligen der Pilger, Fußkranken und Pestopfer. Während ich auf der Bank vor der Kapelle Brotzeit mache, kommen zwei Schwaben angewandert, die sich sofort über irgendetwas aufregen – ich weiß nicht mehr worüber, wohl eine Kleinigkeit. Wir gehen ein Stück miteinander – sehr fromm beide, eher überfromm – der eine ist ein glühender Verehrer der Resl von Konnersreuth, die angeblich seinen Arm geheilt hat. Irgendwie geht mir diese Frömmelei gegen den Strich: Pietismus auf katholisch! Wie legte doch schon meine Urgroßmutter in einem ihrer Bücher einem kleinen Mädchen in den Mund? „Dicketun mit Frömmigkeit finde ich abscheulich!"

Ich lege einen Zahn zu und lasse die beiden hinter mir. Ich überhole einen älteren Franzosen, der recht gut Englisch spricht – da kann man sich eine Zeitlang über alles Mögliche unterhalten – dann ziehe ich wieder davon.

Mein rechtes Bein macht Mucken – Schmerzen im Schienbeinmuskel, bei jedem Schritt, mal mehr, mal weniger, aber immer da. Ich beschließe, heute nur eine kurze Etappe zu gehen – ich muss und möchte mich noch ein bisschen schonen. Es geht steil einen steinigen Weg hinab – großartige Landschaft – dann hoch in ein Dorf: Das Vulkangebiet hier in der Auvergne beeindruckt mich mehr als manche Hochgebirgslandschaft – und wir bewegen uns hier ja auch zwischen 850 und 1200 Metern Meereshöhe!

Es hat aufgehört zu regnen, zeitweise bricht die Sonne durch die Wolken. Dazu weht ein frischer Wind. Steil abwärts, über eine Brücke, wieder hinauf – und da ist Saint-Privat-d'Allier: Burg und Kirche liegen eindrucksvoll auf einer Bergnase. Ich komme an einer verlockenden Chambre d'hôtes vorbei, die auch der Führer empfiehlt – doch die macht erst in einer Stunde auf. Gut: Derweil gehe ich eben was trinken! Vor einem Haus sitzt eine alte Dame auf der Bank, neben sich ein Pappschild: „Chambres – Zimmer" Sie sieht mich fragend an: „Vous cherchez une chambre??" Da bin ich schnell 12,00 € los und habe mein Bett für die Nacht, mit schönem Bad und Küche. Nur leise möge ich bitte sein, unter dem Schlafzimmer läge ihr kranker Mann. Ich mache mich frisch, blättere ein bisschen in den Jagdzeitschriften, die im Regal liegen, dann gehe ich einkaufen. Als ich zurückkomme, hat Madame gerade einen anderen Wanderer aufgerissen, der heute mit mir das Zimmer teilen wird. Peter kommt aus Wessobrunn, ist zu Fuß auf dem Rückweg von Santiago und seit Februar unterwegs!! Wir verstehen uns recht gut, sprechen über die Entwicklungen in Deutschland. Peter fragt mich ganz direkt: „Was meinst du, wie soll das weitergehen?" Ich bin pessimistisch. Peter sieht eben so schwarz wie ich.

Wir gehen ins Dorf, ich mache Peter auf das Tatzenkreuz aufmerksam, das halbverwittert in einer Mauernische neben der Kirche steht: Die Templer hatten das im Wappen. Während Peter noch draußen bleibt, gehe ich in die Kirche. Ein wunderschöner Raum, karg, doch ich spüre den Atem Gottes. Während ich mich still für den Tag bedanke und um Kraft für den Weg vor mir bitte, werde ich plötzlich ganz ruhig und zuversichtlich. Dann wandere ich ein bisschen im Kirchenschiff umher und spüre, dass es hier etwas Besonderes hat. Als ich aus der Kirche komme, zieht Peter ein Pendel aus der Hosentasche und geht hinein. Ich sehe mich ein bisschen um, und als er herauskommt, sage ich zu ihm: „Die stärksten Kraftfelder hast du im Chor gefunden, genau am Altar!" „Woher weißt du das?" „Das habe ich gespürt!"

Gegenüber unserem Quartier liegt eine Pinte mit Tischen vor der Tür: Dorthin setze ich mich auf ein Bier – und höre aus dem Inneren unverfälschtes Fränkisch. Da hält mich natürlich nichts mehr draußen! Ein nettes Völkchen aus Fürth sitzt da drin, Etappenwanderer, die schon in Santiago waren. Ich frage sie nach ihren Beweggründen, weshalb sie sich immer wieder auf den Weg machen – und da höre ich, was ich schon öfters gehört habe: „Du gehst los als Wanderer und wirst auf dem Chemin zum Pilger – und das lässt dich nicht mehr los!" Das bestätigt mir auch das Ehepaar aus Hessen, das noch dableibt, nachdem die Fürther wieder zurück ins Quartier sind. Ich esse eine Kleinigkeit, trinke einen Kaffee und eine zweite Pression. Es ist viertel nach sieben, Peter hat mir gerade eben den Schlüssel vorbeigebracht – ich bin müde.

36 Dienstag, 7. Juni 2005
Saint-Privat-d'Allier – Sauges 22 km

Obwohl ich schon um sechs Uhr wach bin – ich hatte sehr geschwitzt und war von drei bis vier Uhr wach (es regnete), komme ich doch erst gegen viertel nach sieben weg. Ich habe Peter noch einen Tee spendiert – er hat gestern noch einen Anruf von seiner Frau gekriegt: „Schau, dass du endlich heimkommst!", zitiert er sie lächelnd, und er geht heute nach Le Puy und nimmt dann die Bahn. Wir verabschieden uns herzlich.

Nun geht es immer bergauf, von 890 auf 960 Meter. Nebel, Wind, blühender Ginster, Kühe mit Glocken wie im Allgäu. Ich komme nach Rochegude: Hier soll man einen herrlichen Blick über das Tal der Allier haben, ein alter Turm sei der Überrest einer Burg, schreibt der Führer. Aber von all dem ist nichts zu sehen: Der Nebel verbirgt alles, was weiter weg ist als zehn, zwölf Meter.

Jetzt geht es halsbrecherisch abwärts, über Steinplatten und Wurzeln – fast senkrecht! Gott sei Dank ist es nicht richtig nass – das gäbe eine knöchelbrechende Rutschpartie! Ich komme hinab auf die Straße zum Weiler Pratclaux, ein Stück vor mir wandert ein Paar mittleren Alters, zwischen uns schwänzelt ein wunderschöner Schäferhund auf mich zu. Ich begrüße ihn freundlich: „Na, du? Willst du mich ein bisschen begleiten?" Doch er lässt sich nur kurz streicheln und trottet dann weiter den Weg entlang. Kurz darauf hole ich das Paar ein und werde mit einem fröhlichen „Guten Morgen!" begrüßt. Da bin ich doch überrascht: Sieht man mir den

Deutschen so an? „Nein, aber Sie haben mit dem Hund deutsch gesprochen, und da wussten wir, dass das ein Landsmann ist!" Irgendwie kommen wir uns bekannt vor – wir haben uns wohl gestern unterwegs schon gesehen. Der Weg ist zwar nicht gerade überlaufen, doch wenn man etwas schneller geht, so wie ich, überholt man doch immer wieder Einzelwanderer oder Gruppen oder man trifft sich bei einer Rast. Die beiden gehen mir ein bisschen zu langsam und so ziehe ich davon.

Ein paar hundert Meter vor Monistrol-d'Allier fängt es an zu nieseln: Noch kein Poncho-Wetter, aber Rucksacküberzug und Schirm sind schon nötig. Als ich am Ortseingang ankomme, fängt es richtig an zu regnen. Nur gut, das ich die Felskletterei weiter oben schon hinter mir habe! Unter einem überhängenden Felsen sattle ich ab und ziehe den Poncho über – doch als ich zurücktrete auf die Strasse, ist der Regenguss vorbei. Hier kann man angeblich gut im Fluss baden – dafür habe ich heute keine Ader, genauso, wie ich die Kirche links liegen lasse. Über die Brücke im Ort – mir kommt der Gedanke, dass die kühne Eisenbahnbrücke flussaufwärts ein ideales Ziel für die Resistance im letzten Krieg gewesen sein muss – und dann stehe ich vor einer Bäckerei. Ich kann mich in dem engen Laden kaum umdrehen mit dem ausladenden Rucksack auf dem Rücken, doch die Verkäuferin, die mir zwei Croissants und ein Baguette verkauft, ist so nett und verstaut alles in einem Plastikbeutel unter dem blauen Regenüberzug.

Hinaus aus dem Ort: Steil geht es aufwärts. Dort, wo die Straße eine Kehre macht, vor beeindruckenden Basaltorgeln, ein Steinkreuz und eine Ruhebank. Ich mache Pause, verdrücke eine Tomate, die Croissants und eine Banane. Zwei Männer steigen an mir vorüber – an ihrer Unterhaltung ist zu hören: Deutsche. Ich bleibe noch ein paar Minuten sitzen, da kom-

Monistrol-
d'Allier

men sie zurück: „Da kommt man nicht durch!" Ich will schon fragen, was los ist, da sehe ich es: Eine Schafherde füllt die Straße aus, von der Felswand links bis zum Steilabfall rechts. Dicht aneinander gedrängt kommen sie uns entgegen, so dass es kaum ein Durchkommen gäbe, selbst wenn man wollte. Wir lassen die Herde an uns vorüberziehen und steigen dann weiter die Straße hoch, die jetzt mit schwarzen Kugeln übersät ist – gut, dass ich heute nicht die Sandalen trage!

Auf einem Geröllweg, den riech- und sichtbar auch die Schafe herabgekommen sind, hinauf zur Kapelle Sainte Madelaine, die in einen Felsüberhang im schwarzen Basalt hineingebaut ist. Die Deutschen laufen weiter, ich fotografiere, und da kommt auch schon die Karawane: die kurze, stämmige Französin, das deutsche Ehepaar, der Englisch sprechende Franzose, den ich gestern getroffen habe – eigentlich alle, mit denen ich seit Le Puy immer wieder zusammengekommen bin. Nach der Kapelle geht es eine Treppe hoch, endlos und steil, wie die Himmelstreppe in dem alten Kinderbuch von Hans Wundersam. Die Treppe endet an einem Bauernhof, doch es geht weiter aufwärts. Hier ist der Fels nicht mehr Basalt oder Lavaschlacke, sondern guter, solider, blauweißer Granit mit großen Quarzstücken. Herrliche Blicke zurück ins Alliertal und voraus in die Berge – und jetzt machen wir erst einmal Mittag! Jacques, der Franzose, und ich machen den Anfang und picknicken auf einer Wiese, dann kommt Marie-Thérèse, die kleine Stämmige. Die beiden Deutschen von heute Morgen stoßen zu uns, ein Paar aus Kanada. Elisabeth, die Belgierin, der ich gestern in Le Puy den Weg aus der Stadt gefolgt bin, geht an uns vorüber. Es gibt Brot, Wurst, Tee, Tomate, dann starte ich als Erster und hole kurz nach dem nächsten Dorf Elisabeth ein. Wir wechseln ein paar Worte – mein Französisch ist doch recht dürftig – und dann lasse ich sie hinter mir.

Bald stehe ich auf dem Berg über meinem Tagesziel: vor mir eine skurrile Holzskulptur, weiter rechts das Standbild der Bestie von Sauges. Der Riesenwolf hatte im 18. Jahrhundert über hundert Frauen und Kinder getötet, lese ich im Wanderführer, der König hat Militär ins Land geschickt, vergeblich. Doch dann erlegte ein Einheimischer das Tier. Ich meine, darüber hat man in letzter Zeit sogar einen Film gedreht. Weiter oben auf einer Anhöhe eine Marienstatue – lourdesmäßig kitschig und weit überlebensgroß – soll die den Wolf einschüchtern?

Es sind nur noch wenige Schritte in den Ort und es ist gerade mal halb zwei. Also ein Dorf weiter! Kaum gedacht, meldet sich plötzlich mein

Schienbeinmuskel wieder, und wie! Als zöge mir einer ein Messer den Knochen entlang! Ich habe verstanden und sage laut: „Schon gut, Bein! Wir bleiben heute hier!" Sofort lässt der Schmerz nach – ganz hört er nicht auf, damit ich nicht leichtsinnig werde, aber ich komme doch in den Ort, ohne allzu jämmerlich zu hinken. Ich finde die „Gîte de Margeride", die der Führer empfiehlt und muss noch ein bisschen warten, bis ich um 14.00 Uhr einchecken kann. Jacques ist auch schon da, wir teilen uns ein Zimmer mit Blick über das Tal hinweg. Wir sind noch am Einräumen, da sehen wir eine Gestalt den Wanderweg hinab kommen. Jacques ist beeindruckt, dass ich sogar ein kleines Fernrohr dabeihabe und bestätigt nach einem Blick durch das Glas: „Oui, c'est Elisabeth!"

Duschen, umziehen, Wäsche waschen. Mittlerweile sind auch Marie-Thérèse und Elisabeth eingelaufen und wir gehen erstmal gemeinsam eins trinken und dann in die Kirche – schön und voller Atmosphäre. Später sitze ich vor einer Bar und genieße einen halben Liter Paulaner (luxuriös teuer in Frankreich!), da spricht mich eine Frau an: „Ich dachte, du wärst schon längst über alle Berge!?"

Ich erinnere mich an sie: Samstag in Le Puy war sie vor einem Andenkenladen gestanden, dem gleichen, an dem ich meine kleine „silberne" Jakobsmuschel gekauft habe, die ich gemeinsam mit Notre Dame de Le Puy an der Schnur um den Hals trage. Sie wollte sich einen Wanderstock kaufen und ich hatte ihr zu dem längsten geraten, der vorrätig war. Esther heißt sie und sie übernachtet auch in der Gîte de Margeride. Wir sprechen über Ausrüstung und ich erzähle ihr, dass ich mit dem Gedanken spiele, mir ein Funktionshemd zu kaufen. Da zeigt sie die Straße hinab und sagt: „Da drüben haben sie eine gute Auswahl an Wanderkleidung – vielleicht findest du da was!" Und so kaufe ich ein Funktionshemd aus Microfaser mit speziellem UV-Schutz und dazu noch eine Fleecejacke. Esther hatte mir gesagt, sie werde morgen Sachen nach Hause schicken – ich entschließe mich, den schweren Spanien-Wanderführer, allerdings ohne die Karten, eines der Seersuckerhemden und das Sweatshirt auf die Post zu geben – Postkarten und Kirchenführer sind auch unnützer Ballast im Rucksack.

Nach dem Abendessen treffen Marie-Thérèse, Jacques, Elisabeth, ihr gerade eingetroffener Freund Eric und ich uns noch in einem der Klassenzimmer der Gîte, die eigentlich eine Schule ist, und leeren dort recht vergnüglich noch ein Fläschchen Wein. Um neun Uhr bin ich im Bett.

37

Sauges – Saint-Alban-sur-Limagnole 31 km

Ich habe gut geschlafen, obwohl ich in meinem Seidenschlafsack unter der Wolldecke sogar ein wenig geschwitzt habe. Ich will versuchen, trotz der Verzögerung durch den Gang auf die Post heute noch bis Saint-Alban zu kommen – zwei Tage habe ich jetzt getrödelt, in Le Puy einen zusätzlichen Tag verloren, es muss wieder vorwärts gehen!

Ich hatte mit Esther verabredet, mit ihr gemeinsam auf die Post zu gehen und warte nach dem Frühstück auf sie. Die Posthalterin drückt mir einen praktischen Faltkarton in die Hand und mit dem Porto zahle ich jetzt 24,00 € – da frage ich mich doch, was daran so teuer sein soll! Achthundert Gramm sind doch kein Riesenpaket! Esther soll für 200 Gramm 12,00 € zahlen und verzichtet.

Wir wandern gut zusammen. Ich schlage einen flotten Schritt an und sie hält mit, während wir über den Jakobsweg philosophieren: dass er verändert, und dass das Laufen Adrenalin ausschüttet, und das macht süchtig! Ein kleiner schwarzer Hund mit einem komisch schiefen Schwanz gesellt sich zu uns – erst denken wir, er gehöre einem französischen Ehepaar, das vor uns läuft, doch als wir die beiden einholen, heißt es: „Non, ce n'est pas notre chien!"

Donjon von La Clauze

Blumen: wilde weiße Narzissen, Knabenkraut, Ginster, wunderschöne Blumenwiesen! Ein Pferd steht auf einer einsamen Koppel am Stacheldrahtzaun und lässt genüsslich mit sich schmusen – herrlicher Schimmel mit seidenweichem Maul und einem Atem, der nach Heu riecht. Es ist eine Lust! Es geht immer leicht aufwärts, das mögen meine Füße und der Schienbeinmuskel schmerzt kaum noch. Wir laufen auf „le grand caravan" auf: ganze Wandergruppen, die wir eine um die andere überholen. Wir kommen nach La Clauze – von der alten Templerburg mit dem Hospiz stehen nur noch ein paar Grundmauern und der alte Donjon auf dem mächtigen Monolithen – Standardmotiv zum Photographieren – Esther schießt das Bild von mir.

Doch auch die Granithäuser aus neuerer Zeit beeindrucken mich – wie für die Ewigkeit gebaut! Wie schnell sich die bodenständige Architektur ändert, wenn man das Land durchwandert – und wie seelenlos und steril die modernen Standardkästen dagegen aussehen! In Le Falzet haben wir dann alle Wanderer hinter uns – und da ist auch der Hund wieder. Die ersten Mittagsrastler sitzen am Weg und „le chien pèlerin", der uns mehr als zehn Kilometer gefolgt ist, geht auf Betteltour. Wahrscheinlich kehrt er am Nachmittag zurück nach Hause und macht sich morgen früh wieder auf den Weg.

Bei Contaldes trennen sich Esthers und meine Wege – sie hat Quartier in Chanaleilles gebucht, das von der anderen Seite des Tales herübergrüßt. Kurz bin ich versucht, mich ihr anzuschließen – sie war eine angenehme Weggefährtin. Doch ich möchte und muss heute noch weiter! Schließlich ist es gerade mal 14.00 Uhr!

Im nächsten Weiler rastet in einem großen Hof eine Gruppe Franzosen – eine Frau lädt mich ein zu Brot und Wurst. Ein paar nette Worte und ich ziehe weiter, während der krummschwänzige Hund sein zweites Mittagessen erbettelt. Ein paar hundert Schritte weiter lagern Wanderergrüppchen auf der Wiese und dann höre ich den Jubelschrei: „Christian!" Marie-Thérèse sitzt da mit Eric und einem französischen Paar. Eric und sie hatten sich verlaufen und über eine Stunde verloren. Ich steige über den Drahtzaun zu ihnen, packe ein Stück Brot aus und trinke den letzten Tee von heute Morgen. Die vier wollen heute noch bis Saint-Alban, haben schon Quartier bestellt. Ich versuche, auch dort anzurufen, sitze aber im Funkloch. Der Franzose verspricht, mich nachzumelden.

Weiter geht's. Ein weites Hochtal hinauf mit Ginster und Kiefern, mit teils wunderbar blühenden, teils aber auch überdüngten, langweilig grünen Wiesen. Dann bin ich an der Nationalstraße. Ich laufe auf dem Bankett und muss nur aufpassen, nicht immer wieder Splittsteinchen in meine Sandalen zu schaufeln. Ich bleibe auf der Straße bis zum Col de Hôspitalet – ein Pass mit immerhin 1304 Metern. Schön warm ist es, und ich kühle meine Füße an der angeblich fußheilenden Rochusquelle, dann geht es weiter zu der sehr schönen Kapelle neben der Straße.

Der Weg verlässt die Straße – es geht in eingezäunte Viehweiden, auf Steinplatten über einen Bach, wieder ein Stück hoch – und dann kommt erst ein Dorf mit langersehntem Trinkwasserbrunnen. Nach der nächsten Höhenrippe geht es endlos hinab nach Saint-Alban. Das Frankfurter Ehepaar aus Saint-Privat ist plötzlich mit mir und gemeinsam finden wir das Hotel Central, in dem sich die Gîte befindet. Und wer sitzt vor dem Haus? Jacques und Elisabeth. Vor 20 Minuten eingelaufen. Eine Viertelstunde später habe ich in der rappelvollen Herberge ein Bett; die Duschen sind umlagert, doch gegen 18.00 Uhr treffe ich mich frisch und sauber mit Jacques auf dem Platz vor der Herberge und er spendiert mir ein Bier. Das Abendessen wird noch eine fröhliche Angelegenheit – und gut! Neben mir sitzt eine Französin, die gut Deutsch spricht und die Unterhaltung springt angeregt über den Tisch zwischen den Nationen hin und her: Belgier, Franzosen, Deutsche. Doch gegen halb zehn liegt alles todmüde in den Betten.

38 Donnerstag, 9. Juni 2005
Saint-Alban-sur-Limagnole – Finieyrols   31 km

Nach einer guten Nacht bin ich kurz vor sechs auf den Beinen. Ich habe heute viel vor – mindestens 25 Kilometer! Es ist kühl, doch die Sonne scheint. Ich sitze vor dem Frühstück noch ein bisschen auf der Terrasse über den Dächern des Ortes, umgeben von der Wäsche, die lustig auf den Leinen flattert, und schreibe Tagebuch. Die ganze Clique versammelt sich noch einmal am Frühstückstisch, doch kurz vor halb acht sage ich Lebewohl. Keiner will heute weiter als bis nach Aumont-Aubrac, und das ist mir entschieden zu wenig. Durch das weite Tal, den gegenüberliegenden Hang hinauf – ich überhole zwei Deutsche, die von der Seite auf den Weg eingebogen sind: Sie haben die Nacht auf dem Campingplatz verbracht. Bald habe ich sie hinter mir außer Sicht, höre aber noch lange, wie sie pausenlos miteinander schwatzen. Gut, dass ich alleine bin!

Kiefernwald und blühender Ginster, bergauf und dann hinab nach Les Estrels mit einer sehr schönen alten Kirche. Wieder einmal strahlt ein Raum Stille, Harmonie und Würde aus. Wenn nur die Heiligenfiguren nicht oft so grausam kitschig wären! Doch in der Französischen Revolution wurden die Kirchenschätze geplündert und alle Gemälde und Statuen stammen frühestens aus dem 19. Jahrhundert. Über eine alte Steinbrücke und wieder einmal den Berg hoch: Verlaufen kann man sich nicht, denn der Weg ist beiderseits kilometerlang mit Stacheldraht gesäumt, und wo der fehlt, warnen Schilder: Jagen verboten! Pilze sammeln verboten! Betreten verboten! Da tröstet auch der herrliche Blick zurück über die Täler nicht. Dann kommt ein langgezogenes Gefälle hinab ins Tal – das mag mein Schienbein gar nicht, und ich habe heute früh mein letztes Voltaren genommen. Schließlich bin ich in Aumont-Aubrac – das erste, was ich suche und finde, ist eine Apotheke. Doch ohne Rezept bekomme ich kein Voltaren. Ich sage also meinem Bein, dass es gefälligst ab sofort auch ohne Tabletten Ruhe zu geben habe! Dann in die Kirche – kein Platz zum Schauen, sondern zum Beten.

Im Ort treffe ich die beiden geschwätzigen Deutschen wieder, sie haben eingekauft und suchen nun etwas zu Essen. Ein Santiagopilger kommt mir entgegen, ein Franzose: Am 20. April ist er in Santiago aufgebrochen – was habe ich da noch vor mir! Zwei große Café au lait am Hauptplatz, ein kurzes Gespräch mit einer jungen Französin, die ich aus der Herberge in Saint-Alban wiedererkenne – sie geht jetzt zum Bahnhof: Ihr Urlaub ist vorbei. Nicht jeder auf dieser Strecke ist ein Jakobspilger!

Weiter: Unter der Bahn hindurch in den Wald, an einer Einfamilienhaussiedlung vorbei, die beinahe heimatlich wirkt. Langsam habe ich Kiefern und Ginster satt – seit der Schweiz begleiten sie mich nun schon, sie und der ewige Kuckuck! Weiter durch Wald und Weiden, vorbei an rastenden Wanderergruppen: Franzosen, die in Karawanen von zehn bis dreißig Wanderern in beiden Richtungen den GR 65 gehen. Vor La Caze-de-Peyre eine schöne Kapelle, nett ausgemalt, doch nur von außen alt. Im Ort selbst interessante Kirche mit bemerkenswerten Details – die gemeißelten Fußsteine der Gewölbe zum Beispiel. Weiter durchs Dorf – da ist ein Bushäuschen, ein Wasserhahn daneben: Hier mache ich erst einmal Mittagsrast. Während ich noch mein letztes altes Brot und die letzte Wurst aus Saint-Privat-d'Allier vertilge, kommen zwei Franzosengruppen in entgegengesetzter Richtung vorbei – ich komme gar nicht nach, mich für die vielen „Bon appetit" zu bedanken!

Weiter! Der Waldweg führt durch Kiefern und Ginster – irgendwann schreit es aus mir heraus: „Ich kann keine Kiefern und keinen Ginster mehr sehen!!" Und dann, wenige Schritte weiter, endet der Wald und vor mir liegt das Aubrac!

Gigantisch! Eine weite gewellte Landschaft, Grasflächen, mit riesigen Granitblöcken übersät, kilometerlange Steinmauern die Wege entlang und als Zaun zwischen den hektargroßen Weiden, Rinder, blühende Wiesen: Steinbrech, Küchenschellen, Hahnenfuß, wilde weiße Narzissen, wilde Möhre, Frauenschuh, Knabenkraut. Der Frühling ist ausgebrochen, hier in über tausend Metern Höhe. Grün-graues Land, so wie ich mir Irland vorstelle. Endlose Ausblicke, rau, doch zum Verlieben. Ich helfe einer älteren Französin über einem Weidezaunübersteig: Sie trägt einen großen Strauß Küchenschellen – bei uns sind die fast schon am Aussterben und streng geschützt! Kurz vor Finieyrols eine Rinderherde – glückliche Familie: Ein Dutzend Kühe, einige davon mit Kälbern, und ein beeindruckender Bulle, eindeutig der Herr der ganzen Weide.

Einige Minuten später die Gîte: ein alter Bauernhof, daneben, jenseits einer Wiese, über der fröhlich Wandererwäsche an der Leine flattert, das Gebäude der Herberge. Man hat Platz für mich und ich finde im Schlafsaal ein Bett, das mir zusagt. Duschen, Wäsche waschen – langsam werde ich mit den Anderen bekannt: eine Österreicherin, das kanadische Ehepaar, das ich vorgestern auf der Rast kennengelernt habe, die beiden Pfälzer (die mit der Schafherde), die heute früh vom Campingplatz gekommen sind. Zum Abendessen gibt es reichlich: Aligot, eine hiesige Spezialität – Kartoffelbrei mit Käse untergezogen, schwer aber köstlich! – dazu eine phantastische Bauernwurst. Ich bin sehr müde und um viertel nach neun liege ich im Bett.

39 Freitag, 10. Juni 2005
Finieyrols – Saint-Chély-d'Aubrac   29 km

Ich habe schlecht geschlafen – von zwei bis drei Uhr war ich wach: Laute Schläfer! Doch um viertel vor sechs bin ich auf – es ist ohnehin schon alles auf den Beinen. Ich mache mir einen heißen Tee in die Flasche und unterhalte mich dabei mit dem Kanadier, der für seine Janet Frühstück macht: „A watched kettle never boils!" Doch die Pfannkuchen, die er bäckt, riechen so verlockend, dass ich lieber flüchte. Frühstück im Haupthaus, ich habe schon gepackt und starte von hier aus. Doch als ich gerade mal hundert Meter gegangen bin fühle ich: Meine „Notre Dame de Le Puy" ist weg – nur noch die Muschel hängt mir an der aufgegangenen Schnur am Hals! Zurück, eigentlich mit wenig Hoffnung: Wie in der ganzen Herberge das gerade mal centgroße Metallplättchen wieder finden? Eine Ahnung führt mich in die Küche und da blinkt es mir auch schon aus dem Teppich vor der Spüle entgegen: Sie wollte doch mit!

Inzwischen ist alles abmarschiert. Ich studiere noch den Gedenkstein für Louis Dalle: Priester und Menschenfreund, der Buchenwald überlebt und lange bei den Indios in den Anden gelebt hat. Durch den Ort, ein paar leichte Steigungen, im Gehen das freitagmorgendliche Gespräch mit Silvia – das macht Mut! Bald habe ich einige Franzosen überholt, dann die Pfälzer und im nächsten Ort, den ich flott erreiche, treffe ich die Kanadier, die sich gegenseitig vor dem Hufbeschlagstand fotografieren. Auch mich nehmen sie mit meiner Kamera auf. Gemeinsam ziehen wir weiter. Andrè ist Geologe und erklärt mir, dass der ganze Gebirgszug vulkanisch angehoben wurde, das Magma den Granitdeckel aber nicht durchbrochen hat – nur der Kegel dort drüben ist ein alter Vulkan.

Mir fällt auf, dass mein Gürtel, der vor fünf Wochen gerade mal zuging, jetzt eine Handbreit über die Schließe hinausgeht und auch dafür hat Andrè eine Erklärung: Wandern verbrennt viel mehr Fett als Sprinten oder Joggen, dafür braucht man schnell verfügbare Kalorien, während die stetige Dauerleistung eher auf die Fettdepots zurückgreift.

Ich laufe den beiden zu schnell, vor allem Janet, und so lassen sie mich ziehen. Die Landschaft ist und bleibt großartig! Nasbinals: Die Kirche – herrlich! Erst beten, dann schauen.

Jetzt scheint es zum Col d'Aubrac hochzugehen – das Passstraßenschild zeigt eine Höhe von 1368 Metern – doch der Weg biegt von der Straße ab, erst durch Wald und dann wieder über weite Weideflächen, vorbei an glücklichen Rinderfamilien. Weit schweift der Blick über die wellige Hochfläche. Ein Hochtal will überquert werden – gegenüber lockt ein großes Hotel – Luxus wäre wohl schön – doch ich kühle nur meine Füße und das schmerzende Schienbein an einem Brunnen und steige leicht hoch nach Aubrac. Da komme ich an dem Aussichtsrestaurant nicht vorbei, wo ich den Akku meines Handys auflade und schwelge: Toast mit köstlichem Aubrac-Rindfleisch, ein einheimischer Kräutertee und hinterher ein Kaffee. Dann noch in die Kirche – letzter Überrest eines einst bedeutenden Klosters mit einer wichtigen Herberge: mächtiges Tonnengewölbe und herrliche Figuren. Ich könnte hier übernachten, doch ich will weiter. Janet und Andrè haben mich eingeholt und wir nehmen noch einmal herzlich Abschied voneinander.

Ein Stück die Straße entlang – Wahnsinnsausblick: Jetzt geht es wieder abwärts, 500 Höhenmeter. Vorbei an einer verfallenen Burg, eingefallenen Häusern. Steinig und sandig wird der Weg, dann bin ich wieder im Be-

Das Kreuz
über
der Weite

reich der Buchen und Kirschen – schade nur, dass die Königskerzen noch nicht blühen, die zu hunderten mannshoch den Weg säumen und auf den Wiesen stehen. Abschnittsweise führt der Weg auf einem Damm – rechts und links Trockenmauern und ein Stockwerk tiefer die Weiden und Felder. Ich komme an einem leeren, schönen Bauernhaus vorbei – in der Garageneinfahrt sitzen einige Französinnen und laden mich zu Schokolade und Keksen ein. Ich nehme dankend an, trinke noch meinen letzten Tee dazu und marschiere weiter.

Neben dem Weg am Ortseingang von Saint-Chély-d'Aubrac eine Gîte, vor der eine alte Dame im Garten arbeitet – ich kraxle die Böschung hinab und zehn Minuten später habe ich ein Vierbettzimmer für mich. Mit eigenem Bad! Eine herrliche Gîte! Ich stehe unter der Dusche, da höre ich ein unverkennbares Lachen: Janet! Eben eingelaufen! Ich wasche meine Wäsche, gehe auf den sonnendurchglühten Balkon, um sie aufzuhängen, als mir zwei mittelalterliche Damen entgegenkommen, nur mit Handtüchern bekleidet.

Ich sitze in Shorts am Tisch auf dem Balkon, schreibe Tagebuch und da kommt Janet und erzählt ganz aufgeregt: „Ich habe heute eine Schlange gesehen!" Der Herbergswirt hat ein schönes Buch über Pflanzen und Tiere in Frankreich und wir identifizieren das gefährliche Ungetüm als harmlose Natter. Andrè kommt hinzu, und ich versuche, gemeinsam mit ihm über mein Handy die Gîte der Christlichen Gemeinschaft in Estaing zu erreichen, in der ich morgen übernachten will. Leider sitzen wir hier im Funkloch – müssen wir es eben morgen früh von der Telefonzelle aus versuchen.

Während wir uns noch ein bisschen unterhalten, habe ich einen Zimmergenossen bekommen: Rolf kommt aus Bochum, hat vor einiger Zeit seine Firma an seinen Sohn übergeben und ist auch von Zuhause aus losgelaufen – ein lustiger Mensch, wir verstehen uns recht gut und werden bis Conques zusammen gehen. Abendessen: Die Kanadier haben zwar für sich selbst gekocht, doch die Hausmutter lässt es sich nicht nehmen, Andrè mit lokalen Spezialitäten zu verwöhnen. Es gibt Wein und gemeinsam mit den Damen, die hier als Feriengäste logieren, wird es noch ein ganz lustiger Abend.

Samstag, 11. Juni 2005

Saint-Chély-d'Aubrac - Estaing   37 km

Der Herbergsvater bekommt beim Frühstück mit, dass Andrè mit Rolf und mir in den Ort gehen möchte, um telefonisch bei der Hôspitalité in Estaing zu reservieren – und da hält er uns sein Netztelefon hin und wir haben unser Nachtquartier heute Abend. Und in Sénergues wird uns morgen um 17.00 Uhr an der Gîte eine Dame erwarten und in ein Privatquartier bringen. Ein beruhigendes Gefühl! Doch heute haben wir auch eine ganz schöne Strecke vor uns und so sind wir gegen sieben Uhr dreißig auf dem Weg, nachdem wir uns ganz herzlich verabschiedet haben, auch von Janet, die gegen ihre Gewohnheit schon auf ist. Die paar Schritte hinab ins Dorf über die alte Brücke – ein lohnendes Photomotiv – den Berg hinauf in den Wald. Rolf ist ein angenehmer Begleiter, auch wenn er für meinen Geschmack ein bisschen viel redet. Überm Tal in einem schönen Waldweg höre ich unverkennbar fränkische Laute: Zwei Damen sind vor uns, in Begleitung eines wunderschönen Schäferhundes, der seinen Futternapf und die Vorräte in umgemodelten Fahrradpacktaschen selbst trägt. Eine der Damen kommt aus Erlangen und sie erzählt, dass sie den Hund wochenlang an diese Last gewöhnen musste. War nett, wieder mal den Heimatdialekt zu hören und zu sprechen! Schöner Weg durch schönen Wald – jetzt blühen die Königskerzen.

Wir kommen durch einige Ortschaften – und in einer steht eine kleine blonde Frau, die mir irgendwie bekannt vorkommt. In welcher Herberge habe ich sie schon getroffen? Ich grüße vorsichtshalber – und da dreht sie sich um und es ist Mary Falkenberg: die Sängerin von der Schwabmünchner Kantorei, die sich bei meinem Abschied in der letzten Probe vor meinem Abmarsch vor mir aufgebaut und gesagt hatte: „Sie schaffen das nie!!" Und da hatte ich mir geschworen: Ich komme zu Fuß nach Santiago und Finisterre – und wenn's auf allen Vieren ist!

So zurückhaltend wir uns sonst begegnet sind – jetzt liegen wir uns in den Armen, sie bietet mir das Du an und meint: „Schlank bist du geworden – aber es steht dir!" Die Falkenbergs laufen den Jakobsweg abschnittsweise, jeden Sommer so vier Wochen. Dieses Jahr sind sie auf dem Weg von Le Puy nach Saint-Jean-Pied-de-Port. Wir gehen zu viert weiter, etwas zu langsam für meinen Geschmack, doch abwechselnd mit Mary oder ihrem Mann Peter zu quatschen, tut schon gut! Es geht durch wildromantischen Wald, wir fotografieren uns gegenseitig, an einem kleinen Kreuz eine kurze, schöne Andacht. Wir kommen nach Saint-Côme-d'Olt mit seinem verdrehten Kirchturm – ein wunderbares mittelalterliches Städtchen mit schönen Häusern und einer eindrucksvollen Kirche. Auf dem Kirchplatz machen wir Picknick unter einer großen Linde – Mary und ich singen zweistimmig „Am Brunnen vor dem Tore". Die beiden schwatzenden Pfälzer schnattern vorbei und dann kommt auch noch ein älterer Herr über den Platz, der uns sehr nach einem Allemand auf dem Chemin vorkommt.

Rolf und ich verabschieden uns von Falkenbergs – wir haben heute noch viel vor: Estaing ist noch ein gutes Stück voraus! Über die Brücke, dann weiter auf der Straße – wir haben beschlossen, den kürzesten Weg zu gehen. Die Straße begleitet den Fluss – schöner Blick auf die alte Burg – bis zum Campingplatz von Espalion – und da haben wir irgendwie Rudolf (Wastl) aus Kriegshaber bei Augsburg aufgegabelt, der sich uns anschließt, als wir in der Fußgängerzone einen Kaffee trinken gehen. Die neugotische Kirche im Ort enttäuscht, ich fotografiere noch die alte Brücke, irgendwann ist Wastl in einer Apotheke verschwunden, wir schlagen uns durch Vorstädte den Lot entlang. Dann holt uns der Augsburger wieder ein und ich höre hinter mir eifriges und pausenloses Plaudern. Ich gehe scharfes Tempo, um dem zu entgehen – fast hätte mich ein Motorradfahrer gerammt, der einen Traktor überholte. Wir bleiben auf der Straße – Saint-Pierre-de-Besuejouls, die uralte Kirche aus der Karolingerzeit, ist leider zu – und dann haben wir auch den markierten Weg wieder. Endlich in Estaing! Über die Brücke – und vor der Pinte am Ortseingang gibt's erst einmal ein großes Bier: Das haben wir uns verdient! Wir finden die Hôspitalité: eine christliche Gemeinschaft, die Pilger aufnimmt – aus Nächstenliebe. Man fragt, wie weit wir laufen – und als Pilger bis Santiago dürfen wir unsere Wäsche abgeben: Sie wird für uns gewaschen! Herrlich – nach all den Handwäschen mit Shampoo oder Seife tut das den Kleidern sicher mal gut. Ich gehe noch die Kirche besuchen, doch die ist leider geschlossen. Doch das wunderschöne Kreuz vor der Treppe fesselt mich.

Gemeinsames Abendessen: eine Wohltat, diese Gemeinsamkeit in einer großen Gruppe. Die Pilger bekommen Wein, die Brüder und Schwestern der Gemeinschaft trinken Wasser. Und das alles um Gotteslohn, nur gegen Spende. Später gemeinsame Abendan-
dacht in der Haus-
kapelle: schön, diese
lebendige Frömmig-
keit, mit der die Ge-
sänge der Komplet
psalmodiert werden,
und das stille Ver-
harren vor der kon-
sekrierten Hostie ist

Gemein-
sames
Abend-
essen in
Estainh

ergreifend. Da werden Gedanken unwillkürlich und unweigerlich zum Gebet. Still verlässt einer nach dem anderen den Raum.

41 Sonntag, 12. Juni 2005
Estaing – Sénergues   29 km

Wastl will heute weit gehen und verabschiedet sich gegen sechs Uhr dreißig, wohingegen Rolf und ich nicht viel vorhaben. So gehe ich noch in
die Morgenandacht und dann ist gemeinsames Frühstück. Rolf und ich
überqueren wieder den Fluss, denn der Chemin führt auf der anderen Seite weiter. Auf der Brücke holt uns ein junger Schweizer ein, der auch in der
Herberge übernachtet hatte – der Junge trägt den gleichen Lederhut wie
ich! Zu dritt gehen wir weiter. Erst einmal geht es hoch hinauf; es ist heiß,
fast schwül, und wir sind froh, als wir einen Trinkwasserbrunnen erreichen. Der wird noch von einer Gruppe Französinnen belagert – erst als die
weiterziehen, können auch wir uns eine Handvoll Wasser ins Gesicht werfen, trinken und unsere Flaschen neu auffüllen. In Golinhac setze ich mich
kurz in die Kirche, auch der Schweizer kommt, bleibt aber länger sitzen als
ich. Erst in Conques werde ich ihn wieder sehen. Über Wald- und Wiesen-
pfade geht es nach Espeyrac – wir lechzen nach einem Bier! Vor der Kirche
treffen wir ein deutsches Ehepaar – Touristen, keine Wanderer – und die
betrachten ganz entsetzt meine Sandalen und können nicht glauben, dass
ich einen großen Teil des Weges hierher damit gelaufen bin – so wie sie es
ohnehin kaum fassen können, dass Rolf und ich von unseren jeweiligen
Heimatorten den ganzen Weg zu Fuß hierher gekommen sind.

Das zweite Bier (auf seit dem Frühstück nüchternen Magen) war wohl
zu viel: Als wir loslaufen habe ich das unbestimmte Gefühl, nicht nur
leichte, sondern erhebliche Schlagseite zu haben. Doch wir haben ja um
17.00 Uhr in Sénergues das Rendezvous mit der Frau, die uns zu unserem
Quartier bringen soll, also muss ich mich zusammenreißen und nach einigen hundert Metern geht es auch schon wieder. Wir sind pünktlich an der
Gîte – aber niemand da, der uns abholt. Zu allem Überfluss fängt es auch
noch zu nieseln an und es kommt ein unangenehmer Wind auf. Wir haben
uns erst mal in einer Art Bushäuschen verkrochen, aber dann stellen wir
fest, dass die Herberge offen ist – wir kommen überall hinein, nur nicht in
die Schlafräume – und alles menschenleer! Wir sind gerade so weit, dass
wir uns auf den Sofas im Untergeschoß breit machen wollen, da kommt
eine zierliche junge Frau angefahren: die Dame, auf die wir gewartet haben.

Großes Problem: Wegen eines Missverständnisses hat sie uns erst morgen erwartet – das Quartier ist ausgebucht. Doch Isabelle führt uns in ein anderes Haus (ich habe den Eindruck, es ist das ihrer Eltern), verhandelt ein bisschen und dann haben Rolf und ich für je 15,50 € ein halbes Ehebett – offensichtlich in einem privaten Schlafzimmer. Im Bad können wir uns frisch machen – herrlich, zu duschen, obwohl ich kaum wage, mich in dem kleinen Bad umzudrehen – und dann gehen wir in das einzige Lokal des Ortes essen: großer Salat, Schinkenomelett, Eis, dazu zwei Bier: 20,00 €! Aber es hat geschmeckt. Wir beobachten zwei Busse, die ihre Touristenladung in die Gîte entlassen, streunen noch etwas durch den schönen historischen Ort. Kaum sind wir so gegen zehn Uhr im Bett, fängt es draußen an zu gewittern und zu schütten. Gegen halb elf schlafen wir endlich ein.

Montag, 13. Juni 2005

Sénergues – Conques   12 km – „Ruhetag"   42

Das ganze Dorf schläft noch, als Rolf und ich gegen halb acht loslaufen. Wir hatten gehofft, wir könnten irgendwo frühstücken, aber diese Hoffnung trog! Also mit leeren Mägen und ohne Kaffee den Berg hoch. Die Luft ist frisch und der Himmel bedeckt, doch es regnet nicht.

In Saint Marcel die wunderschöne alte Kirche mit dem wunderbaren Licht, das durch die bunten Fenster dringt – und außen der rosenbewachsene Eingang neben dem alten, verwitterten Grabstein – dieser Eingang ist für mich ein Symbol für die Kirche an sich: verwittert, schadhaft wie der alte Stein. Doch junges, blühendes Leben rankt sich darum und

Kircheneingang in Saint Marcel

gibt Hoffnung auf Weiterbestehen – und die Tür steht jedem offen und verspricht Ruhe, Einkehr und Geborgenheit.

Am Ortsausgang steht am Weidezaun ein Esel. Ich gehe auf ihn zu, will etwas mit ihm plaudern: Da reißt er sein Maul auf – richtig viereckig wird es – und bricht in ein derart herzzerreißendes, markerschütterndes Geschrei aus, dass Rolf und ich uns die Bäuche halten vor Lachen!

Ein bisschen Straße und dann ein knöchelbrechender Abstieg. Trotz – oder gerade wegen – der Wanderstiefel, die ich heute trage, knicke ich böse um! Dann eine Wohnstraße – ein wilder Feigenbaum begrüßt mich, der erste, den ich auf meiner Wanderung sehe – und dann stehen wir über den Dächern von Conques. Steile, enge Gassen hinab – da lockt ein

Über den Dächern von Conques

Hotel und wir gönnen uns den Luxus eines „petit dejeuner" für 10,00 € pro Kopf! Doch der stille ummauerte Innenhof unter der Glyzinienpergola, die herrlichen Croissants, die vier Sorten Marmelade – der ganze Luxus war es wert!

Rolf verabschiedet sich. Er geht weiter, während heute mein Ruhetag ist – außerdem hatte ich mich mit den Falkenbergs hier verabredet – und ich möchte mir Conques, von dem ich so viel gelesen und gehört habe, ausgiebig ansehen.

Ich stehe staunend vor der Kathedrale, betrachte das riesige Tympanon, betrete schließlich die Kirche – und da kommen mir die Tränen, so sehr überwältigt es mich: der hohe, stille, harmonische Raum, der Atem Gottes, den ich in dieser Kirche zu spüren glaube ... Ich muss mich erst einmal in eine Bank setzen, Gott für den Schutz und die Führung bis hierher danken, ehe ich „zur Besichtigung schreiten" kann. Ich finde die Jakobusstatue und den erschöpften Pilger zu ihren Füßen, finde hoch oben im Querschiff die berühmte Verkündigungsgruppe – und da ist ein holländischer Tourist, der ganz erstaunt durch sein Teleobjektiv blickt: Maria hat drei Hände! Einige Schritte zur Seite lösen das Geheimnis: Hinter ihr steht eine Magd, die ihr Gewand rafft. Ich besuche die Schatzkammer

Jakobus-pilger

mit den über tausendjährigen Kostbarkeiten und den Kreuzgang. Dann setze ich mich auf eine Mauer und schmause aus meinen Vorräten. Der junge Schweizer aus Estaing gesellt sich zu mir, wir unterhalten uns ein bisschen, doch dann will er weiter. Ich packe gerade meine Brotzeit zusammen, als ich die Falkenbergs entdecke, die vor dem Tympanon stehen und es bewundern.

Wir trinken gemeinsam einen Kaffee und gegen 14.00 Uhr checken wir dann bei den Prämonstratensern ein. Ich teile ein Zimmer mit dem älteren Deutschen, der uns vor zwei Tagen schon vor der Kirche von Saint-Côme-d'Olt aufgefallen ist. Wilhelm heißt er, ist über 70, war schon im Frühjahr einmal von Le Puy aus losgegangen und hatte einen Unfall – jetzt macht er den zweiten Anlauf, kaum dass er aus dem Krankenhaus draußen ist. Respekt vor dem alten Herrn.

Janet und Andrè sind auch da, Falkenbergs erzählen von den beiden Deutschen, die mir auch immer wieder über den Weg gelaufen sind – die mit der Schafherde – einer hat derartige Schwierigkeiten mit dem Knie, dass die beiden hier aufgeben müssen. Das Abendessen ist vorzüglich und dann lädt man uns zum Chorgebet in der Kathedrale ein: Ein Erlebnis, gemeinsam mit den Mönchen die Komplet zu singen, einige dürfen Fürbitten vorlesen, die Pilger vor uns hinterlassen haben – diese selbstverständliche, tiefe Frömmigkeit, die ich hier erlebe, nimmt mich gefangen. Nach dem Gottesdienst spielt ein Klavier – die Kirche ist schwach beleuchtet, ich sitze in einer Bank – und dann wird „Meine Hoffnung und meine Freude" gespielt, das ich von der Kantorei her so liebe – ich lasse meinen Tränen freien Lauf und kann mich lange nicht beruhigen.

43 Dienstag, 14. Juni 2005
Conques – Montredon
31 km

In der Nacht habe ich Wilhelm dreimal wecken müssen – er schnarchte so ohrenbetäubend, dass sogar Ohropax nichts half! Trotzdem bin ich ausgeruht und fühle mich frisch. Nach dem Frühstück bin ich gegen halb acht auf der Straße. Einen der beiden Pfälzer, die hier aufhören, treffe ich noch – er ist recht frustriert. Im Stillen danke ich Gott, dass ich bis jetzt nicht so weit bin, aufgeben zu müssen.

Es geht bergab, zum Tor hinaus zum Fluss, über die alte Brücke, und dann beginnt der berüchtigte Aufstieg, über den man sich so viele Schauermärchen erzählt hat. Gut, es geht steil und steinig, doch schneller als erwartet bin ich an der Chapelle Sainte Foi und da oben rasten gerade Andrè und Janet. Gemeinsam weiter, es ist gar nicht sooo schlimm! Schon regnet es nicht mehr.

Fenster in Noailhac

Ich nehme die alte, kürzere Strecke, Janet und Andrè wählen eine andere Variante. Es geht endlos die Straße entlang – irgendwann bin ich wieder mit Falkenbergs zusammen, wir gehen ein Stück gemeinsam – dann ziehe ich davon. Eine Frau mit einem sichtlich erschöpften Esel begegnet mir und dann komme ich an die Rochuskapelle von Noailhac, wo ich Falkenbergs wieder treffe: Gemeinsam bewundern wir die herrlichen Fenster in dem unscheinbaren Bau, vor allem das, auf dem das Licht den Menschen aus dem Rachen des Leviathans emporhebt – herrlich!

Alleine gehe ich weiter. Ich überhole Wilhelm, der sich noch einmal für sein Schnarchen in der Nacht entschuldigt. Ich gehe nicht hinunter nach Decazeville, sondern bleibe oben auf dem Kamm: herrliche Blicke in die Täler. In einer Einfamilienhaussiedlung, faszinierend, zwei Gottesanbeterinnen auf einer Torsäule – bin ich schon so weit im Süden? Ich habe solche Tiere noch nie lebendig und in Freiheit gesehen.

Als ich eine lange Steigung im nächsten Ort hochkeuche, lädt mich ein netter Herr ein, in seine Küche zu kommen und etwas zu trinken – ich sehe wohl recht verschwitzt und mitgenommen aus! Ich erzähle, woher und wohin, und als Madame sich wundert, dass ich es wage, diesen ganzen Weg alleine zu gehen, sage ich: „Madame, un pèlerin n'est pas seul!" Sie blickt mich etwas verwundert an, dann nachdenklich, schließlich sagt sie leise: „Oui, j'ai compris!"

Wilhelm kommt vorbeigegangen, ich bitte meine Gastgeber um Erlaubnis und rufe ihn herein. Nun gibt es Kirschen vom eigenen Baum und dann Kirschpfannkuchen – wie vor 45 Jahren bei Mutter! Als wir uns verabschieden, hat Wilhelm einen Beutel mit Kirschen am Rucksack hängen.

Ach ja, vorher hatte ich mit Silvia telefoniert und ihr erzählt, dass ich vor einem Schild stand, das sagte, man sei hier genau südlich von Paris. Unglaublich, wie weit ich schon bin! Nun geht es nach Livinhac-le-Haut, über eine Brücke hinauf in den Ort. Eine französische Familie kommt heraufgeradelt: Mutter hat die schwarze Tochter im Tandemanhänger und Vater schleppt den Hänger mit dem Gepäck. Sie suchen etwas zu Essen, doch alles ist geschlossen, bis auf einen „Tabac", wo sie eine Kleinigkeit für das Kind finden. Zum Ort hinaus in ein Wiesental, bis zu einem Bauernhof, wo ich im Gemäuer des Futtersilos raste und einen Happen esse, dann geht es einen steilen Weg hinauf in den Wald. Zwischen stacheldrahtumzäumten Wiesen und Weiden hindurch: Frankreich ist das Land des Stacheldrahts! Doch der wilde Fingerhut blüht wie bei uns der Löwenzahn.

Schließlich lande ich in Montredon. Schilder weisen zu einem Chambre d'hôtes. Am Ortsausgang finde ich es, schön, mit einem alten ummauerten Brunnen vor der Tür – doch augenscheinlich ist niemand da! Ich will schon enttäuscht weitergehen, da komme ich auf die Idee, anzurufen: Madame ist im Haus, hatte mich nur nicht klopfen gehört. Ich buche Halbpension – eine Deutsche wird noch erwartet; ihr Gepäck wurde schon vorbeigebracht. Während ich dusche und Wäsche wasche, kommt sie: die weißhaarige Tübingerin Ingrid, die ich schon von Conques her kenne. Es regnet – wäre ich heute Nacht draußen, hätte ich jetzt wohl ein kleines Problem!

44 Mittwoch, 15. Juni 2005
Montredon – La Cassagnole 29 Km

Ich bin früh auf den Beinen, frühstücke noch mit Ingrid, gehe aber vor ihr los. Es ist schön, in der Morgenfrische zu gehen – und es ist schön, alleine zu gehen! Ich schicke eine SMS an meine Tochter Eva, die heute Examen hat, wünsche ihr Glück, und sie antwortet sofort. Sainte-Madeleine in Girande – uralte, wunderschöne Fresken, kein Altar, keine Bänke, doch ein herrlicher Raum!

Durch Viehweiden, an einem alten Sportflugplatz vorbei – die Wege sind feucht, aber nicht schlammig, und ich erkenne immer wieder die gleichen frischen Spuren eines Wanderers vor mir. Gerhard?! Ich komme an eine Straße, der markierte Weg folgt ihr in weitem Bogen, doch da ist ein verwitterter Holzwegweiser, der in einen heckenumsäumten Fußweg weist: Saint-Felix. Da gehe ich lieber als auf der Straße! Der Pfad ist wild, fast zugewachsen, doch er führt mich schnurstracks über den Sportplatz zur Kirche. Die Reliefs über dem Eingang sind wirklich „putzig".

Auf dem Rastplatz gegenüber sitzt eine Französin vor ihrem Déjeuner. Ich wünsche „Bon appetit" und wir kommen ins Gespräch. Sie erzählt mir, dass sie vorhat, ab Figeac nicht den GR 65, den offiziellen Jakobsweg, zu gehen, sondern den GR 651 bis Cahors: der sei kürzer und die Strecke schöner. Sie zeigt mir das auf der Karte und sie hat augenscheinlich Recht – vor allem geht es wohl nicht so schrecklich auf und ab. Als sie aufgebrochen ist, mache ich Brotzeit, fülle in der öffentlichen Toilette meine Wasserflaschen auf und schäkere ein bisschen mit einem netten kleinen Hund, der sehnsüchtig, aber erfolglos, meine Wurst und meinen Ziegenkäse anhimmelt. Bald habe ich die Französin wieder überholt, wir grüßen uns noch mal freundlich. Es gibt laut Führer eine Abkürzung, die Figeac umgeht und den Ab- und anschließenden Wiederaufstieg ins Tal des Célé vermeidet. Doch ich suche ein Sportgeschäft, ich möchte mir einen Bivibag, einen wasserdichten Überschlafsack kaufen, um auch bei etwas nasserem Wetter draußen schlafen zu können.

Die Landschaft hat sich verändert: Steinmauern säumen den Weg, halbverfallene „cazelles", trocken gemauerte, trulliähnliche Steinhütten, Jurakalk. Der Weg führt hinab ins Tal und in den Ort. Ich laufe auf ein Bikerpärchen auf, die einen Orientierungshalt machen und in bestem Münchnerisch streiten, wo es denn jetzt weiterginge. Sie sind ganz erschrocken, als ich ihnen auf gut bayerisch „Grüß Gott" wünsche und können kaum glauben, dass ich den ganzen Weg hierher zu Fuß gekommen bin.

Auf der Terrasse eines Restaurants am Fluss trinke ich zwei große Perrier und einen Café au lait, mache mich auf der Toilette frisch und schreibe Tagebuch. Nun über die Brücke in die Stadt. Ich suche und finde Saint-Sauveur: Eine herrliche Kirche, besonders die Reliefs und Gemälde in der Seitenkapelle haben es mir angetan.

Ich streife durch die wunderschöne Altstadt, schaue, suche ein Sportgeschäft, lande auf dem Platz mit der Kopie des Steins von Rosette – ach ja, François Campillon, der die Hieroglyphen entzifferte, hat hier gelebt! Ein paar Postkarten und eine Wanderkarte von hier bis Moissac kaufe ich – vielleicht gehe ich doch den anderen Weg, den die Französin vorgeschlagen hat?

Plötzlich werde ich von hinten angerufen: Ich bin blind an Falkenbergs vorbeigelaufen, die auf der weinumlaubten Terrasse eines Restaurants sitzen und mich jetzt auf einen Kaffee einladen. Andrè kommt: „In einer Stunde geht unser Zug, dann bleiben wir noch einen Tag in Paris und dann ist unser Urlaub zu Ende!" Er schreibt mir seine Adresse auf – wir wollen in Kontakt bleiben. Ich werde die beiden auf dem weiteren Weg vermissen, vor allem Janets herzliches, unverkennbares Lachen! Falkenbergs wollen heute noch bis La Cassagnole, da soll eine sehr schöne Gîte sein. Ich selbst möchte noch etwas weiter, vielleicht draußen schlafen – ich muss vorwärts kommen! Doch erst einmal einen Bivibag kaufen. Ich frage einen Einheimischen nach einem einschlägigen Laden und er schickt mich praktisch den Fluss entlang, an Sportanlagen, Park und Tennisplatz vorbei zu einem Sportgeschäft, dessen Auslage auch Trekking-Ausrüstung zeigt. Und hier bekomme ich, was ich suche – warum hab ich das nicht schon beim Abmarsch gekauft? Doch mit dem Wandern wird man klüger – was würde ich jetzt alles nicht mehr mitnehmen und wieviel habe ich unterwegs beschafft!

Raus aus der Stadt, wieder hinauf auf den Berg, endloser Asphalt. Ich komme an der Steinsäule vorbei, die einmal die Grenze einer Abtei und ihres Asylbereichs markierte. Weiter über heißen Teer, endlos. Meine Füße schmerzen, ich bin eigentlich ziemlich fertig, aber ich will heute noch weit gehen! Doch da ist am Hang eine Gîte, ein schöner Garten, einladende Laube – da biegen meine Füße ganz ohne mein Zutun links ab und ich checke hier in La Cassagnole ein.

Es dauert nicht lange und die Französin von Saint-Felix kommt, Christine heißt sie, dann sind auch die Falkenbergs da – der Chemin verliert niemanden! Wilhelm musste aufgeben – trotzdem Hut ab: Er ist fast fünfzehn Jahre älter als ich. Man kann hier für sich kochen – ich fabriziere mein Standardessen und kaufe einen Liter Wein, den ich mit anderen teile.

Im Schlafsaal zwei Finninnen, die sehr verdutzt sind, als ich sie mit „hyvää päivää" begrüße – aber das ist, bis auf das schöne Lied von „Uko Noah", so ziemlich das einzige Finnisch, dass ich mir von einem Lapplandurlaub vor vierzig Jahren behalten habe. Eine der beiden ist dabei, ihren Fuß zu behandeln, der böse aussieht: Eine Blase vorn am Zeh ist unter den Nagel gewachsen und der hat sich abgelöst – eine unschöne offene Wunde ist das! Ich desinfiziere mit meinem Sprühmittel, lege Sprühverband drüber, verpflastere den Zeh mit steriler Kompresse und gebe der Frau Arnikaglobuli – Mary Falkenberg füllt freundlicherweise meinen Vorrat aus ihrer großen Flasche auf. Gegen halb zehn verziehe ich mich ins Bett und schlafe gut.

45 Donnerstag, 16. Juni 2005

La Cassagnole - Marcilhac-sur-Célé   27 km

Großes gemeinsamen Frühstück, dann breche ich gegen sieben Uhr nach Christine und vor den Falkenbergs auf. Der Jakobsweg macht erst mal einen Schlenker nach Südwesten bis Faycelles: ein schöner Ort am Steilhang über dem Tal des Lot. Leider enttäuscht die Kirche: neueren Datums und längst nicht so schön wie der Ort an sich. Ich suche noch ein offenes Lebensmittelgeschäft, als die Falkenbergs anmarschiert kommen. Gestern Abend habe ich Ihnen erzählt, dass ich die nördliche Variante entlang des Célé-Tales laufen werde und sie haben sich auch dazu entschlossen – vielleicht sieht man sich unterwegs noch mal? Ich laufe den beiden wieder davon und komme nach Béduer. Es fängt zu nieseln an, als ich den GR 65 verlasse, der hier wieder nach Süden abbiegt. Ich hatte eigentlich vor, hier etwas abzukürzen und nach Karte und Kompass schnurstracks nach Westen bis Sainte-Eulalie zu gehen, doch ich beschließe, erst einmal den Markierungen der Alternativroute zu folgen, die den Fluss begleiten.

Ich hole meinen Schirm heraus – das Nieseln ist nicht allzu unangenehm und eigentlich haben wir herrliches Wanderwetter! An der Burg vorbei, steil den Berg hinab und dann verliert sich die Markierung – oder ich sie! Bergab kann nicht verkehrt sein, ich steige über einen Weidezaun, quere eine Wiese: Da unten läuft Christine! Sie hat einen guten Schritt drauf und ich brauche schon meine Zeit, bis ich sie überholt habe. Der Regen hat aufgehört, es geht eben im Tal dahin – wunderbares Wandern!

In Espagnac stehe ich vor der großen hölzernen Jakobusstatue, habe sie gerade fotografiert, und wer kommt? Die Falkenbergs. Großes Hallo! Es folgt ein ausgiebiges gegenseitigen Knipsen, ein Ehepaar aus Frankfurt, das mit dem Auto unterwegs ist, kommt mit uns ins Gespräch – dem Mann sieht man deutlich an, dass er sich uns am liebsten anschließen würde. Da kommt Christine angelaufen

In Espagnac trifft man sich wieder: Peter Falkenberg macht ein Foto von seiner Frau Mary und mir vor der großen Jakobusstatue

und wir picknicken gemeinsam in der alternativen Wirtschaft in der alten Abtei. Sogar Bio-Bier gibt es hier! Falkenbergs und ich beschließen, nicht den Steilhang hinauf in die Berge zu kraxeln, sondern im Tal zu bleiben. Das ist zwar offensichtlich etwas weiter, aber wir sparen uns das Auf und Ab, das die Karte für den markierten Weg ausweist. Christine will sich an die Markierungen halten. Falkenbergs und ich gehen gemeinsam los, ich wechsle noch schnell von Stiefeln in Sandalen – die Sonne scheint – doch bald habe ich die beiden wieder überholt.

Die Straße folgt den Windungen des Flusses, holt öfters weit aus, doch ich kann über Wirtschaftswege und Feldraine immer wieder abkürzen – so habe ich bald einen netten Vorsprung. In Marcilhac habe ich allerdings vom Laufen in der Hitze die Nase voll. Ich erkundige mich nach der Gîte, man verweist mich an den kleinen Lebensmittelladen. Dort bekomme ich den Schlüssel und lasse von meinen Speicherkarten eine Foto-CD brennen; allerdings scheint es Schwierigkeiten zu geben und so lösche ich die Karten vorsichtshalber nicht.

Gerade will ich die Gîte beziehen, die in den Resten der alten Abtei untergebracht ist, da kommen Falkenbergs und beschließen, ebenfalls dort zu nächtigen. Als wir die Tür aufsperren, stolpern wir erst einmal über herrenlose Wanderschuhe, es geht die Treppe hinauf – da hat's einen großen Tisch und eine angeschmuddelte Küche, aber einen großen kalten Kamin, den sich Falkenbergs als Bett aussuchen. Sie regen sich auf, wie schmutzig und primitiv das alles sei – ich finde es gar nicht so schlimm. Ich suche mir gerade ein Lager in den Stockbetten, als Christine kommt. Wir beschließen, gemeinsam essen zu gehen, Falkenbergs bestellen in einem der beiden Restaurants des Dorfes, und dann besichtigen wir die malerischen Ruinen der alten Abtei.

Das Essen an dem kleinen Tisch auf dem Gehsteig vor dem Lokal ist besser, als man vermuten konnte. Und die schmutzige Hündin der Wirtin kriegt auch ihr Teil ab, weil sie gar so herrlich bettelt!

Wir frühstücken zusammen und dann verabschiedet sich Christine: Heute ist ihr letzter Tag. Ich telefoniere noch mit Silvia, während Falkenbergs vorangehen. Es geht hinauf auf den Berg, durch Fichten-, Eichen- und Buchsbaumwälder. Von Weitem schon wundere ich mich über ein stetig an- und abschwellendes Getöse, bis ich in das nächste Tal komme und das Rätsel lösen kann: eine Geflügelfarm mit Perlhühnern. Es müssen weit über hundert Tiere sein, die da in einem großen Gehege hin und her rennen. Sie finden Ruhe, dann fängt eins der Tiere an zu schreien, und sofort rennt die ganze Herde wieder unter lautem Gekollere durch das Geviert und braucht ihre Zeit, bis sie sich beruhigt und der ohrenbetäubende Lärm abebbt – und dann geht es nach spätestens einer halben Minute wieder los! Kein Wunder, dass dieser Betrieb so weitab vom nächsten Ort angesiedelt ist. Wie die Leute, die hier in der Einöde wohnen, das aushalten, ist mir schleierhaft. Der Hofhund kommt auf mich zugetobt, umkreist mich bellend, bis ich am Gehöft vorbei bin – augenscheinlich ist er in seiner Ehre gekränkt, weil ich ihn gar nicht beachte.

Wieder steil bergauf, enge Waldwege, die mehr oder weniger im Zickzack laufen, und da stehen Falkenbergs und sind ratlos wegen des Wegs. Mary kocht, ist stinksauer: Sie sei ohnehin gegen diese Variante gewesen und weit und breit niemand, den man fragen könne. Schnapsidee, hier zu laufen! Ich versuche Öl auf die Wogen zu gießen, doch das scheint eher Öl ins Feuer zu sein! Schließlich teile ich den beiden mit, wo ich gehen werde – ich vertraue auf Karte und Kompass – und lasse sie stehen. Ich komme an eine etwas dubiose Markierung, die stimmt halbwegs mit der Karte überein und dann werden die Wegweiser wieder eindeutig. Als ich die nächste Trinkpause einlege – ich komme unterm Laufen nicht an die Flasche, muss also zum Trinken absatteln – kommen Falkenbergs anscheinend halbwegs beruhigt angelaufen. Ich laufe den beiden wieder davon, doch bald mache ich wieder Trinkrast – die Sonne brennt unbarmherzig und es geht hier im Wald kein Wind – und da sind sie wieder. Nun gehen wir gemeinsam weiter.

Steile Straßenserpentine hinab in ein Bachtal, ein einladendes Hotel-Restaurant: Au-Berge-de-Lasagne. Wir beschließen, hier zu Mittag zu essen – einen schönen Salat gibt's. Mary ist enttäuscht, dass sie nicht im Swimmingpool baden darf und lässt ganz demonstrativ ihre Füße hineinhängen. In Cabrerets geht es hinauf zur Grotte de Pech-Merle. Die lasse ich mir nicht entgehen, doch Falkenbergs wollen weiter. Ich hänge meinen Hut an den Brunnen, kaufe ein Ticket – die nächste Führung ist erst in einer halben Stunde – genehmige mir ein Eis. Die Verkäuferin am Ticketstand rät mir wortreich, eine dicke Jacke anzuziehen: In der Höhle hat's konstant zehn Grad und hier draußen heute über dreißig! Die Höhlenführung dauert eineinhalb Stunden. Leider verstehe ich nur wenig vom Wortschwall des Führers – doch die Steinzeitzeichnungen sind eindrucksvoll – am meisten rühren mich jedoch die jahrtausendealten Fußspuren zweier Kinder an, die sich im Höhlenlehm erhalten haben.

Als ich aus der Höhle komme – die Kassiererin hat netterweise auf meinen Rucksack aufgepasst – steht da Christine, will auch in die Grotte, und wir nehmen noch einmal voneinander Abschied, diesmal mit einer herzlichen Umarmung. Frohgemut marschiere ich los – und da brennt die Sonne ungewohnt auf meinen Kopf: Wo ist mein Hut? Mein kostbarer Lederhut mit der Muschel, das Weihnachtsgeschenk von Silvia? Panik! Ich gehe zurück – und da hängt er nach Stunden mitten im Tourismusgewühl noch immer friedlich am Brunnen!

Der Weg über den Berg ist glühheiß und staubig und erscheint mir endlos; ich bin wirklich froh, als ich gegen viertel vor sechs endlich auf der wunderschönen Hängebrücke nach Bouziès hineinlaufe.

Falkenbergs haben hier für uns drei ein Chambre d'Hôtes gebucht, und sie empfangen mich freundlich. Nach einer ausgiebigen Dusche schmeckt das Bier gleich zweimal so gut. Mary hat ein wunderbares Abendessen fabriziert – ich bin heute ihr Gast. Schön! Nach nicht nur einem Bier schlafe ich in dieser Nacht wie in Abrahams Schoß.

Abendessen bei den Falkenbergs

Falkenbergs wollen heute im Tal bleiben, dem Fluss folgen. Ich selbst habe mir auf der Karte eine Strecke herausgesucht, die kürzer ist als der markierte Weg und auch nicht so bergauf und bergab geht. Wir starten gemeinsam, doch ich habe sie bald hinter mir gelassen – meine Beine sind doch etwas länger als ihre. Bald führt der Weg steil hinauf in die Berge – auf der endlosen Steigung in den Wald hinein begegnet mir ein junges Paar mit zwei Packpferden und sie fragen ängstlich, ob es da vorne Stufen gäbe, „les chevaux, vous comprenez?" Ich kann sie beruhigen und sehe, dass sie nicht nur einen Hund dabei haben, sondern dass auf einem der Pferde ein Kleinkind im Tragekorb selig schlummert und auf dem Sattel des anderen eine wunderschöne Katze balanciert – das Tier schaut mich trotz Halsband und Leine recht zufrieden an.

Endlich komme ich auf die Landstraße und nun geht es auf und neben Asphalt durch den Wald, praktisch auf einem Höhenkamm, immer wieder herrliche Blicke ins Tal und übers Land. Rast im Wald und am Ortseingang von Les Mazuts – und da ist der GR 36, der mich nun nach Cahors führen wird.

Jetzt geht es hinab in das Tal des Lot – es ist glühend heiß und schwül und als ich so gegen halb zwölf nach Galessie komme, frage ich eine Frau, die ihren Vorgarten pflegt, ob sie mir an ihrem Gartenschlauch nicht meine leeren Trinkflaschen füllen würde. Sie tut mehr: Sie bittet mich ins Haus und als ich wie sie die Schuhe ausziehen will, macht sie mir klar: „Nein, das müssen Sie nicht, aber ich bin eben in die Hundesch... getreten!" Sie hat eine wunderschöne Halle, mit Holzbalkendecke und einer altmodischen Küche mit großer Esse, mit sichtlich alten schönen Bauernmöbeln. Sie bewirtet mich mit Saft und Mineralwasser, setzt mir ein Croissant vor, fragt mich aus nach Woher und Wohin, und ich bilde mir fast ein, sie hätte es nicht ungern gesehen, wenn ich länger geblieben wäre.

Durch den Ort zum Fluss, immer am Wasser entlang, und ich bin sehr versucht zu baden. Ich habe aber noch einiges vor mir, nur gegen ein Uhr lege ich mich auf die Matte und schlafe über eine Stunde.

Nun wird es am Flussufer parkähnlich, Grillplätze, Badende, dann hören die schattenspendenden Bäume auf und es wird sehr heiß und staubig.

Das Freibad am Fluss lockt – morgen mache ich Rasttag – wie wäre es damit?

Als ich in der Stadt ins Touristbüro komme, darf ich mich im Personalwaschraum erst einmal frisch machen, so verschwitzt und knallrot im Gesicht bin ich. Die freundliche Dame bewirtet mich noch mit Mineralwasser und sucht mir ein preiswertes Hotel heraus, das Le Meldion direkt am Bahnhof. Dort zahle ich für zwei Übernachtungen und einmal Frühstück 76,00 € – ich genieße den Luxus eines Einzelzimmers! Ich packe aus, stopfe einen großen Plastikbeutel mit Schmutzwäsche voll und gehe in die Stadt, wo ich auch schnell einen Waschsalon finde. Bis die Wäsche fertig ist, gehe ich erst einmal zum Friseur – die nette Friseurin kann gar nicht verstehen, dass ich das Haar so kurz haben will. Doch als ich ihr erzähle, wohin ich noch wandern werde, versteht sie es und ist gleichzeitig aus dem Häuschen, wie man so etwas machen kann.

Ich habe noch Zeit und so suche und finde ich die Kathedrale – seltsamer Bau: drei Riesenkuppeln hintereinander gestellt bilden das Schiff. Das Innere erscheint mir etwas renovierungsbedürftig, die gemalten Wandornamente blättern.

Ich bringe meine Wäsche zurück ins Hotel, hänge sie zum Trocknen über Stühle und die Stöcke, die ich in die Fensterlaibung klemme. Dann gehe ich wieder in die Stadt, esse noch einen Salat, strolche ein bisschen umher und schlafe am nächsten Morgen bis halb sieben.

Brücke in
Cahors

Heute Vormittag durchstreife ich den Ort mit der Kamera – Cahors ist eine schöne alte Stadt mit vielen mittelalterlichen Häusern. Lange sitze ich, bewaffnet mit einer englischen Tageszeitung, vor dem Bahnhofsrestaurant und belausche dabei amüsiert ein deutsches Männerpärchen, das eine französische Zeitung studiert und lautstark darüber debattiert, ob in Deutschland wirklich jeder Fünfte zumindest bisexuell sei, wie es das Blatt behauptet.

Im Hotelzimmer nähe ich zunächst die Stellschnur an meinem Hut fest, dann die beiden Packriemen an die Kompressionsriemen des Rucksacks – so kann ich den Deckel öffnen, ohne dass die Isomatte die Flucht ergreift. Ich habe lange experimentiert, wo und wie ich das sperrige Ding anhänge: Das erscheint mir der beste Weg – und die große Pilgermuschel findet ihren Platz am Rucksackdeckel. Abends noch einmal in die Stadt, essen, und gegen zehn Uhr ins Bett – der Hotelweckruf ist auf fünf Uhr dreißig Uhr gestellt.

Halb sechs Frühstück auf dem Zimmer: ein Stück Baguette und ein paar Schlucke Leitungswasser. Ein Blick in die Runde: nichts vergessen, auf geht's! Es ist fünf Uhr fünfzig.

Der Himmel ist bedeckt, es ist warm, jedoch noch nicht heiß. Über die alte Brücke mit den Türmen, dann steile Treppen hinauf. Ich überhole oben auf dem Berg einen Franzosen, ein paarmal holt er mich ein, dann bin ich davon. An zwei Franzosen komme ich vorbei, die schon nach einer halben Wegstunde die erste Trinkpause machen müssen. Es geht durch ein schönes Wiesental, doch die Sonne scheint jetzt schon kräftiger und es wird recht warm. Ich laufe auf zwei Frauen und einen Mann auf, die wohl gestern große Wäsche gemacht haben: einer hängt ein hübscher

Spitzenslip am Rucksack, der anderen gleich zwei Büstenhalter. Als ich sie überhole, grüße ich freundlich und bin bald wieder allein. Ich gehe heute sehr schnell: Ehe ich mich versehe bin ich in Labastide-Marnhac – nach meinem Schrittzähler waren das gute 12 Kilometer in zwei Stunden und zwanzig Minuten! Ein einsamer Rucksackträger irrt den Chemin entlang, antwortet kaum auf meinen Gruß.

Jetzt bin ich im Quercy Blanc. Quercy kommt wohl von quercus, die Eiche ... Eichen, wohin man schaut, mindestens drei verschiedene Arten unterscheide ich, als Büsche, kleine Bäume, große Bäume – dazwischen Buchs, Ginster, Wacholder, Heide. Und der Kalkstein, der durch die dünne Vegetationsdecke schaut, ist tatsächlich kreideweiß. Es geht lange auf den meist kahlen Bergrücken – wenn hier Ziegen weideten, wäre die Karstheide vollkommen, so wird das Ganze im Laufe der Jahre wohl verbuschen.

Auf einem gemütlichen Picknickplatz kurz vor Lascabanes mache ich Rast, trinke Tee und esse Banane und Brot. Hinab ins Tal – der Ort ist hübsch hergerichtet, alte, liebevoll restaurierte Häuser. Dann geht es wieder steil den Berg hinauf und weiter auf Schäferpfaden über die Hochfläche. Eine hübsche, deutsch sprechende Französin spricht mich an: Sie wartet hier auf ihren Freund. Wir amüsieren uns gemeinsam über das Paar zerfledderter Wanderstiefel, die hier jemand einfach an einen Baum gehängt hat, sie schenkt mir ein paar Aprikosen und wünscht mir „Bonne route!"

Jetzt taucht der mächtige Donjon von Montcuq auf. Mittlerweile haben sich die Wolken fast verflüchtigt und es ist heiß geworden. Im Ort sind Läden, Post, Kirche – alles zu. Ich habe Durst und Hunger, also lasse ich mich vor dem „Restaurant Sud" nieder, trinke ein Bier und esse einen hervorragenden Salat mit Nüssen, Entenbrüstchen und Käse. Tut gut! Als

Montcuq

ich fertig bin, haben auch die Läden wieder offen. Ich kaufe ein paar Postkarten und einen neuen Schreiber – der alte hatte sich in seine Einzelteile aufgelöst.

Ich finde die Post, die in zehn Minuten aufmacht, und komme beim Warten mit einem englischen Ehepaar ins Gespräch. Sie gehören zu den vielen Engländern, die sich hier niedergelassen haben: „Vor zehn Jahren hat man uns die Häuser hier noch nachgeschmissen, but now you can hardly afford a small cottage!" Auch sie fragen mich nach dem Woher und Wohin und als ich Auskunft gebe, sind sie recht beeindruckt und wünschen mir herzlich „Good luck!" In der Post werde ich für 5,00 € meinen vorbereiteten Umschlag mit Postkarten, Bilder-CD und einem Baumwoll-T-Shirt los (522 g).

Ich lese den Führer anscheinend nicht ganz richtig und schaue auch nicht auf die Karte: Ich verlasse den Ort nach Südwesten die Straße entlang und wundere mich nur, dass ich keine Markierungen sehe. Die Karte ist wenig hilfreich, ich erkenne nur, dass ich nach Osten muss. Ein Weg ist eingezeichnet, der über den Berg nach Chat de Cerry führt. Ich nehme den Weg, den ich dafür halte und lande im Busch: Hier ist die Welt zu Ende. Noch weiter nach Süden und den nächsten Weg nehmen? Zu unsicher! Zurück in den Ort! Mühsam schlage ich mich über Feldraine und durch übermannshohen Mais nach Norden durch und als ich wieder im Ort bin, ist es halb vier. Über eine Stunde habe ich verloren! Wieder auf dem markierten Weg geht es an einer vornehm renovierten Mühle vorbei – das wäre was, um sich hier anzusiedeln und eine Pilgerherberge aufzumachen. Jetzt hoch in den Berg. Die Sonne brennt und ich bin heute schon über 30 Kilometer gelaufen. Die nächste Gîte ist meine! Gott sei Dank bin ich jetzt im Wald, es geht hinab ins Tal, über einen Bach – da ist ein Bauernhof, an dem kalte Drinks und Nüsse zu kaufen sind. Ich trinke mich satt und nehme einen Beutel Walnüsse mit. Endlich kommt Montlauzun in Sicht, wo ich eine Gîte weiß. Der Chemin führt am Dorf vorbei, doch ich biege rechts ab, schleppe mich den steilen Berg hoch Richtung Ort, und da steht „Altes Pfarrhaus" und „Empfang". Ich überlege noch, ob es das wohl sei, da spricht mich hoch oben von der Mauer ein Engländer an: „You have made it – come in!"

Christoffer und Eileen sind selbst von Le Puy nach Santiago gegangen und haben dann das alte Pfarrhaus samt aufgelassener Kirche gekauft, renoviert und hier eine Pilgerunterkunft geschaffen. Ich werde mit Minz-Limo-

nade traktiert, als ich aus der Dusche komme und es tut gut, sich wieder einmal in einer Sprache zu unterhalten, von der man mehr kann als nur ein paar Brocken! Ich sitze grade über meinem dritten Minzedrink, da kommt der Franzose mit den beiden Frauen, die ich heute früh überholt habe (die Dessous sind inzwischen in den Rucksäcken verschwunden) und fünf Minuten später hat Christoffer vier Gäste – aber ich ein Zimmer für mich alleine!

Mit Christoffer und den Franzosen sitze ich dann im Garten und dolmetsche: Er spricht kein Französisch! Das Abendessen wird eine vergnügliche Angelegenheit, mit indischem Curry, auf englisch zubereitet (Geschmackssache), Wein, Bier und angeregter Unterhaltung. Was mich nur ärgert ist, dass der Franzose so mit seinen Marschleistungen angibt – die rund 45 Kilometer heute seien ein schwacher Tag gewesen, normalerweise gingen er und seine Begleiterinnen viel weiter. Nur: Der völlig erschöpfte Eindruck, den die drei bei ihrer Ankunft gemacht haben und die Gesichter seiner Damen bei seinen Worten strafen ihn Lügen. Die Marathonstrecke heute fordert ihren Tribut: Gegen zehn Uhr falle ich in mein Bett und schlafe wie ein Murmeltier.

50 Dienstag, 21. Juni 2005
Montlauzun – La Barrale 24 km

Christoffer und Eileen haben etwas zu lange geschlafen und so gibt es erst um halb sieben Frühstück. Die Franzosen wollen heute bis Boudou hinter Moissac – über 40 Kilometer, und das halte ich für übertrieben: Ich selbst möchte mir für Moissac Zeit nehmen: Der Kreuzgang und die Kathedrale sind ein Höhepunkt der Via podensis.

Runter ins Tal, auf der anderen Seite einen steilen lehmigen Hohlweg hinauf – Gott sei Dank ist es trocken, das gäbe ein elendes Geschmiere, die Stiefel wären oben sicher zweimal so groß vor Dreck und ohne das dicke Seil, das man als Aufstiegshilfe gespannt hat, käme man wohl kaum da hinauf.

Um halb neun bin ich in Lauzerte: ein wunderhübsches Dorf oben auf dem Hügel, viele Häuser liebevoll restauriert. Ich trinke einen Kaffee, kaufe ein, genieße die Aussicht, sehe mich ein bisschen im Ort um und als ich mich wieder auf den Weg mache, ist eine ganze Stunde vergangen. Es wird entsetzlich warm und schwül. Jetzt geht es erstmal vom Dorfhügel hinab und dann – natürlich – steil wieder hinauf. Ich bin froh, mich in die Kapelle von Saint-Sernin flüchten zu können, nachdem ich das schöne Taubenhaus von Le Charton bewundert habe.

Wieder bergab, steil, ein Stück glühheißer Teerstraße, dann wieder den Berg hoch und jenseits ins Tal. Der Bach lädt zur Mittagsrast: Es ist fast ein Uhr! Ich rechne nach: Bis Moissac brauche ich mindestens noch vier Stunden – da sind Kirchen und Kreuzgang geschlossen. Also: Vor Moissac übernachten, morgen früh dorthin, alles ansehen und dann die Variante den Kanal entlang. Jetzt lasse ich mir wirklich Zeit. In Durfort-Lacapelette setze ich mich ins „Relais St. Jacques", trinke 3(!) Pression und suche mir im „miam-miam-dodo" die Gîte rurale in La Barrale aus. Der Wirt ruft für mich an und gegen halb drei bin ich auf dem urigen Bauernhof.

Ich habe die Gîte für mich alleine, dusche, wasche Wäsche, setze mich in der Badehose auf die schattige Terrasse, schreibe Tagebuch und lese in den Büchern, die ich im Regal gefunden habe. Besonders interessant: Ein Buch zum x-ten Jubiläum des Credit Agricole, in dem die Entwicklung der Landwirtschaft in Frankreich seit dem Ende des 19. Jahrhunderts mit vielen Bildern und viel Zahlenmaterial beschrieben wird. Doch auch das Schulgeschichtsbuch zeigt mir, wie verschieden die geschichtlichen Entwicklungen in den beiden „Bruderländern" Frankreich und Deutschland gesehen werden. Der halbe Ruhetag tut gut! Ich glaube auch, dass mein Körper ihn gebraucht hat – meine Trekkinghose ist ein gutes Stück zu weit geworden und gestern hat Christoffers Badezimmerwaage behauptet, ich wöge noch 84 kg – ganz nett nach den 106, die ich am Abend des 2. Mai gewogen habe!

So habe ich auch keine Skrupel, kräftig bei dem wunderbaren Abendessen zuzulangen, das die Altbäuerin mir und ihrem Mann vorsetzt. Dazu gibt's Wein und angeregte Unterhaltung mit den beiden Herrschaften. Wir sprechen über Dialekte, denn mir fällt wieder einmal auf, wie viel härter die Aussprache der Menschen hier ist als zum Beispiel in Savoyen oder Paris. Manche Worte klingen mir eher Spanisch! Der Altbauer stimmt mir zu. Der Einfluss des Okzitan ist sehr stark – und Spanien ist ja auch nicht mehr weit. Übrigens meint er: „Im Baskenland solltest du Französisch sprechen! Dann lieben dich die Leute! Aber wenn du Spanisch sprichst, sind sie höchstens höflich!" Ich freue und wundere mich, wieviel ich verstehe und spreche – ob es mir in Spanien mit der Sprache auch so gehen wird?

Inzwischen ist ein prächtiges Gewitter aufgezogen, ich komme gerade noch trocken vom Wohnhaus in die Gîte – da bringt mir durch den strömenden Regen die Wirtin noch Kaffee, Brot, Butter und Marmelade für mein Frühstück. Um halb elf schlafe ich.

51 Mittwoch, 22. Juni 2005

La Barrale – Bardigues   40 km

Ich habe verschlafen und komme erst um 5.45 Uhr aus dem Schlafsack. Frühstück machen, packen, um halb sieben bin ich dann auf dem Weg. Erst einmal verlaufe ich mich – da ist ein unqualifiziertes rot-weißes Markierungszeichen, das mich irritiert. Doch dann bin ich richtig: Hier geht es nach Moissac, wenn auch nicht auf dem Jakobsweg, sondern einen Höhenzug weiter östlich. Weder die Karte noch der Augenschein zeigen einen Weg, der das Tal quert.

Die Rosen blühen, die Aprikosen sind reif – ich brauche nur hochzufassen und habe ein halbes Dutzend in der Hosentasche. Ein Hotel mit einem lockenden Swimmingpool – es ist heiß geworden! Dann die Hauptstraße und ein endloser Marsch im Gestank und Lärm des dichten Verkehrs. Da kann der Lavendel, den ich mir an Hut und Rucksackgurte gesteckt habe, nicht gegenandurften!

Endlich führt der Weg durch kleine Gassen, eine Nonne in weißem Habit spricht mit zwei uralten Damen, es geht am Krankenhaus vorbei und dann stehe ich vor der Kathedrale. Schon der Vorraum hinter dem Tympanon ist gewaltig und atmet doch Ruhe, dann die Kirche selbst, bunt ausgemalt, dennoch mit herrlicher Raumwirkung. Nur der Mechaniker stört, der der Lautsprecheranlage misstönendes Krächzen entlockt. Der uralte Sarkophag (VII. Jh.!), die „Flucht nach Ägypten", die herrliche Pietà – welch wunderbare Kirche!

Im Touristbüro finde ich den Eingang zum Kreuzgang, soll und darf meinen Rucksack draußen lassen, gehe durch die Tür und breche fast in Tränen aus: Mein Gott ist das schön! Lange kann ich mich nicht losreißen.

Wieder draußen, überlege ich: ein Bier, weiterlaufen, Sportgeschäft, passende Hose kaufen? Und wo geht's aus der Stadt raus? Da sprich mich

von hinten jemand auf Deutsch an: „Suchen Sie etwas?" Eine große, blonde Frau, offenes, kluges Gesicht. Ich suche den Jakobsweg – und sie ist auch unterwegs nach „Compostelle"! Da frage ich ganz spontan: „Sagen Sie bloß, Sie sind die Heidi!" Sie ist es, Heidi aus Tübingen, deren Einträge in Kirchen- und Pilgerbüchern schon seit Wochen vor mir herlaufen, mal zwei Tage, dann wieder nur ein paar Stunden, dann wieder einen ganzen Tag. Sie macht hier einen Rasttag.

Wir beschließen, gemeinsam eins trinken zu gehen, doch vorher muss sie auf die Post. Sie kommt heraus mit Peter, dem Wiener, den ich auch von seinen Pilgerbucheinträgen her kenne. Fast eine Stunde sitzen wir vor einem Café und philosophieren über den Jakobsweg. An Heidis Schlüsselbund entdecke ich einen „Türkenbund", eine aus Schnur geflochtene Rosette: Die gleiche hat mir Gerhard ge-

Der Kreuzgang von Moissac

Licht auf dem Rasen,
Kühle im Geviert der Säulen,
die in ruhigem Rhythmus
sich abwechseln.
Die Vielzahl,
die Vielfalt der Kapitelle –
und doch Einheit.
Stille, Harmonie,
die Glocke, die die Stunde schlägt.
Verweilen, innehalten, schauen.
Den Atem spüren, der hier weht:
Den Atem Gottes,
der durch den Baumeister gewirkt hat,
dies zu schaffen!
Wirken lassen, still sein, denken.
Kraft schöpfen für den weiteren Weg –
den Pilgerweg, den Lebensweg?
Nie vergessen wollen,
wie du diesen Ort betreten hast:

schenkt. Ja, auch sie ist drei Tage mit ihm gegangen. Heidi schreibt sich den Text aus dem Pilgerblatt ab, das mir Pfarrer Danner mitgegeben hat, ich schreibe ihr mein Pilgerlied auf und den Text, den ich eben über den Kreuzgang geschrieben habe. Fast bin ich versucht, mich den beiden anzuschließen und erst morgen weiterzugehen, so wohl fühle ich mich in ihrer Gesellschaft – doch dann raffe ich mich auf: Ich will und muss weiter!

Ich finde den Garonne-Seitenkanal und beschließe, ihm zu folgen und nicht der Markierung, die sich oben über die Hügel schlängelt. Das Kanalwasser ist algengrün und dreckig, nur an den Schleusen ist eine sachte Strömung erkennbar. Bald bin ich aus der Stadt draußen. Hier werfen wunderbarerweise hohe Bäume Schatten auf den Damm, auf dem ich marschiere. Jetzt kommt von links die Garonne – ein mächtiges Becken, hier an der Einmündung des Tarn. Rechts der Kanal, links der lockende Fluss – da ist ein Trampelpfad durch den schmalen Uferwald, eine Bretterbude mit einem kleinen Steg davor – da hält mich nichts mehr: runterlaufen, absatteln, ausziehen – hinein!

Das tut gut, auch wenn die Füße Schlammwolken aufwirbeln. Aber ich muss das Flusswasser ja nicht trinken! Ich schwimme ausgiebig und dann setzte ich mich splitterfasernackt auf die Bank vor der Hütte und lasse mich von der Sonne trocknen. Gerade will ich noch mal ins Wasser, da höre ich vom Kanal her eine helle Stimme, die sich offenbar nähert. Kinder? Nichts wie rein in die Hose, ich will nicht als Sittenstrolch verhaftet werden!

Es kommt erst einmal ein wunderschöner riesiger Dobermann, dann eine Frau – und die spricht Deutsch mit unverkennbar österreichischem Zungenschlag. Ein Ehepaar, hier auf Urlaub – und sie haben gestern in Moissac die Falkenbergs getroffen! Bald setzen sie sich wieder auf ihre Räder und fahren weiter. Ich ziehe mich vollends an, wuchte den Rucksack auf die Schulter: Ultreia! Bei der nächsten Schleuse sehe ich die Österreicher noch mal, die mir herzlich guten Weg wünschen. Bei Malause liegen im Canal de Golfech ein paar Boote am Kai, schöne Motorkreuzer, unter anderem die „Luisa" aus Hamburg. Als ich vorbeistiefle, grüße ich den Skipper mit einen fröhlichen „Moin, Moin!" – und das führt dazu, dass ich mit Alsterwasser, Kaffee und Plätzchen traktiert werde. Die Hamburger fragen mich über den Jakobsweg aus und über meine Motive, ihn zu gehen und wieder bin ich freudig überrascht von mir selbst, dass ich betone, der sportliche Ehrgeiz oder kulturelles Interesse seinen für mich zwar auch wichtig, doch die Hauptsache sei für mich der Weg zu Gott und zu mir selbst.

Weiter, herrliche Platanen geben Schatten auf den Treidelpfad. Kurz vor Pommevic ein Hausboot unter italienischer Flagge – ich grüße freundlich, die Großfamilie bietet mir Wasser an, schenkt mir einen Pfirsich und zwei Aprikosen, und als ich mich verabschiede, bittet mich die Nonna, die Großmutter: „Prega per noi a Santiago!" Über die Brücke Richtung Espalais – und da kommen die Italiener (bis auf die Nonna) angeradelt und machen noch ein paar Bilder von sich und dem Jakobspilger.

Durch Sonnenglut über heißen, schattenlosen Asphalt zum Ort, an der Garonne ein schöner Park – mit Wasserhahn, an dem ich meine Flaschen wieder auffülle. Am anderen Flussufer liegt Auvilar und jetzt bin ich in der Gascogne. Ich komme an der Gîte vorbei – eigentlich wollte ich hier nächtigen, doch die Handvoll Franzosen beiderlei Geschlechts in Wanderkluft, die davor stehen, sind dermaßen unfreundlich, dass ich es vorziehe, weiterzulaufen: heute Nacht wirklich wieder mal draußen, das Wetter ist ideal! Ich keuche die steile Straße hinauf zum Ortskern – mitten auf der Fahrbahn hat eine Malerin ihre Staffelei aufgestellt und lässt sich von den Autos, die um sie herumkurven, nicht stören – allerdings kommt da kaum eines. Das Bild wird sehr gut – hätte ich Geld und Platz im Gepäck: Ich würde es glatt kaufen!

Die Altstadt von Auvilar ist wirklich den Aufstieg wert – das Schloss, die kreisrunde Markthalle mit den alten Häusern rund um den Platz – einfach Rothenburg auf französisch. Überhaupt: Was ich hier an wunderbaren mittelalterlichen Orten gesehen habe – das braucht sich hinter unseren deutschen Romantikstädten sicher nicht zu verstecken! Ich wandere durch den Uhrturm und finde noch eine kleine Épicerie, in der ich meine Mundvorräte auffülle. Jetzt geht's noch mal bergan, durch den Wald, unter der Autobahn hindurch, die Straße entlang bis Bardigues. Dort soll's eine schöne Kirche haben und neben der einen Wasserhahn – das mit dem Hahn stimmt, aber die Kirche ist leider zu. Doch ein Restaurant lockt – ich merke jetzt, dass ich einen Bärenhunger habe und leiste mir einen großen, guten Salat und zwei große Bier zum Abendessen. Ein reizendes englisches Ehepaar am Nebentisch fragt mich nach der Bedeutung der Muschel an meinem Rucksack und daraus wird ein angeregtes und nettes Gespräch. Wieder fällt mir auf, wie selbstverständlich ich über Glaubensdinge spreche.

Die Sonne geht schon unter, als ich mich wieder auf den Weg mache. Langsam muss ich mich nach einem Nachtlager umsehen! Ein Hohlweg lockt, dicht überwachsen – doch daneben steht ein riesiger, stinkender

Müllcontainer. Da finde ich linker Hand eine Feldscheune – das „Betreten verboten"-Schild übersehe ich geflissentlich – unter dem offenen Dach große Heurundballen – ideal! Zwischen zwei Ballen eine dicke Lage Heu – ich breite Matte und Schlafsack aus, esse noch eine der Aprikosen von den Italienern und schlafe gegen halb elf tief und fest.

52   Donnerstag, 23. Juni 2005

Bardigues – Lectoure   33 km

Kurz nach sechs wache ich auf, weil ein Bauer den Acker jenseits der Straße mit dem Traktor bearbeitet. Ich esse den Pfirsich der Italiener, lege den Käse auf ein Stück Brot, esse aber nur die Hälfte – dazu gibt's Wasser aus der Flasche. Ein Croissant wird verspeist, das andere kommt in die Beintasche der Hose, griffbereit. Als ich packe, kullert die letzte Aprikose unauffindbar zwischen die Heuballen – schade drum! Ich marschiere los, es ist fast halb sieben und schon recht warm. Nach fünf Kilometern erreiche ich Saint-Antoine. Die Kirche ist um halb acht leider noch verschlossen, doch das Portal ist so interessant wie es alt aussieht: mozarabischer Stil!

Ich komme an der Gîte vorbei, fülle am Hahn auf dem Hof meine Wasserflaschen und mache Morgentoilette, sehr zur Verwunderung dreier Französinnen, die sich nicht erinnern können, dass dieser Pilger hier übernachtet hätte. Weiter, wieder mal über einen Bergrücken nach Flamerens – Kirche und Burg eine einzige Baustelle: Ruine im Wiederaufbau. Jetzt geht's ein Stück die Straße entlang und da hat man liebevoll einen Fußweg angelegt, mit Bäumen bepflanzt; die Brückchen über die Bäche tragen alle die Jahreszahl 2004! Die Kirche in Miradoux gefällt mir – aber die in Castet-Arrouy noch besser. Am Rastplatz vor der Kirche sitzen Franzosen und haben gepicknickt – man lädt mich ein, den Rest vom kalten Huhn zu vertilgen und einen Becher Wein mit ihnen zu teilen.

Wieder fällt mir auf, dass man den Weg neu angelegt und hunderte von Büschen und Bäumen gepflanzt hat. Vor Lectoure hole ich ein französisches Ehepaar ein, das dort auch ihr Tagesziel hat – wir fotografieren uns gegenseitig vor einem leuchtenden Sonnenblumenfeld mit dem Ort und dem imposanten Kirchturm im Hintergrund. Runter ins Tal, und dann kommt eine endlose Steigung in die Stadt, vorbei am Friedhof, in der glühenden Sonne. Inge kommt mir in den Sinn, ich glaube, sie hat mal von dem langen Aufstieg nach Lectoure gesprochen. In die Kathedrale – ein Riesenbau, eindrucksvoll der Bischofsstuhl. In einem Fotogeschäft lasse ich wieder eine CD brennen und kaufe eine neue Tasche für meinen Fotoapparat – die alte geht aus dem Leim.

Vor Lectoure

Allmählich muss ich mich um ein Nachtquartier kümmern. Und jetzt geht es Schlag auf Schlag: Die Gîte communal, in die ich wollte, gibt es nicht mehr. Die Pilgerunterkunft beim Pfarrer ist voll, auch die Nonnen können niemanden mehr aufnehmen. Im „miam-miam-dodo" ist ein Privatquartier in der Unterstadt bei Madame Vetter ausgewiesen. Auf dem herrlichen Platz mit der grandiosen Aussicht über das Tal trinke ich noch ein französisches Dünnbier und dann mache ich mich auf den Weg – nicht ohne meine Stöcke zu vergessen – ein netter älterer Herr ruft mir nach. Ich steige den Berg hinab, an der Dianaquelle vorbei – angeblich einem Brunnen aus der Römerzeit – finde die Adresse, freue mich über den schattigen Garten, der zu dem Haus gehört, und klingle frohgemut. Nach endlosem Warten höre ich eine alte Frau rufen; „J'arrive!" Madame ist sicher weit über achtzig und macht mir klar, dass sie schon seit langer Zeit keine Pilger mehr beherbergt. Doch die Straße hinab sei ein Hotel. Es ist unerträglich heiß und schwül, auch jetzt noch um halb fünf, und ich habe keine Lust, bei dem drohenden Gewitter draußen zu schlafen oder die neun Kilometer bis Marsolan zu laufen, wo die nächste Herberge wäre.

Also die fast zwei Kilometer zum „Relais de Saint-Jacques", direkt am Weg und das ist ein Glücksgriff. 36,00 € zahle ich für das Einzelzimmer mit Halbpension. Superluxusdusche, und als ich herunterkomme an die Bar, sitzen da zwei der Frauen aus der Gîte von Sainte-Antoine. Die ältere heißt Christine und ist meiner Schätzung nach so um die vierzig. Leider gibt es Bier nur in Viertelliterflaschen und so staunen die beiden, wie schnell das dünne Gesöff bei mir verschwindet. Das dritte spendiert mir ein durchreisender Vertreter, der etwas Deutsch spricht: Als Soldat war er im Schwarzwald stationiert. Beim Abendessen sind es dann vier Französinnen und ein Franzose, und bei gutem Essen und natürlich Wein wird es noch sehr lustig. Die Mädchen wollen morgen früh den Abstecher über La Romieu machen, ich möchte schnurstracks nach Condom. Christine ist so nett und reserviert telefonisch für mich in der Gîte equestre in Le Hau, einen Kilometer davor. Beim Gute-Nacht-Sagen nehmen wir Abschied: Man wird sich wohl nicht wieder sehen.

53 Freitag, 24. Juni 2005

Lectoure – Condom   26 km – „Ruhetag"

Ab viertel nach fünf kann ich nicht mehr schlafen, wälze mich nur noch. So stehe ich auf, packe und bin um fünf vor sechs beim Frühstück, das schon am Abend vorher vorbereitet war – nur den Kaffee muss man der Maschine in der Küche noch entlocken. Um viertel nach sechs bin ich wieder auf dem Chemin. Eigentlich dachte ich, ich sei der Erste auf der Strecke, doch nach einigen Minuten komme ich zu einer Familie, die rastend am Wegesrand sitzt: Eltern, Tochter und wohl deren Freundin – die Mädchen dürften so um die sechzehn sein und haben wunderschöne Singstimmen. So lerne ich, als ich ein Stück mit ihnen laufe, endlich die Melodie des „Ultreia"-Liedes! Irgendwann geht es mir doch zu langsam und ich ziehe davon.

Ein riesiges Sonnenblumenfeld, und dahinter im Morgendunst schattenhaft eine Bergkette wie die Alpen zuhause in Hiltenfingen – das sind die Pyrenäen! Mein Gott, was habe ich schon alles geschafft! Rund gerechnet zwei Drittel des Weges! Fröhlich das Ultreia-Lied vor mich hinpfeifend und den Refrain singend schreite ich aus. Um viertel vor acht bin ich schon in Marsolan. Das ganze Dorf wird umgebaut und auch in die Kirche kommt man nicht – schade, sieht vielversprechend aus. Jetzt ist es gleich acht Uhr, Zeit für meinen Anruf nach Hause – und ich hab kein Netz! Schnell runter ins Tal und gegenüber den Berg hochgehetzt – hurra, es klappt! Zwar wird, da ich im Gehen telefoniere, das Gespräch zweimal unterbrochen, doch es tut gut, mit Silvia zu sprechen.

Bald bin ich an der Abzweigung nach La Romieu – soll ich? Doch ich ziehe den direkten, kürzeren Weg vor. Noch ein Kreuzgang? Nein, ich möchte das Erlebnis Moissac nicht übertünchen. Also weiter! Es ist drückend schwül geworden und jetzt ist es gut, dass die neue Fototasche am Bauchgurt des Rucksacks hängt: So kann ich den Brustgurt offen lassen und das Hemd weit öffnen. Schöner Weg durchs Tal, doch leider nur wenig Schatten: Ich bin schweißgebadet und mein Kopf ist bestimmt prall und rot wie eine Tomate. Endlich die Chapelle Sainte-Germaine. Ein Kleinod aus dem 13. Jahrhundert und eine Wohltat an gelungener, schlichter Restaurierung. Und am Pilgerbuch sehe ich, dass die Falkenbergs heute schon da waren – sicher nicht früher als vor ein, zwei Stunden! Sollen sie ruhig vorgehen – ich gehe heute nur bis Condom – mein Körper braucht Erholung, trotz des faulen halben Tags vorgestern in La Barrale.

Weiter auf halbwegs schattiger Piste. Ein kleiner See würde zum Baden einladen, wäre das Wasser nicht so trüb – und gegen halb zwölf sehe ich schon die Gîte links überm Tal. Eigentlich ein Reiterhof in einem alten, recht heruntergekommenen Château. Um zwölf bin ich in der Gîte – na ja, da hab ich schon Besseres gesehen! Ich rufe und suche jemanden, der mir ein Bett zuweist, endlich kommt eine Frau, die behauptet, nicht zur Gîte zu gehören, mich aber trotzdem in den Schlafsaal führt. Nachher käme noch jemand, um acht gäbe es Abendessen. Ich dusche erst einmal ausgiebig und wasche Klamotten – auch das Seersuckerhemd, das ich immer am Abend anziehe: Man muss es nicht bügeln und es sieht dennoch gut aus. Morgen werde ich beide Baumwoll-T-Shirts nach Hause schicken – zum Marschieren trage ich nur noch das Funktionshemd, das ich in Sauges gekauft habe. Ich hänge die Wäsche auf einen Trockenständer auf der Terrasse, schreibe noch ein bisschen Tagebuch und dann gehe ich in die Stadt.

Die Kathedrale ist gewaltig – besonders die filigrane, steinerne Chorgestühlumfassung fasziniert mich. Hier möchte man Atem schöpfen – doch leider stimmt ein Jugendorchester lautstark und misstönend endlos die Instrumente – nach einem kurzen Rundgang flüchte ich. Immer öfter kommt mir der Gedanke: all diese herrlichen Orte mit Silvia abfahren, sich Zeit nehmen, genießen. Und vor allem: sich vorher kulturell und kunstgeschichtlich informieren. „Le cloître" besteht aus einem Kreuzgang, in dem gerade eine Festivität vorbereitet wird – dennoch sind die buntbemalten Schlusssteine der Kreuzgewölbe einen Blick wert. Ich gehe einen Kaffee trinken, finde ein Sportgeschäft und kaufe eine Trekkinghose (Größe 48!

Und ich dachte erst, das sei der Preis!): Jetzt kann ich die viel zu weit gewordenen Jeans auch mit zurückschicken. Ich schreibe noch Postkarten, gehe in einen Supermarkt und kaufe Vorräte für die nächsten Etappen.

Dann mache ich mich auf den Heimweg und gerate in einen wolkenbruchartigen Gewitterregen, der mich bis auf die Haut durchnässt, ehe ich einen Hauseingang zum Unterstellen erreichen kann. Nur gut, dass ich vorhin die neue Hose gleich angelassen und die Jeans in einen Plastikbeutel verpackt habe! Da hab ich nachher noch trockene Kleidung, denn meine Wäsche auf dem Trockenständer ist jetzt sicher auch noch mal gespült worden! So patsche ich halbwegs beruhigt zurück zur Gîte, amüsiere mich über die lauwarmen Fluten, die vorne zu meinen Sandalen rein und hinten wieder raus laufen. Als ich die Treppe zur Unterkunft hochsteige, hat der Regen aufgehört, sogar die Sonne bricht wieder durch. Hoffnungsvoll ziehe ich mich um, wringe die nassen Kleider aus und hänge alles noch mal zum Trocknen auf.

Ich werde hier im Pilgerlager der Einzige bleiben, doch jetzt am Abend belebt sich das alte Château. Ein Dutzend Damen, bewaffnet mit Pinsel, Leinwand und Staffelei trudelt ein, schwatzend, augenscheinlich ein Malkurs. Ich werde auch meine 26,00 € für Halbpension los und gegen acht Uhr gibt es dann Abendessen im „schönen" Teil des Châteaus: vorzüglich! Die Malerinnen und ihr englischer Lehrer verwöhnen mich rührend, fragen mich über meinen Weg aus – die meisten verstehen Englisch. Doch kurz vor zehn fallen mir die Augen zu – nicht zuletzt vom Wein – und ich verabschiede mich.

54 Samstag, 25. Juni 2005
Condom – Escoubet   34 km

In der Nacht hat es noch einmal gewittert und geregnet – ich bin froh, dass ich am Abend noch die Wäsche auf dem Trockenständer in den Vorraum unter Dach gebracht habe. So sind die Kleider zwar noch klamm, als ich gegen halb sechs aufstehe, aber nicht mehr nass. Das, was ich heute zurückschicken möchte, ist trocken. Trekkinghose und Hemd sind noch feucht, doch ich weiß aus Erfahrung, dass sie am Körper sehr schnell trocknen. Das nächste Postamt hinter Condom ist siebzehn Kilometer weiter in Montréal-du-Gers und man hat mir gesagt, dass die Post um zwölf schließt – also ist Eile geboten. Ich packe – woher kommen nur die vielen Miniameisen, die in und auf meinem Rucksack rumkrabbeln? Und woher kommen die scheußlich juckenden Bisse, die ich am ganzen Körper habe? Ich dusche, klopfe gründlich Schlafsack und Kleidung aus: sieh da – Flöhe! Nun ja, ich hoffe, ich habe sie los. Frühstück: Ich darf es mir in der Küche selber zusammenstellen, habe sogar die Erlaubnis, an den Kühlschrank zu gehen, und so gibt es den ungewohnten Luxus von Schinkenbaguette.

Als ich loslaufe, fängt es an, leicht zu regnen – ich begnüge mich mit dem Schirm, doch nach wenigen hundert Metern kann ich ihn wieder wegstecken. Ich wollte eigentlich in die Jakobskirche, doch die ist so früh noch geschlossen.

Jetzt lege ich einen Zahn zu: Will ich meinen Ballast heute in Montreal noch loswerden, muss ich einen guten Schnitt hinlegen. Nach Larresingle die ersten Wanderer, zwei stämmige Französinnen, an denen ich fast im Laufschritt vorbeihetze. Kurzer Halt an der Pont d'Antigues, dann bin ich auch schon in der Kirche von Routgès, ein schöner kleiner Bau. Gut, einen Augenblick zu verschnaufen! Eintrag ins Pilgerbuch – heute war von mir noch keiner da – Wasserflaschen auffüllen, kurz Gesicht waschen – und weiter!

Und dann bin ich plötzlich in Montréal – nach nicht einmal drei Stunden für etwa 18 Kilometer! Wahnsinn! Im Touristbüro lasse ich mir meinen Pilgerpass abstempeln und die Post zeigen: 1355 Gramm gehen nach Hause – ich glaube, langsam wiege ich mit Rucksack wirklich weniger als vorher ohne! Die Kirche enttäuscht – keine Atmosphäre. Doch an dem großen Platz eine Bar: eine große Pression für mich! Da sitzt am Nebentisch eine Deutsche: Elisabeth aus Regensburg, auch eine von denen, die schon länger in den Pilgerbucheinträgen vor mir hergeistern, und auch eine, die Bekanntschaft mit Gerhard gemacht hat.

Im Laden nebenan kaufe ich noch ein und mache mich wieder auf den Weg. Durchs Tor, hinab ins Tal: Die römische Villa bei Séviac ist mir den Abstecher wert und ich folge der Markierung dorthin. Doch vor dem Sightseeing kommt erst einmal Picknick auf der Bank vor der Kasse. Die Ausgrabungen und ihre Geschichte beeindrucken mich tief, die Hypocaustenheizungen, die Großzügigkeit der Anlage und vor allem die herrlichen Mosaikfußböden. Es ist noch früh am Tag und ich verwerfe die Idee, heute in die Herberge hier im Ausgrabungsgelände zu gehen – ein bisschen mehr muss es schon sein!

Ich finde die Markierung zurück auf den Jakobsweg nicht. Also wandere ich zurück nach Montreal und von dort aus weiter. Jetzt wird es richtig heiß, doch glücklicherweise laufe ich meist im Schatten. Der Weg landet auf einer alten Bahntrasse, angenehmes Laufen auf dem Kiesweg. Dann wieder über Felder, an Pumpstationen vorbei und kilometerlangen Rohren: Feldbewässerung – und die ist irgendwann mal nicht so auf den Meter genau eingestellt: Die Dusche erfrischt, nur brauche ich lang, um den klebrigen Lehm wieder von den Stiefeln zu kriegen. An Bauernhöfen vorbei, wieder auf die herrlich schattige Bahntrasse. Mein linker Fuß und das Knie haben mir den Gewaltmarsch heute früh augenscheinlich übel genommen und fangen an, höllisch zu schmerzen – da hilft auch nicht, dass ich die Stiefel aus- und die Sandalen angezogen habe. Die Sandalen sind auf hartem Boden einfach angenehmer. Es wird immer schlimmer und so beschließe ich, das „Centre d'hérbergement-vacances Domaine du Possible" anzulaufen, das einige Kilometer vor Eauze liegt.

Unten im Tal ein Bau, der frappierend an ein Freizeitheim deutscher Prägung erinnert – aber leer bis auf ein junges Mädchen, das sich hinter einer Panoramaglasscheibe auf einem Liegestuhl räkelt. Ich steige den Weg hoch zu den Hauptgebäuden, reges Leben, in einem Saal wird Rock'n Roll getanzt. Ich darf in dem unteren Gebäude einziehen, habe es ganz für mich allein: Oben ist alles von einem Tanzclub belegt, der hier über das Wochenende trainiert und feiert. Duschen, linkes Bein und Fuß mit schmerzstillender Salbe versorgen, Wäsche waschen – auch das klamme Zeug von gestern noch einmal – und dann hänge ich alles fein säuberlich auf die Leine, die über dem Zaun zur leeren Pferdekoppel hängt. In der brennenden Sonne und bei dem leichten Wind wird es sicher bis zum Abend trocken. Auch den Daunenschlafsack drehe ich um und lüfte ihn aus, den Seidenschlafsack wasche ich – so werde ich auch den letzten Floh los, der sich drin versteckt hat. Der Rucksack wird ausgepackt und so gut wie möglich von den Ameisen befreit. Dummerweise breche ich den Schraubverschluss der Waschmitteltube ab, die ich erst gestern gekauft habe – mir bleibt nichts anderes übrig, als die Tube im Waschraum zu „vergessen".

Ich gehe wieder hoch ins Haupthaus und hole mir aus dem „Pilgerkühlschrank" ein Bier – der übliche dünne französische Viertelliter – und sehe dem bunten Treiben der Tänzer zu: Es wird eifrig getanzt, einige verziehen sich paarweise ins Gebüsch, ein paar Bikinischönheiten sonnen sich, ein netter Anblick – schließlich bin ich schon 53 Tage unterwegs.

Das Abendessen ist mäßig. Mangels Wein trinke ich noch drei Bierchen, telefoniere noch lange mit Silvia, hole meine trockene Wäsche von der Leine, packe vor und bin gegen halb zehn im Bett.

Sonntag, 26. Juni 2005   **55**

Escoubet – Lanne-Soubiran   36 km

Bis früh um fünf war oben high life – immer wieder bin ich aufgewacht. Dann verschlafen – erst um halb sechs aus den Federn. Duschen, fertig packen, rauf ins Hauptgebäude, frühstücken. Um halb sieben bin ich wieder auf der alten Bahntrasse, die bis Eauze den Weg darstellt. Zwei einsame morgendliche Spaziergänger kommen mir entgegen, ein Jogger, und da biegen so hundert Meter vor mir zwei Wanderer aus dem Zugang zum Campingplatz auf den Chemin. Erst will ich es nicht wahrhaben, doch als ich sie eingeholt habe, gibt es keinen Zweifel mehr und ein großes Hallo: Falkenbergs! Gemeinsam laufen wir die paar Schritte nach Eauze hinein, Kirche ist zu, doch der Bäcker hat schon offen. Brot gekauft und beim Metzger nebenan gekochen Schinken und eine kleine Pastete. Ein kleines Gewitter kommt auf, dauert aber nicht lange, und als ich den Regenschirm wieder verstaut habe, hole ich auch gleich die Falkenbergs wieder ein. Sie wollen, so wie ich, heute nach Lanne-Soubiran und so bleiben wir zusammen. Wir finden die Kirche Sainte-Christine im Wald, auch der Schlüssel ist da versteckt, wo es im Führer steht: Ein schöner Ort für eine kleine Andacht!

Weiter nach Nogaro – der Himmel reißt auf, und es wird schwülheiß. Nogaro ist uninteressant, der Lärm von der Rennstrecke nervt, und so folgen wir dem markierten Weg, der den Ortskern umgeht und machen am anderen Ende der Stadt auf einer Wiese Picknick. Wir schlafen ein bisschen – können uns Zeit lassen, denn wir haben telefonisch reserviert. Gegen halb drei, in der größten Hitze, raffen wir uns auf und wandern weiter. Bald sind unsere Wasserflaschen nahezu leer und so kommt es zu der Slapstick-Komödie von den schmelzenden Hunden.

147

Endlich kommen wir – erhitzt und erschöpft – in die Gîte von Lanne-Soubiran. Ein alter Bauernhof, der Stall ist jetzt die Gîte. Ein großer Esstisch steht auf dem Hof, drei Liegestühle, ein kleiner Hund begrüßt uns

Die schmelzenden Hunde

Wir kommen auf ein Haus zu, vor dem eine Frau gerade ihr Auto belädt. Offensichtlich eine Vietnamesin, oder zumindest zur Hälfte. Mary hält ihr die beiden Wasserflaschen entgegen und bittet um kaltes Wasser. Die Frau sieht sie abweisend an: „Unser Wasser ist nicht kalt!" Mittlerweile ist der Familienhund aufgetaucht und bellt Mary und mich pflichtbewusst an. „Macht nichts, wenn das Wasser warm ist!", meint Mary und die Frau verschwindet mit den Flaschen im Haus.

Der Hund blafft, beruhigt sich aber, als ich sanft auf ihn einrede. Kaum höre ich auf zu sprechen, fängt er wieder an. Ich rede auf ihn ein und er verstummt. Das ganze drei, vier Mal.

Die Frau kommt zurück, drückt Mary wortlos die gefüllten Wasserflaschen und einen Plastikbeutel in die Hand und wendet sich wieder ihrem Auto zu.

In dem Plastikbeutel ist Eis – geformt wie kleine Hunde. Wir holen einige raus: Durch den weiten Hals meiner Blechflasche gehen die beiden kleinsten, die Öffnung der Plastikflaschen, die Falkenbergs haben, ist entschieden zu klein. Also wird Mary die Hunde in der Hand tragen, bis sie so weit geschmolzen sind, dass sie in die Flaschen hineinflutschen.

Nach einigen hundert Metern in der Hitze ist es so weit. Ich nehme zwei der Hunde und zwänge einen in Marys Flasche, die sie noch am Rucksack trägt, gieße Schmelzwasser nach. Dabei hüpft mir der zweite aus der Hand.

Peter hebt ihn auf und steckt ihn in den Mund: so wird er sauber und schmilzt schneller. Ich öffne seine Flasche am Rucksack und bringe tatsächlich zwei der Hunde hinein. Er will mir den aus seinem Mund geben, der fällt herunter, Piet bückt sich, um ihn aufzuheben – und da läuft ihm das ganze Wasser aus der Flasche....

Dick und Doof hätten sich auch nicht dümmer angestellt als wir....

und will spielen. Mary ruft: „Da ist ja Sabine!" Und jetzt stellen wir fest: Das Haus ist proppenvoll! Der Schlafsaal ist unterm Dach untergebracht, sehr schön, doch glühendheiß – das kann eine heitere Nacht werden. Wir lernen eine Hebamme aus dem Raum Paris kennen und Sylvie, eine Lehrerin aus Mont-St-Michel in der Normandie. Nett, wie sie sich freut, als ich sage: „Ach da, wo die moutons presalés herkommen!"

Sabine aus Dresden erzählt, dass ihr gestern am ersten Bahndammabschnitt ein Exhibitionist aufgelauert habe und beschreibt den Mann. „Den haben wir auch gesehen!", meint Piet, „der hat sich verzogen, als er gesehen hat, dass wir zu zweit waren!" Und auch ich meine, mich an einen Mann dort zu erinnern, auf den Sabines Beschreibung passt, und der sich in die Büsche verzog, als er mich als Mann erkannt hat. Sabine ist recht geschockt, doch wir sind uns alle einig, dass so etwas auf dem Jakobsweg die absolute Ausnahme ist.

Piet hat sich des Hündchens erbarmt, das unbedingt Stöckchenwerfen spielen will – und jetzt kriegt er es nicht mehr los! Endlich erlöst ihn Pierre, der Wirt, und sperrt den Kleinen weg – schließlich wollen wir essen! Das Essen ist sehr gut, und da Pierre drei Flaschen Wein auf den Tisch stellt, werden wir sehr vergnügt! Als es Schlafenszeit ist, beschließe ich, nicht im stickigen Schlafsaal zu nächtigen. Ich stelle mir draußen einen der Liegestühle flach, rolle darauf meine Isomatte aus und schlüpfe in den großen Schlafsack. Ich glaube, so gut wie ich haben die da drinnen alle nicht geschlafen!

56

Lanne-Soubiran – Latrille   33 km

Wir brechen als letzte auf – halb acht: viel zu spät für meinen Geschmack. Ein Besuch in der hiesigen Kirche – da sitzt eine Französin und singt wie ein Engel – besser als jede Morgenandacht! Wieder auf den Weg, und erst einmal geht es in einen Wald, mittendrin eine Schutzhütte, und ich denke mir: Wenn ich alleine gewesen wäre, hätte ich heute Nacht wahrscheinlich hier geschlafen. Gestern Abend haben wir in Lannux, etwas abseits vom Chemin, angerufen: In Latrille wird man uns abholen und wir hoffen, zwischen vier und fünf dort zu sein.

Der Tag wird grausam. Es ist wieder einmal drückend heiß und schwül, und als sich die Wolken verziehen und die Sonne brennt, wird es fast unerträglich. Wir sind dem wortreichen Rat eines urigen Bauern gefolgt und kürzen über die Landstraße ab, doch das bedeutet lange Kilometer über glühheißen Asphalt bis Aire-sur-l'Adour. Wir sind schlechter Laune und müssen einkaufen, doch es ist fast Mittag und die Geschäfte sind geschlossen. Endlich können wenigstens Piet und ich Geld holen; Mary lässt ihre Sonnenbrille reparieren. Die Kathedrale mitten im Ort ist sehr schön, besonders die Petrusstatue hat es mir angetan. Der Sarkophag der heiligen Quitteria allein ist den Besuch wert – Falkenbergs amüsieren sich königlich, dass ich sie „die heilige Quitte" nenne, denn noch bin ich ziemlich sauer. Wir entschließen uns in Ermangelung eines Parks mit Bänken einfach vor dem Eingang zur Kathedrale zu picknicken. Und wie wir uns gerade so einrichten, wer kommt? Sabine! Sie ist ja vor uns aufgebrochen, macht heute eine etwas kürzere Etappe und hat sich hier in einem Hotel einquartiert. Kaum haben wir uns begrüßt, kommt Pierre, ein ellenlanger junger Franzose, der uns gestern schon einmal begegnet ist und uns beeindruckt hat: Er läuft ohne Karte und ohne Führer und findet doch seinen Weg. Heute Nacht hat er in der Schutzhütte im Wald geschlafen, die mich so angesprochen hat. Da trifft es sich gut, dass wir heute früh in der Gîte die dritte Flasche Wein von gestern Abend kurzerhand in meine Aluflasche umgefüllt haben und dass ich einen Trinkbecher dabei habe! Der Wein ist schnell vertilgt und auch meine Laune bessert sich.

Weiter, endlos durch die Stadt. Die Kirche der „heiligen Quitte" reizt uns nicht. Wir sind schon wieder schweißgebadet und froh, dass wir am

Picknick
vor der
Kathedrale

Ortsausgang ein nettes Gartenrestaurant finden, in dem wir einen Kaffee trinken und vor allem die Toilette besuchen können – übrigens ein originelles Örtchen, künstlerisch ausgestaltet und mit einem gefüllten Bücherregal bestückt.

Wir kommen aufs Land: asphaltierte Feldwege, Maisfelder, Bohnen, Maisfelder – wir sind ziemlich fertig und mein Knie schmerzt höllisch bei jedem Schritt! Am liebsten würde ich mich in den Straßengraben setzen und aufgeben, doch ich will mir vor Falkenbergs keine Blöße geben. Wir retten uns mit Liedern über die Runden, das unsterbliche Dauerlied vom wandernden Elefanten, das mich schon als Kind über lange Wanderungen gebracht hat, zwischendurch kommandiere ich wie beim Bund Marsch und Schwenkungen – so vergeht wenigstens die Zeit und ich vergesse minutenlang meine Schmerzen.

Endlich eine Pinien- und Pappelplantage: Da hinten ist Latrille!

Neben der Kirche ein kleines Gebäude ohne Tür, eher wie ein Bushäuschen: der Accueil de Pèlerins. Wir stempeln unsere Pilgerpässe, tragen uns in das Buch ein, rufen in Lannux an und gegen fünf Uhr kommt Madame Gasking angefahren. Lesley ist eine reizende Engländerin mit sehr netten Kindern – und die Gîte ist ein Traum! Doppelzimmer, luxuriöse Dusche, Bettwäsche und Handtücher! Dazu ein großer Aufenthaltsraum mit Küche, Terrasse auf den Rasen hinaus – dahinter ein Feld, das an unsere Hopfenfelder erinnert mit den hohen Stangen und Rankdrähten: Kiwis.

Als wir uns frisch gemacht haben, zeigt Lesley uns, was sie hauptberuflich macht: Kirchenfenster. Von ihrem Vater hat sie die originale, jahrhundertealte Technik der Bleiverglasung gelernt – nicht zu verwechseln mit der „billigen" Tiffany-Technik. Und so restauriert sie Kirchenfenster und schafft neue – Wunderbares hat sie in Arbeit und in ihrem Hof eingebaut. Wir essen mit ihrem Sohn, der morgen Prüfung in der Schule hat, ihrer Tochter und deren Freundin eine wunderbare Lasagne, bei der mir gar nicht auffällt, dass sie vegetarisch ist. Ich beschließe, einen Rasttag einzulegen – so gut und auch so preiswert (HP 25,00 €) werde ich's kaum woanders kriegen.

Falkenbergs werden sich morgen früh wieder auf den Chemin fahren lassen.

57 Dienstag, 28. Juni 2005
Lannux   Ruhetag

Morgens nach dem Frühstück herzlicher Abschied von Falkenbergs. Lesley bringt mir den Rest Lasagne von gestern, die ich kalt vertilge – genau so gut wie gestern! Ich bin faul, wasche Wäsche, nähe meinen Rucksack, an dem eine Naht an der Deckeltasche aufgegangen ist, schreibe Tagebuch, telefoniere mit Silvia, putze die ganze Gîte und lese Woody Allen auf englisch. Und den ganzen Tag höre ich das Hämmern aus Lesleys Werkstatt. Im Hof steht ein Schleifstein: Ich fülle Wasser in das Becken und schärfe meine Messer – die waren grad noch gut, um weiche Butter zu schneiden.

Am Abend wieder Essen mit Lesley und ihrer Familie, hinterher noch ein Gläschen Wein mit ihr, bei dem sie mir von ihrer gescheiterten Ehe erzählt und von ihren Kindern. Ich helfe ihr bei einer kleinen Reparatur am Fenstersturz des Küchenfensters. Eigentlich möchte ich noch länger bleiben.

Im Übrigen hat mein Schrittzähler den Geist aufgegeben.

Als viertel nach fünf der Handy-Wecker dudelt, bin ich schon wach. Ich habe gestern schon gepackt, bin eigentlich fertig, doch erst noch einen Kaffee trinken, Tee aufbrühen und in die Aluflasche füllen. Fünf vor sechs kommt Lesley mit ihrer Teetasse und wir bewundern beide den herrlichen Sonnenaufgang. Ich sage: „The first time since I left home, that my feet are not itching to walk!" Sie amüsiert sich über diesen Ausdruck, doch ich habe auch das Gefühl, als wäre es ihr sehr recht, wenn ich noch etwas bliebe – und das nicht nur wegen der 25,00 € am Tag. Um halb sieben hat sie mich nach Latrille gebracht und wir verabschieden uns mit einer festen Umarmung und Küsschen.

Ich stiefle los und bin bald in Miramont. Die Kirche hat Atmosphäre und ich halte eine stille Morgenandacht, danke für den herrlichen Ruhetag und bitte um Kraft für den weiteren Weg: Es sind keine tausend Kilometer mehr – ich werde gleich an einem Schild vorbeikommen, das sagt, nach Santiago seien es nur mehr 956! Ich blättere ein bisschen im Pilgerbuch: Ein paar Seiten zurück hat einer den Satz aus Janis Joplins „Me and Bobby McGee" reingeschrieben: „Freedom's just another word for nothing left to loose!" Und das führt dazu, dass ich die nächsten Stunden Janis Joplin singe. Hauptsächlich „Oh Lord, won't you buy me a Mercedes Benz ..."

Durchs Dorf – am Brunnen sitzen drei Wanderinnen, eine davon mit fuchsrot gefärbtem Haar, die recht befremdet meinen fröhlichen Gruß erwidern. Am Ortseingang überhole ich noch eine kleine Gruppe Franzosen, zwei Frauen und einen Mann, und die grüßen freundlich zurück. Der Himmel ist bedeckt, eine frische Brise weht, es ist fast kühl – ideales Wetter zum Wandern. Ich komme an die fast tausendjährige Église de Sensacq. Die Kirche ist in bejammernswertem Zustand: aus der Nord- und der Ostseite fallen ganze Quader! Doch das große Ganzkörpertaufbecken ist schlicht und beeindruckend und im Innenraum spüre ich eine ganz besondere Stimmung.

Weiter über Feldwege und durch den Wald – und da taucht jenseits des Tales Pimbo auf: eine Bastide, also ein Wehrdorf, und richtig trutzig thront es auf dem Hügel. Ich komme auf den baumbestandenen Platz vor der Kirche. Vor der Gîte, die gleichzeitig als Accueil de Pèlerins und als

Fremdenverkehrs-Info dient, stehen ein paar Tische, um die schon fröhliches Wandervolk sitzt. Als ich vor der netten Chefin meinen Pilgerpass ausbreite, um ihn abstempeln zu lassen, erzählt sie ganz aufgeregt den anderen Pilgern, dass ich tatsächlich toute la route de l'Allemagne hierher gewandert sei: allgemeines Staunen! Als ich später in der Kirche sitze – der Chor hat eine wunderbare harmonische Wirkung, doch die Schiffe sind wie angestückelt –, kommt sie leise und drückt mir einen Prospekt über die alte Abtei in die Hand. Der Klostergarten ist bezaubernd, mit buchsumwachsenen Kräuter- und Blumenbeeten, auf der Mauer sonnt sich eine Eidechse – ich kann mich fast nicht losreißen.

Ich trinke noch einen Kaffee vor dem Pilgerbüro, als die drei Wanderinnen aus Miramont auftauchen: Regensburgerinnen, die sich heute den zweiten Tag auf dem Jakobsweg versuchen. Wir fachsimpeln noch ein bisschen und dann „stiefle" ich (in Sandalen) den Berg hinab. Die Straße macht einen weiten Bogen ins Tal – ich kürze ab und balanciere bei einer Mühle auf einem Brett über den Bach, misstrauisch beäugt von zwei Ziegen und dem Hofhund und eifrig beschnattert von einigen Enten. Es folgt Asphaltlatscherei, unschön, aber bei dem frischen Wetter geht's flott. Mein Knie macht mir heute keine Sorgen mehr – der Ruhetag gestern war doch richtig!

Bergauf – und dann bin ich in Arzacq-Arraziguet. Am Ortseingang ein Schild: Rechts geht's zur Schinken- und Wurstfabrik! Ich denke an meine Vorräte und bekomme, wie es angekündigt war, als Rucksackträger wirklich 30% Rabatt auf die Hartwurst und die Kuttelpasteten – beides sehr gut! Im Ort kaufe ich noch ein Brot, das mir der freundliche Bäcker auf meinem Rucksack festschnallt. Er erklärt mir den kürzesten Weg zurück auf den Chemin und ich lande an den Bänken unten am Stausee – ideal zum Picknick machen! Zum Nachtisch gibt's unterwegs Mirabellen und Blutpflaumen direkt vom Baum. Ich habe mir überlegt, schwimmen zu gehen, doch einerseits ist es recht frisch und andererseits sieht das Wasser nicht besonders sauber aus. Bergauf, bergab, eine lange Wanderung auf einem Hügelgrat – leider keine Aussicht: Eigentlich müsste ich die Pyrenäen schon ganz deutlich vor mir haben! Am Ortseingang von Larreule mache ich Pause am alten Waschplatz – hätte ich gewusst, dass es unterhalb der Kirche einen liebevoll eingerichteten Rastplatz mit Wasserhahn gibt, wäre ich die paar Meter weitergelaufen!

Durch den Ort, über die Brücke – und jetzt ist es sehr warm geworden. Ich komme nach Uzan, wo ich eigentlich übernachten wollte – bloß wo ist die Gîte? Als ich erfolglos den Ort durchquert habe, beschließe ich, weiterzulaufen bis Pomps, wo ich die nächste weiß. Die Sonne brennt, über die Zäune einiger Einfamilienhäuser fällt mein Blick auf Swimmingpools, manche sogar mit recht hübschen Bikinis drin – worüber hat sich Piet vorgestern so amüsiert? Bei irgendeiner Gelegenheit hatte ich den „Faust" etwas abgewandelt: „Mit fünfundfünfzig Tagen Jakobsweg im Leibe, da siehst du Helena in jedem Weibe!" Ich gebe zu, ich hätte nichts dagegen, wenn mich eine der Schönheiten jetzt in ihren Swimmingpool einlüde – aber schließlich bin ich auf Pilgerfahrt und nicht auf Lustreise!

Endlich bin ich in Pomps. Wie der Wanderführer angibt, kann ich mich im örtlichen Kramladen in die Gîte communal anmelden – gleich nebenan hinter der Sporthalle. Ich komme rein – und wer erwartet mich da? Sabine und Geneviève, die Hebamme! Freudiges Wiedersehen! Ich kaufe noch ein – unter anderem ein Pfund Kaffee, denn die Küche ist wirklich mager ausgestattet, und dann kochen wir gemeinsam. Wir tun uns an Nudeln, Wein und Bier gütlich, speisen im Freien und amüsieren uns königlich über einen Hund, der hartnäckig seine Angebetete verfolgt, die aber sichtlich abgeneigt ist. Die beiden hetzen kreuz und quer, dann kommt die Hündin zu uns, betteln, aber blitzschnell ist der Rüde wieder da, bedrängt sie und das Spiel geht von vorne los. Sabine kann es kaum fassen, dass er nicht merkt, dass er keine Chancen hat und Geneviève meint dazu trocken: „Voilà: un homme!"

Ich lasse die beiden im einzigen Zimmer im Haupthaus schlafen – Sabine steckt anscheinend noch immer ihr Erlebnis mit dem Exhibitionisten in den Knochen, – und verziehe mich in den Baucontainer. Das hat auch den Vorteil, dass ich da Fenster und Türen aufreißen kann, ohne dass jemand über Zug klagt.

Donnerstag, 30. Juni 2005

Pomps – Sauvelade   30 km   **59**

Um viertel nach fünf bin ich auf und stelle fest, dass in meinem Container kein Licht geht. Macht nichts, wofür hat man die Taschenlampe? Ich packe und mache für uns drei Frühstück. Um halb sieben geht es dann endlich los. Die angebrochene Kaffeepackung nehme ich mit – kann ich sicher noch brauchen.

Keine Wolke am Himmel, im Schatten ist es noch frisch, doch die Sonne ist schon draußen und brennt. Bergauf nach Castillon: ein schönes Château und ein gewaltiges Kriegerdenkmal mit einer pompösen Sondertafel für einen Helden des Indochinakrieges – wir Deutschen vergessen gerne, dass unsere Nachbarn ja nach dem Weltkrieg noch weitere Kriege geführt haben. Wir nach 45 Geborenen wissen gar nicht zu schätzen, welchen Segen 60 Jahre Frieden für uns bedeuten!

Unter diesen Gedanken bin ich den Berg wieder hinab gekommen, es geht auf der stillen Landstraße über eine Brücke und ein stilles, schönes Wiesental entlang. Ich überhole einen alten Mann auf Krücken, der sich mühsam vorwärts schleppt, mir aber kraftvoll und fröhlich „Guten Morgen!" wünscht. Wo der bloß herkommt so am frühen Morgen? Die Chapelle de Coubin liegt schön am Hang vor dem Ort, ist liebevoll restauriert und das gotische Rittergrab ist faszinierend, auch wenn dem steinernen Ritter die Beine fehlen. Als ich die Kapelle verlasse, steht da Sabine, hat schon abgesattelt und sucht den Wasserhahn. Wieder einmal verabschieden wir uns.

Arthez-de-Béarn ist ein endloser Schlauch. Ich verkneife mir einen Kaffee: Die noch halbwegs erträglichen Temperaturen des Vormittags möchte ich ausnutzen, um vorwärts zu kommen. Der Ausblick vom Kirchplatz auf die Pyrenäen, den der Führer anpreist, fällt dem Dunst zum Opfer – nur die Raffinerien im Tal sind zu erahnen. Eine Gruppe Radfahrer aus Schwaben überlegt sich den Weg – wir kommen ins Gespräch und sie können es nicht fassen, dass man den Weg, den sie geradelt sind, auch zu Fuß machen kann.

Endlich draußen aus dem Ort bleibt der Weg auf dem Höhenkamm – leider noch immer kein Blick auf die Pyrenäen – und führt schließlich in den Hochwald. Dort fallen mir getarnte Unterstände auf mit Seilzügen hoch in die Wipfel – muss irgendwas mit Jagd zu tun haben, aber mir ist schleierhaft, wozu das dient. Hinab ins Tal durch glühheiße Wiesen und Felder – da tut die Dusche aus der Bewässerungsanlage richtig gut! Im Vorhof der Kirche von Argagnon mache ich kurz Brotzeit, dann geht's ein Stück die viel befahrene Nationalstraße entlang, im Sprint drüber weg, über Eisenbahn, Fluss und Autobahn, dann endlos bis hinein nach Maslacq. Ich habe gerade festgestellt, dass die Kirche, einen halben Kilometer vom Weg entfernt, den Abstecher nicht lohnt, da kommt mir schon wieder Sabine entgegen.

Wir beschließen, gemeinsam ein Glas zu trinken, bei mir werden zwei Mineralwasser, ein Kaffee und ein gewaltiges Schinkensandwich draus – die Wirtin, die es uns aus dem Fenster reicht, hat wohl Erfahrung mit hungrigen Wanderern. Ein motorisierter Krankenfahrstuhl mit deutschem Versicherungskennzeichen kommt angeknattert, ein altmodisches Ding, wie ich es aus meiner Kindheit kenne, vollgepackt, der Fahrer steigt ab und fragt uns, wo es was zu essen gibt. Wir zeigen ihm das Bistro, vor dem wir gesessen sind, und ich frage ihn, ob es möglich ist, dass er mich vor einigen Wochen in der Schweiz überholt habe. Das könne durchaus sein, meint er, er sei in Santiago gewesen und nun auf dem Rückweg. Da erzähle ich ihm, dass ich auf dem Weg dorthin sei und er meint: „Ich wollte das könnte ich auch! Sei froh, dass du zwei gesunde Beine hast!"

Weiter, ich gehe wieder voraus. Am Ortseingang vor einem Einfamilienhaus sind nett und liebevoll Erfrischungen „pour les pèlerins de St-Jacques" aufgebaut – fast schade, dass ich satt bin.

Bussarde kreisen über einer frisch gemähten Wiese fast auf Augenhöhe mit mir, riesige Vögel, zum Greifen nah. Und da ist der Fluss – ein Trampelpfad führt zum Ufer – nichts wie hin, raus aus Gepäck und Kleidern – halt: Unterhose wieder an, falls Sabine vorbeikommt: Ich will sie nicht schockieren! Eingetaucht – brrr, ist das kalt, kurz im Wasser liegen bleiben, sich ganz überspülen lassen, bis die Hitze aus dem Körper verschwunden ist. Raus, gar nicht erst abtrocknen, die Kleider über die nasse Unterhose: Das wird schon bald trocken sein und kühlt wenigstens! Und Kühlung habe ich jetzt nötig, denn jetzt kommt ein böser, langgezogener

Die Pyrenäen im Blick

Anstieg. Ein Wegweiser: Theoretisch könnte ich bis 17.30 Uhr in Navarrenx sein – doch die Vernunft siegt: Sauvelade, nicht weiter. Mit dem Abstecher zur Kirche in Maslacq sind das auch etwa 30 Kilometer – dass sollte genügen bei der Hitze!

Ich setze mich auf das gemauerte Geländer einer Brücke, ruhe mich kurz aus – und da kommt Sabine! Sie hat einen kleinen Abstecher zu Notre Dame de Muret gemacht, den ich mir auch überlegt, dann aber gelassen habe. Gemeinsam nun über wilde Trampelpfade und heißen Asphalt bis zur alten Abtei von Sauvelade. Der Wirt des örtlichen Bistros führt auch die Gîte – er will erst gar nicht wahrhaben, dass wir zwar gemeinsam anmarschieren, aber nicht in einem Zimmer schlafen wollen. Doch schließlich setzen wir uns durch. Die übliche Abendroutine: duschen (ich renne mir am niedrigen Türstock fast den Schädel ein), Wäsche waschen. Dann versuche ich vergeblich, in die Kirche zu kommen, doch in den Räumen der alten Abtei ist eine sehr schöne Ausstellung über die Geschichte des Gemäuers. Ein kurzer Gang hinunter zum Fluss, dann ist es Zeit zum Abendessen. Geneviève ist auch eingelaufen und ein junger Franzose namens Pascal – es wird ein netter und gemütlicher Abend.

60 Freitag, 1. Juli 2005

Sauvelade – Ferme Behoteguya   31 km

Frühstück gibt es erst um sieben – das wird also heute doch ein „kleiner" Tag. Ich verabschiede mich von Geneviève – Sabine meint, man sähe sich eh bald und geht schon vor. Ein paar hundert Meter auf, oder besser neben der Straße, dann geht es hinauf auf den Berg. Ein endloser Anstieg, der immer, wenn ich denke, ich hätte es geschafft, noch einmal weitergeht.

Die Kirche in Méritein ist nicht unbedingt sehenswert, doch die kurze Pause tat gut. Irgendwann habe ich auch Sabine eingeholt und gemeinsam marschieren wir nach Navarrenx. Ein schönes Städtchen mit einer ansprechenden, bunt ausgemalten Kirche. Sabine und ich trinken einen Kaffee und sie gibt eine Runde Croissants aus. Sie klagt über Entzündungen, da, wo Gürtel und Rucksackgurt aufliegen, und ich schenke ihr meine zweite, noch unangebrochene Tube Ringelblumensalbe.

Sabine will noch aufs Touristbureau, ich mache mich auf den Weg. Erstmal verlaufe ich mich, gehe an der Porte Saint-Antoine einfach vorbei, weil ich sie für eine Hofeinfahrt halte, und laufe im Kreis fast ganz um die Altstadt. Es geht hinab zum Fluss, über die große Brücke – jetzt da unten baden! – die Landstraße entlang – es ist heiß und die Sonne brennt! Hinauf nach Castetnau-Camblong, da kommt mir Sabine entgegen und meint, die Kirche lohne nicht, dass man hineingeht. Also marschiere ich durch, während sie noch Wasser holt. Jetzt geht's über Feldwege und in den Wald, über Bäche und wieder auf Teer – ziemlich im Zickzack, scheint mir. Wieder fallen mir diese seltsamen Baumhäuser und die Drahtzüge auf den Rieseneichen auf. Hinab ins Tal, über einen Fluss – und jetzt, behauptet der Führer, bin ich im Baskenland.

Ein Bauerndorf: Eine schmiedeeiserne Laube fällt mir auf, an der sich Wein und Rosen emporranken – und gegenüber ein liebevoll eingerichteter überdachter Rastplatz mit Sitzbänken, Tisch und Wasserhahn. Auch ein Pilgerbuch liegt auf: Falkenbergs waren anscheinend heute Morgen schon hier. Während ich picknicke, kommt ein Pony angetrabt und bettelt mir schamlos-charmant meine letzten Trockenfrüchte ab. Als Sabine kommt, muss auch sie ihm etwas geben.

Wir beschließen, gemeinsam zur Ferme Bohoteguia zu gehen. Erst einmal die Kirche von Lichos: Klein, nett, mit einer Bischofsbüste über dem Altar: Saint-Gent!? Während wir über den Berg wandern, erzählt Sabine von ihrer Arbeit in Dresden und spinnt den Gedanken aus, entlang des Jakobswegs in Sachsen auch Pilgerherbergen zu installieren – so etwas könnten wir bei uns in Schwaben auch brauchen: Für einen Fernwanderer werden Gasthöfe auf die Dauer teuer. Wir kommen an einem Bauernhof an einen Weidezaun. Sabine meint, der Weg ginge nicht durch das Tor, also wandern wir den Zaun entlang. Erst als wir uns einem ausgewachsenen Bullen gegenübersehen, ist klar: Wir sind auf der falschen Seite. Doch das Tier nimmt uns nicht weiter ernst, beäugt uns nur neugierig und grast dann friedlich weiter.

Wir klettern also über den Zaun auf den Weg, steigen durchs Gehölz hinab ins Tal: Gegenüber der Hof mit der empfohlenen Gîte – sieht nicht sehr Vertrauen erweckend aus. Der alte Stall und die Scheune sind zur Hälfte eingefallen! Doch der Schein trügt: Welch herrliche Gîte! Wir richten uns ein, machen uns frisch, waschen Wäsche: Endlich mal wieder eine Maschine! Die Bäuerin erzählt, dass die jahrhundertealten Wirtschafts-

159

gebäude im Winter eingefallen seien – zum Glück wurden sie nicht mehr genutzt, so gab es keinen Schaden am Vieh und nur wenig an Maschinen. Doch die Kosten, den Trümmerhaufen zu beseitigen oder gar wieder aufzubauen, sind einfach zu hoch! Ein Elsässer mit seiner Frau aus La Rochelle, ein Kanadier und ein belgisches Ehepaar, dazu Sabine und ich: Das ist die fröhliche Runde, die sich zu einem hervorragenden Abendessen trifft – Kir und Cräcker, wunderbarer Schinken, Omelette mit Petersilie, Schnitzel und gebratene, kandierte Äpfel, Käse und Dessert, Kaffee, Wein. Gigantisch! Wir schmausen und schwatzen – einfach schön!

61

Samstag, 2. Juli 2005

Ferme Behoteguya – Saint-Jean-Pied-de-Port   40 km

Ich verabschiede mich von Sabine, die meint, man werde sich sicher spätestens in Ostabat wiedersehen. Ich mag auch nicht weit gehen heute – die letzten Tage bin ich nicht besonders motiviert! Die Wirtin erklärt mir noch eine Abkürzung und dann mache ich mich auf den Weg. Die Franzosen, die vor mir gestartet sind, habe ich schon vor dem Ort überholt. Ich werfe noch Postkarten in den Kasten und dann geht's richtig los, nachdem die Kirche natürlich zu war.

Ich komme an die Abzweigung der „Schneckenroute", die ohne große Umwege über Uhart-Mixe nach Ostabat führt – ich schätze, das spart mir so zwei bis drei Kilometer. Durch ein wunderschönes Wiesental geht es, ein, zwei Wanderer kommen mir entgegen, grüßen mich aufmunternd. Vor Uhart-Mixe ein großes Wasserschloss, an der Mauer der große Schriftzug: ETA. Im Ort selbst ein Café, ich lasse mich davor nieder, trinke einen Café au lait und ein Mineralwasser, schreibe Tagebuch, dann geht es weiter nach Ostabat. Im Führer habe ich gelesen, dass ich auf der anderen Strecke an dem „Stein von Gibraltar" vorbeigekommen wäre, an dem sich die Jakobswege vereinen. Ich überlege, zurückzulaufen, aber dann lass ich es sein. Gegen eins bin ich in Ostabat – zum Bleiben zu früh. Zusammen mit einem jungen belgischen Pärchen mache ich vor der Épicerie-Bistro Mittagspause. Eine ältere Dame aus Tübingen sucht das Chambre d'hôtes – gemeinsam finden wir es. Weiter: Larcevau. War ein Katzensprung, knappes Stündchen. Einfach noch zu früh! Ich bin gut in Form und laufe schnell. Also weiter nach Saint-Jean-le-vieux!

Es ist kaum jemand auf dem Weg. Nun wird es schon recht hügelig. Vor mir die Bergkette: Da geht es morgen oder übermorgen drüber. Plötzlich fällt ein Riesenschatten über mich: Geier! Über dem Tal kreisen sie, mehr als ein Dutzend bestimmt! Einer landet auf dem Feld neben mir, 20, 25 Meter weit weg, und streicht nach einigen Augenblicken wieder ab.

Ich hole einen alten Herrn ein, der mühsam sein Fahrrad den Berg hinauf schiebt. Er kommt aus Kanada, ist über achtzig, und will in kleinen 20-Kilometer-Etappen nach Santiago. Hut ab!

Der Weg führt nun abseits der großen Straße über kleinere Sträßchen, auch mal ein Feldweg oder Trampelpfad – auf einem hat sich so ein menschliches Ferkel mitten auf dem Weg verewigt. Dann komme ich nach Bussunarits. Vor seinem Haus wäscht einer sein Auto; während ich noch um Wasser bitte, kommt seine Frau und füllt mir die Flaschen, dazu gibt es noch einen großen Becher herrlich kühles Eau mineral. Ein paar Meter weiter ein originelles Verkehrsschild: Achtung Pilger und andere Rindviecher!

Endlich Saint-Jean-le-vieux! Hier soll man einkaufen können. War wohl nichts. In einem Bistro erklärt man mir, der nächste Laden sei in Saint-Jean-Pied-de-Port, der Supermarkt am Ortseingang, drei Kilometer die Landstraße hinunter! Ich trinke zwei große Pression und starte die Chaussee entlang. Im Supermarkt treffe ich das Ehepaar wieder, das mir das Wasser geschenkt hatte. Ich kaufe Brot, Pâte, ein Gummiband, das ich mir oben auf den Rucksack nähen möchte, anstelle der umständlichen Spannriemen, ein Heft zum Tagebuchschreiben, Duschgel. Nun in die Stadt: Ich komme an die Stadtmauer, eine Treppe führt hinauf und so komme ich gleich in die Hauptstraße der Altstadt.

Jetzt bin ich doch schon sehr erschöpft, und das sieht mir die nette Dame im Accueil de Pèlerins auch an: Sie bewirtet mich mit Mineralwasser und fragt, ob ich ein Zimmer möchte, noch ehe sie mir meinen Pilgerpass abstempelt. Eigentlich wollte ich ja weiter, entweder in der Ferme Ithurburia oder im Freien schlafen, doch jetzt habe ich keine Energie mehr, will nur noch duschen und essen, und lasse mich in ein Zimmer gleich drei Häuser weiter vermitteln. Die Vermieterin zeigt mir ein herrlich altmodisches Zimmer mit einem Riesenbett und der Dusche auf dem Balkon – eine liebe Frau, die mir erst einmal ein Radler kredenzt. Ich mache mich frisch, wasche Wäsche und dann meldet sich der Hunger und ich mache mich auf die Suche nach einem Restaurant.

Doch zuallererst geht's noch mal ins Pilgerbüro, wo mich die freundliche Elisabeth aus Deutschland mit Streckenplan, Herbergsverzeichnis und vielen guten Ratschlägen für den spanischen Jakobsweg versorgt. Ich versuche vergeblich, telefonisch Falkenbergs zu erreichen – wollten die nicht heute auch hier sein? Hoch zur Zitadelle – aber ich bin nicht mehr aufnahmefähig – runter in die Stadt – sagt mir nicht viel: viele Gîtes und Chambre d'hôtes, Restaurants, Andenkenläden – Touri-Rummel eben. Ich finde ein Restaurant mit einem stillen kleinen Innenhof und hier vertilge ich einen großen Salat und ein Rieseneis, trinke eine ganze Flasche Rotwein und wanke in mein Quartier.

Madame ruft mich zu sich in den Garten, setzt mir ein Glas Mineralwasser vor und wir schwatzen noch ein bisschen. Zwei Schwedinnen sind im anderen Zimmer und eine Deutsche. Gerade will ich ins Bett gehen – der Tag und der Wein zeigen Wirkung – da kommt sie: Angelika aus Hamburg, heute angereist, will von hier aus nach Santiago. Wir beschließen, morgen gemeinsam über den Pass zu gehen.

Gedanken unterwegs:
Wandern versus Pilgern

Da ist der Pilger, der ganz bewusst eine Stätte besucht, die als heilig oder heilbringend gilt. Ihm geht es um den Ort – ein Flugreisender ist in diesem Sinne ebenso ein Pilger wie ein Fußgänger. Doch ich denke hier an die Menschen, die man auf dem Weg, speziell auf dem Jakobsweg trifft: Was unterscheidet einen Pilger vom „normalen" Wanderer? Wann bin ich das eine, wann das andere? Diese Frage ist schwer zu beantworten, zumal die Übergänge oft fließend sind und jeder, der auf einem Pilgerweg ist, beides gleichzeitig oder nacheinander sein kann – von einer Rolle in die andere wechselt und zurück. Niemand ist immer nur das eine oder das andere. Ich glaube, der Hauptunterschied zwischen Pilger und Wanderer liegt in den Gründen, weshalb sich jemand auf den Weg macht. In einem Satz ausgedrückt: Der Wanderer „macht" den Weg nach Santiago (oder nach Altötting oder nach Andechs), der Pilger macht sich auf den Weg.

Also: Bei dem einen steht die sportliche Leistung im Vordergrund. Das ist der, der in den Herbergen fragt: Wie weit heute, wie weit überhaupt? Wie schwer ist dein Rucksack, was ist deine Durchschnittsleistung, welche Höhenunterschiede – alles Fragen, die auch in jeder Alpenvereinshütte gestellt werden. Wanderer fragen auch nach der Burg, die man hätte besuchen müssen, der Kirche, die man besichtigt hat, dem Aussichtspunkt, den man unbedingt „mitnehmen" musste. Ich will diese Fragen nicht als „minderwertig" abtun, aber sie zeigen, wo der Frager die Hauptmotivation seines Wanderns sieht.

Auch der Pilger ist stolz auf die sportliche Leistung, die er vollbringt oder vollbracht hat. Auch er sucht Kultur, auch er genießt und bewundert die grandiose Natur und Landschaft, die er durchwandert. Der Pilger ist *auch* Wanderer und Tourist. Doch im Vordergrund steht bei ihm der Weg nach Innen, die Suche nach spirituellen Werten, die Suche nach Gott und Glauben, nach Erlösung oder Befreiung von seelischen Lasten. So richtet er, bei aller Offenheit für das, was am Weg liegt, den Blick nach innen – und auf die Gemeinschaft mit den Mitpilgern. Diese unterschiedliche Motivation spiegelt sich in Einstellung und Verhalten des Pilgers wider.

Der Mann, der sich beklagt, der Jakobsweg sei keine Herausforderung mehr – das ist ein Wanderer. Die Frau, die spontan einem Anderen, den sie kaum kennt, Geld leiht: Das ist eine Pilgerin.

„Der Tourist fordert, der Pilger bittet" – das steht in der Pilgerherberge von Santibanez zwischen Leon und Astorga. Der Wanderer, der Tourist stellt Ansprüche. Er erwartet Service, hat dafür bezahlt oder ist bereit, dafür zu zahlen. Dadurch erwirbt er sich ein Recht auf bestimmte Leistungen. Der Pilger nimmt an, was ihm der Tag bringt und er nimmt es als ein Geschenk an – ein Geschenk der Menschen und ein Geschenk Gottes – und er ist dafür dankbar. Der Mann, der sich im Pilgerbuch eben dieser Herberge darüber beklagt, dass es zum – spottbilligen – Abendessen keinen Wein gegeben hat: Das ist ein Tourist! Ein Pilger hätte sich wohl mit dem gereichten Wasser begnügt – oder er wäre die fünfzig Meter zum Dorfladen zurückgelaufen und hätte für die Tischgemeinschaft Wein besorgt.

Wohl das wesentlichste Merkmal eines Pilgers, das ihn vom Touristen unterscheidet, ist, dass er sich auf die religiösen Angebote am Weg einlässt, und zwar bewusst und auch innerlich. Andachten in den Pilgerherbergen, gemeinsamer Besuch der Messe – oder auch nur gemeinsames Singen: Wenn ich mich darauf einlasse – nicht nur einfach mitgehe, sondern mich einlasse auf diese Gemeinschaft im Glauben mit Anderen, über alle konfessionellen, sprachlichen und sonstigen Grenzen hinweg: Dann bin ich wohl wirklich ein Pilger.

„Du gehst auf den Jakobsweg als Wanderer und kommst als Pilger in Santiago an." Diesen Satz hört man immer wieder. Da steckt eine tiefe Erkenntnis dahinter: Der Wanderer, der sich auf die Gemeinschaft der Mitpilger einlässt, oder der die endlosen, einsamen, eintönigen Strecken des Weges beispielsweise durch die Meseta auf sich wirken lässt, sie bewusst mit sich selbst geht, den verändert der Weg. „Das ist ja ein richtig kontemplatives Gehen!", sagte mir eine junge Österreicherin, als wir zwei Stunden schweigend nebeneinander durch die Meseta gewandert waren.

Wer es dann noch fertig gebracht hat, beim Aufbruch den Alltag hinter sich zu lassen, aufzu„brechen" aus dem, was ihn zuhause gefangen nahm – dem wird vielleicht zuteil, was sich viele vom Jakobsweg erhoffen: Sich selbst und Gott zu finden.

Dann ist aus dem Wanderer ein Pilger geworden.

III. Menschen und Gemeinschaft: Durch Spanien bis zum Atlantik

Ich hatte mit Angelika verabredet, dass wir uns um halb sieben zum Frühstück treffen und spätestens um sieben losgehen wollten, doch sie erscheint
erst um kurz nach sieben. Sie brauche morgens immer etwas länger, meint
sie. Um halb acht können wir endlich los.

Es geht die Straße hinab, durch die Porte Notre Dame mit dem Pil-
gerstandbild, über die Brücke und dann zum Ort hinaus – und nun steil
den Berg hoch. Die Sonne ist noch nicht ganz draußen – eine unwirkliche
Morgenstimmung. Doch dann fängt es an, heiß zu werden und oberhalb
der Ferme Ithurburia sind wir froh, dass es dort eine Wasserstelle gibt. Ich
muss an Paolo Coelho denken, der an diesem Brunnen einem Dämon begegnet sein will – hier gibt es keine Dämonen, nur verschwitzte, durstige
Wanderer, die ungeduldig darauf warten, dass der Vordermann seine Wasserflasche gefüllt, sein Gesicht gewaschen und getrunken hat.

Morgend-
licher
Aufstieg
zum
Cisapass

Weiter, ich gehe langsam, fast so langsam wie bei den Steigungen damals in der Schweiz, aber Angelika ist noch langsamer. Naja, erster Tag. Es geht stetig aufwärts – Saint-Jean-Pied-de-Port liegt auf 200 Metern Meereshöhe, der Cisapass, über den der Fußweg führt, ist 1460 Meter hoch. Bei der Madonna de Bianorre machen wir kurz Pause, die nächste am Kreuz von Cairn – das sieht fast aus wie in Tibet mit den vielen Tüchern und sonstigem Zeug, das man über die Absperrungen gehängt hat. Geier kreisen über uns – als eine rundliche junge Amerikanerin den Berg hochkeucht, mache ich sie darauf aufmerksam. Sie wirft einen kurzen Blick nach oben: „Oh yes! They are waiting for me!", und stapft tapfer weiter. Pferdeweiden, Schafe – die Landschaft ist eher albmäßig als alpin, obwohl wir jetzt schon weit über tausend Meter hoch sind und die Berge ringsum die Zweitausendermarke erreichen. Der Weg ist durchgehend geteert, sogar Autos fahren hier oben. Einige Schritte abseits eine Schutzhütte – ich kann mir vorstellen, dass man da gerne Zuflucht sucht, wenn das Wetter nicht so strahlend schön ist wie gerade eben.

Kreuz von Cairn

Ein kilometerlanger Stacheldrahtzaun, ein umlagerter Brunnen – schön angelegt und gefasst – wir haben den Pass überschritten und jetzt sind wir in Spanien. Der Weg ist gut ausgebaut, es geht durch einen Eichenhain und dann sieht man hinab auf den Ibanetapass mit der Autostraße und der modernen Kapelle. Vor dem direkten Abstieg nach Roncesvalles hat man gewarnt, der sei schlecht begehbar, und so nehmen wir den Abstieg über blühende Bergwiesen hinab zum Straßenpass. Wir machen Picknick an der seitlichen Kapellenmauer, setzen uns dort auf den Rasen und ich lege meinen Rucksack unwissentlich auf ein Mauseloch. Als ich ihn wegnehme, um etwas auszupacken, guckt mich Frau Maus aus ihrem Loch ganz vorwurfsvoll an: Frechheit, so meine Haustüre zu blockieren! Minutenlang bleibt sie so am Eingang sitzen und schnuppert, doch als ich meine Kamera zücke, verschwindet sie. Kaum habe ich den Foto weggelegt, schaut sie wieder raus, um sich zurückzuziehen, sobald ich ihn wieder zur Hand nehme. Eindeutig fotoscheu!

Die Straße entlang nach Roncesvalles. Die Jugendherberge im alten Kloster scheint eine Kaserne zu sein, auch die Herberge daneben – Angelika ist ganz entsetzt, als ich ihr klarmache, dass es in diesen Herbergen keine Geschlechtertrennung gibt. „Ich habe gedacht im katholischen Spanien! Da bringen mich keine zehn Pferde rein!" Lieber schläft sie heute draußen – da kann und will ich sie nicht alleine lassen und so beschließen wir, hinter Roncesvalles ein Plätzchen im „Tausend-Sterne-Hotel" zu buchen. Doch erst einmal den Ort besichtigt. Die Kirche ist eindrucksvoll – mich ergreift besonders die Jakobusstatue – ansonsten ist sie eher schlicht, ich empfinde sie mehr als fran-zösisch denn als spanisch. Das Rolandsdenkmal ist für mich Anlass, Angelika von der Rolandssage zu erzäh-len, die sie nicht kennt – der geschichtliche Hintergrund ist, dass in diesem Tal die Nachhut Karls des Großen unter dem Marschall Roland niedergemacht wurde, als er von seinem ergebnislosen Spanienfeldzug zurück nach Franken marschierte. Karl und Roland sind hier in Nordspanien ebenso Natio-nalhelden wie in Frankreich und Deutschland. Wir fin-

Herberge in Ronce-valles

den uns im einzigen Restaurant wieder, wo wir mit einer amerikanischen Pilgerin ins Gespräch kommen und mit zwei Belgiern: Der eine läuft und der andere begleitet ihn mit dem Wohnmobil.

Wir brechen auf, es dämmert langsam und der Himmel bewölkt sich. Als wir an einer weiteren Herberge vorbeikommen, fällt unser Blick auf die langen Reihen dreistöckiger Betten und so fällt es uns leicht, der Einladung der holländischen Hosteleros nicht zu folgen. Wir marschieren aus dem Ort hinaus, am Rolandskreuz vorbei, durch schönen Wald und ich schlage einige Plätze vor, geschützt unter Tannen, doch Angelika möchte unbedingt nichts zwischen sich und den Sternen haben. Endlich finde ich einen Lagerplatz, der ihr zusagt: vom Weg aus nicht einsehbar, in der Trasse der Stromleitung, hinter Gebüsch verborgen. Wir breiten unsere Isomatten aus – Angelika achtet peinlich darauf, dass die Rucksäcke zwischen uns liegen – mein Gott, hat die Angst, ich komme in der Nacht zu ihr herübergerutscht? Ich schlüpfe mit meinem Schlafsack in den Bivibag und als wir einschlafen wollen, wird die Luft sehr feucht: Es fängt an, ganz fein und sanft zu nieseln, eher Nebel als Regen. Ich decke Angelika mit unseren beiden Ponchos zu, ziehe das Cover über meinen Rucksack und schlafe recht gut – ein-, zweimal geweckt von Angelikas Schnarchen und weil ich den Kopf zu weit aus dem Bivibag gesteckt und ein nasses Gesicht gekriegt habe.

63 Montag, 4. Juli 2005
Roncesvalles – Zubiri 23 km

Stimmen von Wanderern, die schon auf dem Weg sind, wecken mich. Bei mir ist eigentlich alles trocken geblieben, bis auf ein Eckchen des Schlafsacks, das aus dem Bivibag gerutscht war. Ich wecke Angelika – auch ihr Schlafsack ist etwas feucht, doch die Ponchos haben sie gut abgedeckt. Katzenwäsche aus der Trinkflasche, ein Schluck Wasser, packen. Es nieselt noch, hört aber bald auf, nachdem wir uns gegen sieben auf den Weg gemacht haben. Bis Burguete: Da kehren wir erst einmal in dem Gasthaus neben der (natürlich geschlossenen) Kirche ein, besuchen die Sanitäranlagen und frühstücken ausgiebig.

Ich finde, Angelika hat viel zu viel Gepäck – der Rucksack mit Außenlasten scheint sie zu erdrücken – und mir kommt er schwerer vor als meiner. Doch sie sagt, das sei das Päckchen, das sie zu tragen habe – sozusagen symbolisch. Wir sprechen unterm Gehen über Religion, Konfessionen, Rechtfertigung, Sündenvergebung, und immer mehr habe ich das Gefühl, dass sie wirklich ein Päckchen mit sich rumschleppt, das noch größer ist als ihr Rucksack. Ich habe aber auch den Eindruck, dass sie im Grunde ihres Herzens dies Päckchen gar nicht loshaben will. Bei den intensiven Gesprächen mit Angelika merke ich gar nicht, wie langsam wir gehen – nur, dass man uns immer wieder überholt. Der Weg ist ausgebaut wie ein Promenadenweg im Park, unmissverständlich markiert – hier kann man sich nicht verlaufen. Wir sind im Baskenland mit seiner eigenen Architektur – die Häuser sind monumental, mit gewaltigen Eckquadern und mächtigen steinernen Türstürzen – wie kleine Burgen!

Es geht durch Wald und Gebüsch, die Luft ist angenehm, kein Regen, aber der Himmel ist bedeckt. Schönes Laufen, doch eben langsam. In Viscarret kommen wir ebenfalls nicht in die Kirche, da laufen wir eben durch und machen auf dem Erropass kurz vor dem Paso di Roldán (Steinplatten, die die Schrittlänge des Helden Roland bezeichnen – ca. 2,50 m) Picknick. Angelika bezeichnet mich als ihren Cherub: Ich stehe, auf die Stöcke wie auf ein Schwert gestützt, Wache, während sie hinter der Hecke für kleine Königstiger geht.

Wir kommen an einem halb verfallenen Bauernhof vorbei und ich meine: „Das wäre ein richtiger Platz für ein Refugio!" Der Wanderführer sagt uns, dass dies im Mittelalter eine Pilgerherberge war, die „Venta del puerto".

Gegen halb vier sind wir in Zubiri. Der Camino bleibt auf dieser Seite des Flusses, doch wir gehen in die Stadt, wollen hier einkaufen und vielleicht auch übernachten. Nachdem das Refugio nicht allzu groß ist, wir Sachen trocknen müssen und Angelika auch recht müde ist, habe ich keine Schwierigkeiten, sie zum Bleiben zu überreden. Die Sonne kommt heraus, wir können Wäsche waschen und auch unsere Schlafsäcke in einem Baum zum Trocknen aufhängen, ehe ich in die Stadt zum Einkaufen gehe. Langsam füllt sich die Herberge, wir kommen mit einer älteren Amerikanerin ins Gespräch und mit einer Italienerin mit dem sehr italienischen Namen Erika: Mit ihr gemeinsam gehen wir dann auch essen. Sie ist gestern etwa drei Stunden nach uns in Saint-Jean-Pied-de-Port aufgebrochen und auf dem Pass in Regensturm mit Graupel und Schneeflocken gekommen! Gegen zehn Uhr liege ich dann todmüde im Bett, kann allerdings lange nicht einschlafen, da draußen vor dem Fenster eine Spanierin in voller Lautstärke telefoniert und innen im Schlafsaal ein vielstimmiges Schnarchkonzert anhebt. Wo ist nur mein Ohropax?

64 Dienstag, 5. Juli 2005
Zubiri – Cizur Menor   29 km

Gestern Abend habe ich Angelika vorgeschlagen, sich zu überlegen, ob sie mit mir heute eine relativ lange Etappe gehen will – mindestens bis Pamplona. Dann müsse sie aber um halb sieben marschbereit sein! Tatsächlich: Als ich aufbrechen will, ist sie fertig. Wir ziehen uns aus dem Automaten noch einen Kaffee und ein Muffin und marschieren los. Zurück über den Fluss, entlang der endlosen hässlichen Halden der Magnesitfabrik. Über dem Tal kreisen, wie um Abschied zu nehmen, noch ein paar Geier. An kleinen Dörfern vorbei, dann über die Brücke hinein nach Larrasoaña. Wir folgen dem Zug der Pilger und landen im Hof einer „bar" – das sind in Spanien einfach Kneipen, in denen man eine Kleinigkeit essen und trinken kann. Wir lassen uns im Hof nieder, um unsere Füße wuseln Hühner und hoffen, dass uns was vom Tisch fällt. „Desayuno": Orangensaft, ein Café con leche, ein Sandwich mit Schinken – das muss bis Mittag vorhalten. Schon blüht im Lokal der Handel mit Anstecknadeln, Stöcken und Jakobsmuscheln. Weiter: Die Wegbeschreibungen in den Karten aus meinem wunderschönen großen Pilgerführer stimmen hinten und vorne nicht mehr: Im letzten Jahr hat man viel getan, neu markiert, Wege ausgebaut, teilweise – gut gemeint – gepflastert. Im Vergleich zu den meisten Wegen in der Schweiz und in Frankreich ist dies hier eine Autobahn! Es geht durch Wälder, bergauf, bergab. Angelika geht jetzt sehr langsam, immer wieder muss ich stehen bleiben und auf sie warten – sie quittiert zwar mein aufmunterndes Grinsen mit einem herzerfreuenden Lächeln, aber es wird mir immer klarer, dass ich heute den letzten Tag mit ihr gehe: Ich muss schneller machen, das Schleichen macht mich kaputt! Gestern Abend in der Herberge hat sie anhand der Streckenbeschreibung und des

Herbergsverzeichnisses, das wir in Saint-Jean bekommen haben, ihre Tagesetappen festgelegt – ich habe die meinen auch grob eingetragen und komme auf fünf Marschtage weniger!

Endlich, gegen halb vier, sind wir in Pamplona. Kurz vor der Stadt treffen wir die Belgier mit dem Wohnwagen wieder – mich tröstet, dass die nicht viel schneller waren als wir. Durch die Vorstädte kommen wir in einen Park, gehen über die Magdalenenbrücke und steigen die Auffahrt zum „Portal de Zumaracárregui" hoch. Beeindruckend, dieses Vorwerk, die Befestigung mit Schießscharten für Artillerie und Handfeuerwaffen – hohe Festungsbaukunst des Spätmittelalters!

Nachdem die Kathedrale erst in einer Stunde aufmacht, gehen wir in einer schrecklichen Pinte ein Bier trinken. Überall Menschen mit roten Halstüchern, eine junge Frau drückt mir ein Flugblatt gegen Stierkämpfe in die Hand – die Stadt ist außer Rand und Band: Morgen beginnt die Fiesta! Zurück zur Kathedrale – von vorne langweilig klassizistisch, doch innen! Die Kathedrale eines Königreichs, nennt sie der Führer, den ich mir leiste, und so wirkt sie auch auf mich. Ich kann mich kaum vom Grab Carlos' III. und seiner Leonora Trastamara losreißen, und zu ihren Füßen finde ich auf der Grabplatte den Namen „Anna de Cleve": Geschichte pur! Kreuzgang, Seitenkapellen – wäre morgen nicht die Fiesta und sähe ich eine winzige Chance, hier in Pamplona ein Quartier zu bekommen, würde ich bleiben und morgen noch mal hergehen! So bleibt mir nur eines: der Vorsatz, hierher zurückzukehren, mit Silvia, und mit ihr gemeinsam diese Schätze in Ruhe zu genießen.

Wir müssen weiter! Am Rathaus vorbei – auf dem Platz ist kaum ein Durchkommen – in eine Geschäftsstraße, die Calle Mayor – da ist ein kleines Sportgeschäft: Vielleicht haben die Gummistopfen für meine Stöcke? Die passende Größe haben sie nicht; alles, was die Señora hat, ist zu weit, doch sie weiß Rat: Sie umwickelt die Spitzen meiner Stöcke mit Isolierband, verkehrt herum, die Klebeseite nach außen, steckt dann ein Paar Stopfen drauf – halten und lassen sich auch problemlos abziehen. Ich sehe kleine Taschen in der Auslage und sie hat genau das, was ich brauche: Eine robuste Tasche, etwas größer als DIN A 5, mit einer Schlaufe auf der Rückseite, die mit Klettverschluss zu öffnen ist, und Trageriemen. Passt ideal an den Bauchgurt des Rucksacks und ich kann die Hosen- und Hemdtaschen ausleeren: Pilgerpass, Geldbeutel, Notizbuch, Stift und Handy passen rein: Wenn ich den Rucksack ablege, nehme ich die Tasche ab und habe meine Wertsachen bei mir. Die Chefin macht dem Pilger einen Sonderpreis: 15,00 € für Stopfen, eine Rolle Isoband und die Tasche.

Weiter die Calle Mayor hinab, durch einen Torbogen in einen Jahrmarkt. Ich habe es jetzt eilig und drücke aufs Tempo. Wir kommen über das Glacis der Zitadelle, auf dem Rasen spielen Kinder und in der Frühabendsonne lagern ganze Familien. Durch Vorstädte und unter der Stadtautobahn hindurch auf das Gelände der Universität. Hier bekommen wir einen Stempel in unsere Pilgerpässe. Ich schleppe Angelika nach Cizur Menor, wo über einer alten Kirche die Fahne der Malteser weht: das Refugio. Doch das ist voll belegt und man verweist uns an die Herberge im Ort. Zunächst irren wir ein bisschen herum, das Gartentor neben einem Wohnhaus hatten wir nicht als Eingang registriert. Doch dann haben wir unsere Betten und eine Dusche. Das Refugio hat einen wunderschönen Garten, in dem ich mit einem netten Radfahrer aus Nürnberg ins Gespräch komme, der mir ein Bier aus seinem Sixpack spendiert.

Angelika und ich waren ziemlich fertig, als wir ankamen, doch jetzt sind unsere Lebensgeister erwacht und wir haben Hunger. Kochen kann man hier nicht, also zum Essen in eines der beiden Lokale im Ort. Es gibt für wenig Geld ein gutes Dreigangmenü, dazu eine Flasche Wein und wir schmausen und schwatzen über Gott und die Welt – und plötzlich ist da der Wirt und fragt nach unseren Namen: Die Hostelera hat angerufen, wir sollen machen, dass wir ins Refugio kommen. Es ist halb elf!

In der Herberge erwartet uns ein Donnerwetter in Form eines spanischen Wortschwalls, von dem ich kaum etwas verstehe – nur so viel, dass wir machen sollen, dass wir lautlos in unsere Betten kommen! Wir setzen uns trotzdem noch an einen der Gartentische und leeren die halbe Flasche Wein, die wir vom Essen noch übrig hatten. Wir nehmen Abschied – morgen gehen wir getrennte Wege. Das erste und einzige Mal in diesen drei Tagen nehme ich die Kleine in die Arme. Um halb zwölf schlafe ich wie ein Stein.

Halb sechs weckt mich mein Handy, das in meiner neuen Tasche unter dem Kopfkissen vibriert. Kaffee und ein kleiner Kuchen aus dem Automaten, gepackt ist schnell: Seidenschlafsack in die Seitentasche des Rucksacks gestopft, den Plastikbeutel mit Zahnbürste und -paste genommen und im Waschraum Zähne geputzt, eine Handvoll Wasser ins Gesicht. Ich habe in der Unterhose geschlafen: So muss ich nur noch Hose, Hemd, Strümpfe und Stiefel anziehen und bin fertig. Das geht alles fast lautlos im Schein der Notbeleuchtung – das endlose rücksichtslose Geknister mit Plastikbeuteln und Ähnlichem, das ich aus anderen Ecken des Schlafsaals höre, entfällt bei mir.

Kurz vor sechs bin ich der Erste aus dem Refugio, der auf dem Weg ist. Es ist noch dunkel, die Luft ist angenehm frisch – eine seltsame Stimmung so früh im schlafenden Ort. Durch weite Felder, immer bergan; es ist hell geworden und über Pamplona hinweg grüßen die Pyrenäen. Ich kann es kaum fassen, dass ich die auch schon hinter mir habe. In Zariquiegui fegt eine Frau den Platz vor der Kirche, macht aber keine Anstalten, mir Einlass zu verschaffen, als ich an der verschlossenen Kirchentür rüttle. Gut, eben nicht! Es geht nun einen steilen Trampelpfad an der Fuente de Reniega vorbei hinauf auf den Paso del Perdon. Der Bergrücken, früher auch Sierra de las Molinas, Windmühlenberg genannt, macht seinem Namen alle Ehre: Eine endlose

Ihn hat der Camino behalten ...

Reihe moderner Windmühlen – Windgeneratoren – rauschen auf dem Bergkamm. Der Himmel bewölkt sich, hier oben ist es fast neblig.

Ich komme an das originelle Pilgerdenkmal, aus Eisentafeln geschnittene Silhouetten einer Pilgergruppe mit Kind und Kegel, Pferd und Esel, über ihnen ein Sternenfeld, das campus stellarum: Compostela. Gegenüber der Hinweis auf das frühere Pilgerhospital und eine Übersichtstafel für den weiteren Weg.

El Paso
del Perdon

Unten im Tal Baulärm: Der Bergrücken wird mit einer Autobahn untertunnelt. Diese Autobahnbaustelle wird mich heute immer wieder begleiten und macht aus allen Wegführern Makulatur. Steil abwärts – tief ausgewaschene Fahrspuren mit kopfgroßen Steinen – ich bin froh, dass ich die Stiefel angezogen habe. Der Himmel ist nach wie vor bedeckt, es ist angenehm warm, doch nicht zu heiß. Die Kirche in Uterga ist abgeschlossen, vor Muruzábal eine Marienstatue, und im Ort selbst schließt mir eine freundliche Frau die Kirche auf. Herrlich! Das erste Mal sehe ich einen dieser riesigen wandhohen und -breiten spanischen Altäre, und nun weiß ich auch, wo das ganze Aztekengold geblieben ist! Ich möchte kaum aus der Stille und Kühle hinaus auf den Weg und nehme mir Zeit, zu danken und für alle zu bitten, die hier auf dem Weg sind – vorhin erst bin ich an einem Kreuz vorbeigekommen, das an einen Pilger erinnert, den der Camino hier überwältigt hat. Die Señora, die still an der Tür gewartet hat, bis ich wiederkam, rät mir wort- und gestenreich: unbedingt zur Eremitage von Eunate, nur vier Kilometer! Sie erklärt mir den Weg und ich finde ohne weiteres hin.

Als ich gerade darauf zulaufe, biegt eine bunte Schar Radfahrer von der Straße in den Säulenhof, der die achteckige Kirche umgibt, und als ich hinkomme, liest der Reiseleiter mit gut bayerischem Zungenschlag schon die

Sage über die Entstehung des Portals vor: eine herrliche Schauergeschichte mit viel Zauberei, dem Teufel und einer großen Schlange. Die Gruppe kommt aus Murnau, ist mit dem Bus bis Pamplona gefahren und heute den ersten Tag unterwegs. Ich werde bestaunt wie ein Kalb mit zwei Köpfen, alle wollen meinen Rucksack heben, und als ich ihn schultere, fragt man sich, wie ich das so locker bringe. Ich freue mich selber, gut, das Gepäck ist einiges leichter geworden, doch ich habe den Eindruck, dass ich in diesen zwei Monaten, die ich jetzt schon unterwegs bin, ein gutes Stück stärker geworden bin.

Es fängt leicht an zu regnen, ich sattle ab und hole sicherheitshalber den Poncho raus, decke aber nur den Rucksack damit ab und spanne den Regenschirm auf. Ich habe mittlerweile den Dreh heraußen, beide Stöcke in einer Hand zu führen, wenn ich den Schirm halte. Ich stiefle los – nach fünf Minuten hört der Regen auf und ich packe alles wieder ein. Über Feldwege und Asphalt, an einem Picknickplatz vorbei, auf dem einige Spanier gerade das Mittagessen vorbereiten, folge ich der Markierung des Camino aragonés, der vom Somportpass her kommt, nach Obanos, wo er sich mit dem Camino francés von Roncesvalles her trifft.

Es ist ein viertel vor zwölf und mir ist nach einem Kaffee. Eine Bar hat offen, der Fernseher läuft: Direktübertragung aus Pamplona! Alles fiebert der Eröffnung entgegen, eine Gruppe Frauen mit roten Halstüchern oder Pullovern nimmt Platz und kurz vor zwölf bekommt jeder ein Glas Sekt, auch ich als völlig Fremder. Großer Jubel, als der Bürgermeister vom Balkon des Rathauses aus die Fiesta eröffnet – bin ich wirklich erst gestern auf diesem Platz gestanden? Die Stimmung ist herrlich! Nur ungern reiße ich mich um halb eins los, doch ich habe noch viel vor heute.

Vor der Kirche, deren Portal eine Kopie des Portals von Eunate ist – daher kommt auch die Legende – ein Gruppe Pilger, ein Mann und zwei Frauen. Ich trödle noch ein bisschen rum, doch als ich endlich losgehe, habe ich sie bald eingeholt. Es sind Italiener, ein Ehepaar mit Tochter – ganz nette Leute. Es geht hinab ins Tal, zwischen Gärten hindurch, eine ziemlich belebte Straße entlang und dann stehe ich vor dem Pilgerdenkmal von Puente de la Reina. Daneben ein Hotel mit einem Riesenbeet voll blühendem, duftendem Lavendel: Ich pflücke mir ein Sträußchen für meinen Hut und noch zwei, die ich an die Schulterriemen meines Rucksacks stecke. Puente de la Reina ist ein wunderschöner Ort, stelle ich fest, als ich zu Kirche und Albergue komme. Fast bin ich versucht, hier zu bleiben, doch ich fülle nur am Brunnen meine Wasserflaschen und mache mich frisch. Da sind auch die Italiener wieder. Ich gebe ihnen zum Trinken meinen Becher und schenke den Frauen jeweils eine Lavendelblüte. Die Mutter hat eine böse, aufgeplatzte Blase am Fuß und am anderen eine, die kurz davor ist und weiß nicht, damit umzugehen. Ich öffne die eine und lasse sie auslaufen, desinfiziere, lege Sprühverband und Pflaster drüber und gebe ihr zur Sicherheit noch zwei von meinen Blasenpflastern. Dann gehe ich weiter die Straße hinab, die zur Brücke führt. Der Ort ist lebendig und hat Atmosphäre – und ich finde ein Geschäft, in dem man mir eine Foto-CD brennt. Nun kann ich beide Speicherkarten wieder frei machen. Während die CD in Arbeit ist und der Fotograf mir freundlicherweise mit Papier und Tesafilm meinen Pilgerpass „verlängert", kommen auch die Italiener wieder und kaufen Ansichtskarten. Ich leiste mir einen Taschenführer für den Camino – eigentlich nur eine Auflistung von Strecke, Höhe und Unterkünften im Scheckkartenformat – und dann geht es weiter zur Brücke. Am diesseitigen Ufer unter der Brücke eine kleine Wiese, auf der ein paar Jungen versuchen, an die Blutpflaumen zu kommen, die auf einem Baum am Wasser locken. Mit meinem Stock biege ich einen Ast herab und die Kleinen plündern ihn mit einem fröhlichen: „Gracias peregrino!" Auch ich bediene mich.

Über die Brücke, noch mal fotografiert, und dann geht es erst einmal im Tal weiter. Doch bald beginnen die Schwierigkeiten: Umleitung wegen des Autobahnbaus und sakrisch bergauf! Ich komme ganz schön ins Schnaufen und Schwitzen! Endlich geht's durch Mañeru und dann liegt

Puente de
la Reina

vor mir, malerisch auf einem Hügel thronend, Cirauqui. Ich wollte eigentlich weiter, doch als ich das Albergue parrochial sehe, besinne ich mich: Einkehr! Die Italiener sind da und zwei Amerikanerinnen, die ich von Zubiri her kenne – eine davon ist Jane aus New York. Zwei Spanier kehren ein und ein Kanadier, später noch eine Belgierin.

Maria, die das Refugio führt, ist eine Seele von Mensch, herzlich und offen, und sie ist eine hervorragende Köchin! Um sieben gehen wir alle gemeinsam zur Messe. Der Priester ist ein handfester Kerl, der mit sonorer Stimme die Liturgie abspult, so schnell, dass ich kaum folgen kann. Ungewohnt der Gesang der Gemeinde während der Austeilung der Eucharistie.

Nachher gleich gemeinsames Abendessen. Mir fällt ein, dass ich ein kaum angebrochenes Pfund Kaffee im Rucksack habe, noch aus Pomps! Warum durch die Gegend schleppen? Ich schenke den Kaffee Maria, die sich kaum kriegt vor Freude – fast ist es mir peinlich!

Heute Nacht schlafe ich so gut, dass mich auch die Schnarcher nicht stören.

Donnerstag, 7. Juli 2005
Cirauqui – Los Arcos   37 km   66

Um fünf bin ich wach und fange leise an zu packen. Ich bin davon aufgewacht, dass meine „Pretiosentasche", die neben meinem Kopf lag, samt meiner Brille durch die Lücke zwischen Bett und Wand einen Stock tiefer fiel – doch Jane unter mir wacht nicht einmal auf, als ich die Sachen wieder hole. Um sechs gibt es ein leises Frühstück und um halb sieben bin ich auf dem Weg. Es geht einen altertümlich gepflasterten Weg entlang, der plötzlich aufhört, unterbrochen von einer Brücke, deren Auflage verschwunden ist: Eine Römerstraße und -brücke im Originalzustand, 2000 Jahre alt! Über den Berg, unter dem großen Aquädukt hindurch, Lorca (Kirche zu), Villatuerta (Kirche abgesperrt), und dann mit einer ganzen Karawane nach Estella.

San Sepulchro ist von außen beeindruckend, vor allem das Portal, doch leider verschlossen. Die beiden Spanier aus dem Refugio in Cirauqui kommen – sie gehen geradeaus weiter, ich überquere die alte Pilgerbrücke zur

Iglesia San Miguel. Auf dem Platz davor fremdartige Bäume mit Früchten wie Himbeeren – das können nur Maulbeerbäume sein. Eine Spanierin erntet eifrig und auch ich probiere – schmecken herrlich, aber der Saft färbt Mund und Hände, und wie! Ich habe zu tun, an einem Brunnen wieder sauber zu werden!

Ich will gerade in die Kirche, da sehe ich, wie eine nette junge Dame einer Amerikanerin auf Englisch die Skulpturen des Tympanons und beiderseits der Eingangstüre erklärt. Sie holt den gewaltigen Kirchenschlüssel und so komme ich zu einer Gratisführung durch die Kirche, bei der ich sogar alles verstehe! Die Kirche mit ihren Schätzen, mit den goldenen Altären – eine Pracht, doch auch ein Ort, in dem ich mal Führung Führung sein lasse und bete.

Ich überquere den Fluss wieder, um nach San Pedro zu gehen. Hier komme ich in eine Führung auf Spanisch – verstehe zwar wenig, doch ich komme so in den Kreuzgang, der sonst verschlossen wäre. Ulkig ist die verdrehte Doppelsäule, zum Nachdenken regt mich der halb verwitterte Grabstein des Kreuzritters an, ich staune im Inneren über die Säule neben der uralten Madonna: Drei Schlangen, geschuppt und ineinander zu einem Zopf verwoben, bilden den Säulenkörper! Wofür das wohl steht?

Estrella
San Pedro

Doch vorher, als ich den wunderbaren Raum betrete und die Orgel spielt – da überkommt es mich wieder einmal und die Tränen fließen.

Ganz in der Nähe der Kirche ist das Touristenbüro – die nette Dame, die meinen Pilgerpass abstempelt, schenkt mir eine passende stabile Plastikhülle für das kostbare Dokument – so etwas habe sie noch nie gesehen, ein Pilgerpass, der schon durch halb Europa geführt hat! Ich bin richtig stolz auf mich. In einem kleinen Laden kaufe ich Donuts und zwei kühle Dosen Bier, wandere ein Stück weiter, bis ich unter einem Baum in einer kleinen Grünanlage eine Bank finde: Dort schmause ich und befreie meinen Rucksack vom Gewicht der Bierdosen. Leicht drösig wandere ich weiter, komme durch das Neubaugebiet mit einem großen Supermarkt. Zwei kleine Dosen Pâte kaufe ich – sonst gäb's nur Thunfisch in tausend Variationen – eine Hartwurst und ein Brot. „Sin sal!", warnt mich die Verkäuferin. Als ich meinen Einkaufswagen, in dem ich meinen Rucksack durch den Laden kutschiert hatte, wieder abstelle, lacht mir aus einem anderen eine Dose Sardinen entgegen – ich nehme sie als Geschenk dankend an!

Durchs Neubaugebiet endgültig aus der Stadt heraus. Der Himmel ist klar, die Sonne brennt und da winkt die Bodega Irache – da war doch was? Ja: der weltberühmte Weinbrunnen! Tatsächlich: zwei Wasserhähne an einem schönen Wandbecken, ein Schild: „Pilger, willst du gesund und bei Kräften nach Santiago kommen, stärke dich hier!" Dazu der Hinweis, dass der Brunnen weltweit über eine Webcam sichtbar ist: www.irache.com. Das wäre doch was! Wenn Silvia jetzt an den Computer geht, dann kann sie mich sehen. Nach über zwei Monaten! Doch als ich anrufe, ist sie nicht da. Schade, so kann ich ihr nur auf Band sprechen. Ich trinke zwei von den Achtelchen Wein, die der Hahn jeweils hergibt, und fülle meine Wasserflaschen am anderen. Der Brunnen ist jetzt umlagert von Radfahrern und Wanderern – ich mache mich auf die Socken und sehe mir das Kloster an. Lohnt einen Abstecher! Vor der Abtei ein schattiger Platz – hier mache ich erst einmal Picknick und eine kleine Siesta.

Weiter: Eine Zeitlang treffe ich immer wieder Mutter und Sohn, die auf Mountainbikes den Jakobsweg entlangfahren. Es geht streckenweise auf Trampelpfaden durch den Wald – die Radfahrer haben den Weg schlimm kaputtgemacht, mit tief ausgefahrenen Fahrspuren, manchmal kaum noch passierbar – warum bleiben die nicht auf den Straßen?

Und dann Villamayor: Ich komme in die Kirche, der Raum ist dunkel und kühl, endlich wieder eine alte Kirche, die nicht von einem riesigen goldenen Barockaltar beherrscht wird, sondern in dem Maß und Raum harmonieren dürfen – und auf der vordersten Bank sitzt eine Frau und singt mit einer wunderbaren Stimme. Ich antworte ihr mit meinem Pilgerlied – das erste Mal, dass ich es öffentlich singe. Die Frau erwidert mein Lied nochmals mit ihrem wunderbaren Hymnus, während Mutter und

Sohn Radfahrer andächtig auf der Eingangstreppe sitzen. Die Sängerin verlässt die Kirche, nickt mir im Vorbeigehen freundlich zu – ich habe den Impuls, ihr für ihren Gesang zu danken – warum habe ich es nicht getan?

Als ich das Dorf verlasse, bin ich so in Gedanken, dass ich einen Wegweiser übersehe, doch ein netter Dörfler schickt mich die hundert Meter zurück, die ich falsch gelaufen bin. Nun kommen über zwölf Kilometer Straßen und Feldwege, fast immer leicht bergab. Ich bin jetzt gut in Form und gehe schnell. Ein kaum sichtbarer Bach, ein niedriger Buckel – Ziegenpass genannt – und dann bin ich in Los Arcos. Am Ortseingang eine kleine Hütte mit einem Getränkeautomaten, einem Pilgerbuch und einem Stadtplan. Ich raste kurz, kaufe ein herrlich kühles Mineralwasser und marschiere weiter in den Ort: ein wunderschönes Städtchen, mit einer prächtigen Kirche und alten Gemäuern. Ich sehe Leute, augenscheinlich Pilger aus allen Nationen ohne ihre Rucksäcke. Doch heute habe ich keinen Nerv, in ein Refugio zu gehen, sondern will draußen schlafen. Ich gehe ins Touristbüro, lasse von einer charmanten Dame meinen Pilgerpass abstempeln und mir erklären, wo ich gut und preiswert essen könne: Ich habe Hunger wie ein Wolf!

Das Restaurant, das sie mir empfohlen hat, ist nicht weit entfernt, es geht eine Treppe hoch und ist urig eingerichtet. Eine hübsche Bedienung nimmt meinen Wunsch nach einem „menu peregrino" entgegen und kommt erst einmal mit Brot, einer Karaffe Wasser und einer Literflasche Wein. Dann gibt es phantastische Maccaroni mit Muscheln und viel Knoblauch, herrliche Calamari am Spieß und zum Abschluss Melone. Nicht gerade bodenständig das Essen, aber reichlich und gut – und ich zahle dafür gerade mal 12,00 €. Die Bedienung hilft mir, die halbvolle Weinflasche im Rucksack zu verstauen, als ich gesättigt und nun doch etwas müde aufbreche.

Über die Brücke, am lockenden Refugio mit der Leine voller Wäsche im Garten vorbei, zwischen Friedhof und einer Kapelle hindurch. Es geht auf Flurbereinigungswegen flott vorwärts. Dunkle Wolken ziehen auf, Wind erhebt sich, die Sonne sinkt: Zeit, einen Unterschlupf für die Nacht zu finden. Ich liebäugele mit den riesigen Strohhaufen, die auf den Feldern aufgeschichtet sind. Da lacht mich rechts am Berghang, eingebettet in die Trockenmauer der Terrassierung, eine Steinhütte an – jenseits eines frisch abgeernteten Kornfeldes, so weit weg vom Weg, dass sie vielleicht nicht von Pilgern als Toilette benutzt wurde. Tatsächlich: Das Innere der Hütte ist sauber, wenn auch ein bisschen staubig. Ich richte mein Lager her, esse noch ein Stück Brot und Wurst, trinke die Weinflasche leer und krieche in den Schlafsack.

So gut habe ich schon lange nicht mehr geschlafen.

Um sechs wache ich auf – schön war der ruhige Schlaf da draußen! Unten auf dem Weg gehen schon die ersten Pilger – auf! Schnell gefrühstückt – Brot, Wurst, Wasser, doch großen Hunger habe ich nicht. Packen – ist die Hütte auch so ordentlich, wie ich sie vorgefunden habe? Die leere Weinflasche stecke ich einige Meter entfernt unter einen Stein in der Mauer. Gegen halb sieben bin ich unten auf dem Weg. Erst einmal weiter auf breiten, gekiesten Flurbereinigungswegen, durch abgeerntete Getreidefelder, dann geht es vor Sansol ins Tal. Hoch ins Dorf, das von der Nationalstraße untertunnelt ist, dann wieder hinab ins Tal – dort lädt ein Brunnen zu Rast; dann weiter nach Torres del Rio. Die Kirche ist, wie nicht anders zu erwarten, abgesperrt, doch die Bar ist offen. Während ich ausgiebig frühstücke, Handy- und Fotoakku auflade, erfahre ich aus dem Fernsehen von den Terroranschlägen in London. Das Freitagmorgengespräch mit Silvia ist schwierig, immer wieder reißt die Verbindung ab. Das Lokal füllt sich, ich mache den Neuankömmlingen Platz, nachdem ich einen Muschelanstecker gekauft habe, der an meine kleine Tasche kommt.

Gefahr auf dem Weg!

Nächste Station, nach zum Teil abenteuerlichem Steigen, ist Viana, wo Cesare Borgia begraben ist, der nicht weit von hier in der Schlacht von Mendavia ums Leben kam. Die Kathedrale: beeindruckend, allein schon von den Dimensionen des Altars her, doch trotzdem auch ein Ort zur inneren Einkehr. Amüsant, doch auch nachdenklich machend, ist die Tafel am Eingang, die Besucher auf dezente Kleidung aufmerksam macht.

Pilger, kleidet euch angemessen!

Als ich auf die Straße komme, herrscht gespenstische Ruhe: Schweigeminute für die Opfer der Londoner Anschläge. Dann kommt wieder Leben in den Ort, ich durchquere ihn und stelle fest, dass die alten Gemäuer liebevoll restauriert werden. Überhaupt sehe ich hier in Spanien, dass man sich bemüht, den Verfall der letzten Jahrzehnte aufzuhalten oder zu reparieren. Den Berg hinab, durch Gärten und Felder, ein Blick zurück über wilde Artischocken hinweg. Ich überhole zwei Frauen aus Tübingen, Mutter und Tochter, und zwei junge Männer, von denen einer am rechten Fuß nur einen Badelatschen trägt, so dick verpflastert und voller Blasen ist er: tapfer!

An der Eremita de la Trinidad de Cuevas bin ich gerade am Maulbeeren pflücken, als die beiden Schwäbinnen kommen. Wir lassen uns an einer der Picknickbänke nieder und ich teile Brot, Wurst und Pâté de Pallo mit ihnen. Weiter geht's, am Natur/Vogelschutzgebiet vorbei. Kurz vor Logroño vor einem Bauernhaus der Stand einer Frau, die den Pilgern Andenken verkaufen will und ihnen die Pässe abstempelt. Später erfahre ich, dass sie am Camino eine Berühmtheit ist.

Hinab in die Vorstädte –mir fallen die Schwärme von Störchen auf, die über der Stadt und dem Umland kreisen. Ich komme an die Brücke über den Ebro: Auf der hat man ein Informationsbüro für Pilger eingerichtet und ich bekomme hier nicht nur einen Stempel in meinen Pilgerpass, sondern auch einen Stadtplan und die Adressen von zwei Privatpensionen. Ich werde hier einen Rasttag einlegen und möchte den nicht in einer Massenherberge verbringen. Beim Suchen in der Altstadt entschließe ich mich aber doch für ein Hotel, auch wenn es 50,00 € pro Nacht kostet – ein bisschen Luxus möchte ich mir gönnen. Duschen, waschen, ruhen, dann ein Bummel durch die Stadt. Vor der Kathedrale kann ich nur staunen: auf dem Turm bestimmt ein halbes Dutzend Storchennester, die Vögel stehen auf den Verzierungen und Gesimsen, als wären sie selbst ein Teil des Baus. Ich gehe zurück in mein Hotelzimmer und stelle fest, dass die Störche keine fünfzig Meter vom Fenster entfernt nisten – und dass sie lustig klappern!

Spät am Abend noch einmal in die Stadt – ich durchstreife die Gassen auf der Suche nach etwas zu essen – doch die Restaurants sind recht teuer und von drei, vier „Tapas" werde ich nicht satt. Schließlich genehmige ich mir in einem Schnellrestaurant in der Nähe der Kathedrale einen großen Salat, strolche noch einmal durchs Tapas-Viertel und gehe zurück ins Hotel. Es ist halb drei, als ich endlich trotz des Lärmes, den die Nachtbummler unter meinem Fenster veranstalten, einschlafe.

Samstag, 9. Juli 2005

Logroño   Ruhetag   68

Ich gehe in die Stadt, lasse auf dem Postamt eine weitere CD brennen, komme an einen kleinen Outdoorshop und kaufe mir dort eine Halbliter-Trinkflasche, die ich mit ihrer Hülle am Bauchgurt des Rucksacks befestigen kann – nun muss ich zum Trinken nicht mehr absatteln! Ich fotografiere das große Pilgerdenkmal auf der anderen Seite des Ebro, setze mich ans Ufer und schreibe Tagebuch, während Pilger an mir vorbeiströmen. Mit Ausnahme der unmittelbaren Umgebung der großen Kirchen ist die Altstadt in erbarmungswürdigem Zustand! Ich komme am Refugio vorbei und bin froh, dass ich da nicht abgestiegen bin! Jakobuskirche mit dem Vorplatz, das Pilgerdenkmal am Stadttor, das quirlige Viertel um die Kathedrale, samt dem Park – all das ändert nichts daran, dass ich keinen Zu-

183

gang zu Logroño finde. Ich gehe gegen Abend noch einmal in ein Schnellrestaurant, dann trinke ich noch eins in der Hotelbar, unterhalte mich mit
ein paar norwegischen Touristen und einer tschechischen Geschäftsfrau,
die mir ihre Karte gibt: Wenn ich in Santiago bin, soll ich ihr schreiben!
Gegen zehn dann im Bett, doch kann ich lange nicht schlafen, stehe wieder auf, packe neu, sehe fern.

69 Sonntag, 10. Juli 2005
Logroño – Ventosa   21 km

Draußen vor dem Fenster war bis fünf Uhr high life, dann begannen die
Störche mit ohrenbetäubendem Klappern. Ich habe kaum geschlafen. Um
sechs Uhr checke ich aus und zahle, nehme mir – ich habe nicht gefrühstückt – aus der Schale an der Rezeption noch einen großen, schönen Apfel mit. Ich habe Stiche im Magen und hoffe, dass sie vergehen, wenn ich
etwas esse. Ich hole eine Deutsche ein, die mich um Rat fragt, wie sie ihre
Teleskopstöcke einstellen soll. Gemeinsam gehen wir durch die Vorstadt,
kommen an einen Park, an dem wir erst einmal falsch gehen, aber den Weg
bald wieder finden. Ich verabschiede mich von der Frau und ziehe davon.
Wo mein Führer von Schutthalden spricht, ist inzwischen ein Naherho-
lungsgebiet entstanden. Ich raste auf dem Brückengeländer am Stausee
und will den Apfel aus dem Hotel essen, doch nach dem ersten Biss werfe
ich ihn angeekelt in die Büsche: Einen halben Zentimeter unter der Schale
ist er durch und durch faul! Weiter, Stiche im Magen!

Am See entlang. Als der Weg ihn verlässt, sitzt auf einer Picknickbank
Marcellino el Peregrino. Er bewirtet die vorbeikommenden Pilger mit
Keksen und Obst, stempelt ihre Pilgerpässe und schenkt ihnen Talismane:
Steine mit der „Fletscha", dem gelben Pfeil, der den Camino deutlicher
markiert als alle Muscheln, und Haselnüsse mit der Aufschrift „Camino
de Santiago 2005" Als ich ihm meinen Leporellopilgerpass zeige, mit den
fortlaufenden Stempeln von Deutschland bis hierher, springt er auf, umarmt mich heftig und bittet lautstark und wortreich den Segen Gottes,
der Madonna und des heiligen Jakobus auf mich herab. Ich esse vorsichtig
ein, zwei Kekse und eine Aprikose – vielleicht hilft das gegen die Stiche

Marcellino,
der Pilger

im Magen? Marcellino erzählt von seinem diesjährigen Pilgermarsch nach Le Puy und ist stolz darauf, dass er als erster Pilger des Jahres die Heilige Pforte öffnen durfte. Eine ganze Pilgertraube hat sich um ihn versammelt, auch die Deutsche ist wieder da – ich kann mich kaum losreißen, doch ich muss weiter.

Stiche im Magen, als es den Berg hinauf geht. Oben ein ganzes Feld voller liebevoll aufgeschichteter Steinmännchen. Navarrete – keine Erinnerung, nur an eine Bar, in der ich frühstücke und hoffe, dass sich jetzt mein Magen beruhigt. Aus der Stadt hinaus, am Friedhof vorbei: Ich lese die Gedenktafel für die junge Belgierin, die hier auf dem Camino ums Leben kam und breche in Tränen aus.

Weiter, die Magenschmerzen nehmen zu. Ich heule unterm Laufen und bitte Gott um Hilfe. Zeitweise geht es besser, dann setzen die Stiche wieder ein. Völlig am Ende setze ich mich auf einen Stein am Wegrand. Zwei Spanierinnen – Pilger wie ich – bieten mir Hilfe an. Ich bin verzweifelt, doch ich sage: „Es geht schon!", und gehe weiter. Stiche im Magen und jetzt auch im Unterbauch. In Sichtweite von Ventosa ist endgültig Schluss: Die beiden Spanierinnen schleppen mich, der ich vor Schmerzen nur noch weine und mich krümme, ins Refugio.

Dort kümmert man sich liebevoll und besorgt um mich, weist mir das beste Bett zu. Ich bekomme einen Kamillentee, zwei Schweizer Radfahrer geben mir etwas von ihren Nudeln ab, als sich mein Magen etwas beruhigt hat. Ich schlafe eine, zwei Stunden, mache mir einen Minzetee, esse noch einmal Nudeln. Ich sitze noch ein paar Minuten auf der Bank vor dem Refugio, warte darauf, dass die Stiche wieder anfangen, doch mein Magen hält Ruhe: Ich bin nur zu Tode erschöpft. Noch früh am Abend liege ich im Bett und schlafe.

70 Montag, 11. Juli 2005
Ventosa – Grañón   41 Km

Gegen halb sieben bin ich auf dem Weg – es geht mir blendend! Ein Stoßgebet zum Himmel: Lieber Gott – danke! Ich habe noch etwas gefrühstückt – der Magen hält Ruhe – und mich bei all denen bedankt, die sich gestern um mich gekümmert haben.

Über sanft gewelltes Land, endlose Weizenfelder und Weinplantagen mit kilometerlangen Bewässerungsrinnen nach Nájera. In der Stadtkirche ist Messe – da möchte ich nicht hineinplatzen. Doch ein kleiner Stadtbummel ist drin – nettes Städtchen! Überall merkt man, anders als in Logroño, dass versucht wird, die alte Bausubstanz zu erhalten. Der Konvent ist leider geschlossen und dort steht plötzlich die Deutsche von gestern Früh. Sie war auch in Ventosa, hatte große Schwierigkeiten mit Füßen und Rucksack und ist mit dem Taxi hergekommen. Jetzt läuft sie mit erheblich leichterem Gepäck weiter.

Nach Nájera erst einmal kleine Steigung, wieder endlose Felder mit Bewässerungsanlagen – nicht Wassersprüher wie in Frankreich, sondern ein ausgedehntes, ausgeklügeltes System von Rinnen und Gräben mit Schiebern und Absperrungen. Der Himmel klart auf, es wird warm, aber erträglich. In Azofra ist die Kirche natürlich zu, doch ich setze mich davor im Schatten auf die Bank und picknicke. Runter ins Dorf: Da ist vor der Bar große Pilgerversammlung inklusive einer Gruppe Wanderer aus Berlin, die ich vorhin überholt habe. Als ich am großen Brunnen meine Wasserflasche füllen will, macht mich ein Dörfler darauf aufmerksam, dass das kein Trinkwasser ist – aus dem kleinen Hahn an der Rückseite, daraus kann man trinken! Ich bin recht dankbar, denn noch so einen Tag wie gestern …

Nach Cirueña sollen es 180 Meter Steigung sein, doch ich spüre sie kaum. Als ich in den Ort einlaufe, sitzt am Brunnen ein Pilger und picknickt, doch mir ist jetzt nach etwas Handfestem. So sitze ich bald in der Bar, habe einen halben Liter Bier vor mir und ein Riesensandwich, fetttriefend, mit gebratenem Bacon und Käse. Am Nebentisch sitzt eine Spanierin mit ihrer kleinen Tochter, die beiden tuscheln miteinander, dann kommt die Kleine und fragt: „Where are you from?", und berichtet dann der Mutter. Als ich meinen Pilgerausweis abstempeln lasse, sehen sich beide interessiert das ellenlange Dokument an und lassen es sich erklären. Später schenkt mir die Kleine drei Bonbons und ich revanchiere mich mit dem Talismanstein, den mir Marcellino el Peregrino gestern geschenkt hat.

Um halb zwei weiter nach Santo Domingo de la Calzada. Eine schöne alte Stadt – ich bin versucht, in der Herberge einzukehren, doch ich trage mich nur in das Buch ein, das davor ausliegt und gehe in die Kathedrale – doch allein die wäre einen Besichtigungstag wert. Überhaupt: Wollte ich all das, was ich bisher an Kulturschätzen gesehen und auch ausgelassen habe, wirklich intensiv besehen und verarbeiten, auch etwas abseits vom Weg: Ich wäre dreimal so lange unterwegs. Ich streife durch die Kathedrale, staune, sehe, doch richtig aufnehmen kann ich nicht mehr – zu viel ist in den letzten Monaten auf mich eingestürmt! Angenehm die leise Beschallung des Raums: Bach, eine Kantate, die mir sehr bekannt vorkommt, doch ich verstehe den Text nicht und kann nicht sagen, welche es ist. Dennoch: einfach schön! Plötzlich hinter mir lautes Krähen – ach ja, die Hühner von San Domingo! Hoch oben in der Wand der Käfig, unerreichbar für die Stöcke der Pilger, die sich früher bemühten, den Tieren ein Federchen abzuschlagen: Das sollte gegen alle möglichen Krankheiten helfen. Während ich noch hinaufschaue, besteigt der Hahn unter großem Gegacker die Henne und ich schmunzle: Sex in der Kirche, aber so was!

Weiter. Hinaus aus dem Ort, über die Brücke, die San Domingo gebaut hat, die N 120 entlang. Es kommt ein großes Pilgerkreuz, dann wieder Feldweg. In Grañón eine wunderschöne Herberge, parrochial, also der Kirchengemeinde zugehörig, augenscheinlich von der Fränkischen Jakobusgesellschaft gesponsert, an die Kirche angebaut: Von der Treppe zum Aufenthaltsraum führt eine Tür direkt auf die Empore. Es gibt hier nicht die üblichen Stockbetten, sondern ein Matratzenlager – mal was anderes!

Nach dem gemeinsamen Abendessen noch eine Andacht auf der Empore – sehr schön, und als alle gegangen sind ist mir nach Singen: Ich trete bis an die Brüstung und singe mein Pilgerlied dem schwach beleuchteten goldenen Altar. Als ich mich umdrehe, drängen sich die Zuhörer im Eingang.

Mit der Schwedin Eva führe ich ein langes Gespräch über den Jakobsweg und lade sie ein, bei mir zuhause vorbeizuschauen, wenn sie tatsächlich den Europäischen Weg gehen sollte – in Deutschland ist er ab Görlitz schon lückenlos markiert. Um halb elf ist dann Nachtruhe und ich schlafe sehr gut.

71 Dienstag, 12. Juli 2005
Grañón - Tosantos   26 km

Gestern hatte ich verstanden, vor sieben gäbe es kein Frühstück – doch da war ich wohl der Einzige: Ab halb sechs war Leben in der Bude und um sechs saß alles um den großen Esstisch, mich eingeschlossen. Um halb sieben dann auf den Weg – vorher im Laden noch einen Stempel geholt – da waren schon die ersten Pilger aus Santo Domingo! Man kann's auch übertreiben! Irgendwie müssen meine Vorderleute auf eine alte Markierung gekommen sein: Es geht über die N 120, die große Nationalstraße, mein Führer sagt was anderes, doch auf den ist kein Verlass, und nach ein paar hundert Metern kommt uns schon die ganze Kavalkade wieder entgegen: „Wrong way!" Eva ist dabei – ich schreibe ihr noch mein Pilgerlied auf – sie möchte das in ihre Muttersprache übersetzen – und sie verspricht mir hoch und heilig, bei mir vorbeizuschauen, wenn sie nächstes Jahr wirklich nach Rom pilgern wird.

Ein Stück die N 120 entlang, dann finde ich einen Feldweg, der hoch auf den Kamm führt, wo die große Karawane unterwegs ist. An der Straße unten ein großes Schild: Ich überschreite die Grenze zwischen Rioja und Kastilien. Und das erste Haus kurz hinter der Grenze ist ein „Club" mit viel rosaroter Neonreklame und einem großen Parkplatz ...

Heute ist das Laufen nicht so einfach, am rechten Fuß schmerzt der vierte Zeh, ist irgendwie weich geworden und ich nehme mir vor: ab morgen wieder Sandalen! In jedem Dorf fülle ich meine kleine Flasche auf; den Tee in der großen möchte ich mir fürs Abendpicknick aufheben, denn ich möchte heute noch auf den Berg hinter Villafranca und dann im Wald schlafen. Es wird drückend heiß. In Belorado schwatze ich mit zwei Deutschen, die hier Etappenziel machen – zu früh für meinen Geschmack. Es geht wieder endlos die N 120 entlang; mein Fuß wird immer schlimmer.

In Tosantos stehe ich vor dem Schild: „Albergue 100 m" und überlege noch, als ein Schweizer Ehepaar mit ihrer spanischen Freundin daherkommt und sagt, die Herberge sei sehr gut. Schon überredet! Duschen, Wäsche und Stiefel waschen, Mittagessen: viel Salat!

Manuela, die Schweizerin, erzählt anscheinend von meinem Pilgerlied – und so muss ich es gemeinsam mit einem Spanier auf dem Umweg über eine englische Version ins Spanische übersetzen. Ich werde es heute Abend nach der Komplet singen. Nach dem Essen probe ich mit den Helfern des Refugio – es wird ehrenamtlich von Mitgliedern der Kirchengemeinde gemanagt – die Gesänge von Komplet und Laudes. Ich genieße das – und auch den langen, erholsamen Nachmittag! Um sechs Uhr Führung zur Virgen de la Pena. Die Madonna steht nur im Sommer oben in der Höhlenkirche, im Winter holt man sie in feierlichem Zug in die Dorfkirche; vor der steht „der älteste Baum Spaniens"! Oben in der Kapelle bittet man mich, das Pilgerlied zu singen, und als wir anschließend die Dorfkirche ansehen – uns wird extra aufgeschlossen – singe ich es dort noch einmal. Das Abendessen – gemeinsam zubereitet – ist sehr gut, fast zu reichlich.

Gemeinsames Essen in Tosantos

Dann die Andacht, mit den Gesängen, die wir am Nachmittag geübt haben und dem Pilgerlied – Manuela singt mit! Gegen halb elf schlafe ich dann auf einer dünnen Matte im Schlafsaal den sanften Schlaf des Gerechten.

72 Mittwoch, 13. Juli 2005
Tosantos – Cardeñuela   33 km

Nach einem gründlichen Frühstück bin ich um halb sieben auf dem Weg. Die Strecke bis Villafranca Montes de Oca ist schnell zurückgelegt – ich wundere mich nur, dass ich Manuela, ihren Mann und die Freundin nicht überhole. In Villafranca auf dem LKW-Parkplatz vor dem Hotelrestaurant eine Ansammlung von Fahrrädern – ich habe noch keinen Hunger und laufe durch. Kirche nicht zu besichtigen, schade, soll sehr eindrucksvoll sein.

Einen steilen, steinigen Pfad hoch, wenigstens mal kein Asphalt oder breiter Feldweg, doch auch hier kommen Biker angerauscht und sind beleidigt, wenn man ihnen nicht sofort Platz macht. Hinauf in den Wald; erst ist es ein herrlich schattiger Eichenwald, geht aber bald in einen Kiefernwald mit Erika und Ginster über – fast wie in Jütland oder der Lüneburger Heide! Der Weg ist nun eine fußballfeldbreite Brandschneise, bietet nur ab und zu Schatten, ist aber gut begehbar. Am Kriegerdenkmal mitten im Wald zippe ich die Hosenbeine ab und mache eine kurze Rast – und da kommen die Schweizer. Ich muss Manuela unterm Laufen noch einmal die Melodie des Pilgerlieds beibringen, den Text hat sie schon im Kopf, hat ihn über Nacht auswendig gelernt. Als sie meint, sie beherrsche jetzt auch die Melodie, lege ich wieder einen Zahn zu und ziehe durch den Kiefernforst davon.

Am Weg parkt das Wohnmobil eines ulkigen, etwas aufdringlichen Engländers, der bei jedem, der vorbeikommt, sein Sprüchlein abspult: „Ich bin ein Engländer und Santiagopilger und ich bin hier, um den Pilgern die Füße zu verbinden und ihnen eine Erfrischung anzubieten!" Nur, dass er sich Kaffee und Kekse bezahlen lässt, und das nicht zu knapp. Während ich noch meinen Kaffee trinke und mit dem Engländer schwatze, kommt Manuela mit Mann und Freundin und wir repetieren noch einmal das Pilgerlied.

In San Juan d'Ortega sehen wir uns wieder. Herrlich die Kirche mit dem Grab des Heiligen! Als ich herauskomme, sind alle da, die gestern Abend in Tosantos waren und noch einige mehr, ich muss – oder darf – gemeinsam mit Manuela in der wunderbaren Akustik der Kirche das Pilgerlied singen, erhalte dafür Küsschen und Umarmungen. Eine Spanierin schreibt den spanischen Text ab und ich den deutschen, dazu meine englische Übersetzung, dahinter meine E-Mail-Adresse und jetzt glaube ich, dass das Lied seinen Weg machen wird. Als ich mich verabschiede, gibt es noch einmal herzliche Umarmungen und Küsschen nicht nur auf die Wange.

San Juan
d'Ortega

Aus dem Wald heraus nach Ages – leider komme ich nicht in die Kirche – und da ist noch einmal eine ganze Gruppe von gestern: Ich singe gerade unterm Laufen die Bassstimme des „Lacrimosa" aus dem Mozart-Requiem, als hinter mir der Tenor einstimmt: ein Musikstudent aus Rom! Pete, der Australier, nimmt auf, wie ich nun mit dem Römer und einem

Spanier die Melodie des Pilgerliedes einübe – den Text haben sie schon abgeschrieben. Bis Atapuerca gehen Pete und ich zusammen – hier in der Gegend hat man 800 000 Jahre alte Steinzeitmenschen gefunden – eine Sensation, denn das sind wohl die ältesten Europäer! Pete erklärt, er wolle sich die genauer ansehen. Er ist von Australien hergekommen, um die Wurzeln seiner Familie zu begreifen, und das, meint er, gehört dazu. Wir kommen ans Refugio, jetzt, am späten Mittag fast schon voll. Wir, das heißt, die beiden Sänger,

Steinzeit-
mensch in
Atapuerca

Pete und ich, beschließen, das Refugio den Frauen zu überlassen. Die anderen drei wollen in die Herberge in Olmos de Atapuerca, ich gehe weiter auf dem Camino.

Im Ort gibt es eine einzige Bar, vor der ich mich niederlasse: Kaffee und ein Bocadillo, ein längs aufgeschnittenes Stück Brot, belegt mit Schinken und Salat. Eine junge französische Pilgerin setzt sich zu mir, malerisch gekleidet und geschmückt wie eine Hippiebraut aus meiner Jugend, nur mit mehr Piercings – doch wir kommen nicht ins Gespräch: Sie ist stumm wie ein Fisch, nachdem sie gefragt hatte, ob der zweite Stuhl am Tisch frei sei. Ich gehe weiter, sehe, dass das beinahe letzte Haus im Ort eine Panficeria, eine Bäckerei, ist. Die hat zwar zu, doch man verkauft mir durchs offene Fenster ein wunderbar duftendes

Herberge
in
Atapuerca

Brot frisch aus dem Ofen und noch ganz warm. Als der Camino die Straße verlässt, führt er in einen herrlich schattigen Park mit Picknicktischen – da sind die Spanier hier groß, solche Plätze einzurichten, oft auch noch mit Wasserhähnen. In Frankreich wäre das auch eine gute Idee. Ich breite hier meine Matte aus und schlafe fast zwei Stunden.

Nun geht es über einen verkarsteten Höhenrücken: Jurakalk, Heide, fast wie auf der Alb, aber verbrannt und braun. Oben Reste eines Stacheldraht-zaunes, zwei italienische Radler haben ein Stück Draht abgezwickt und ersetzen damit die verlorene Halteschraube eines der Schutzbleche. Ein herrlicher Ausblick, fast bis nach Burgos, nur gestört von den Telecom-Masten und einem riesigen Steinbruch. Der Weg führt hinab nach Villaval mit seiner verfallenen Kirche – die erste Kirchenruine, die ich auf meinem Pilgerweg sehe. Im Ort an der Wasserstelle liegt auf Isomatten und Schlaf-sack ein Pärchen aus Bremen, total erledigt. Ich überlege gerade, ob ich mich nicht dazulegen soll und heute Nacht hier schlafen, als uns ein vor-beikommender Spanier sagt, das nächste Refugio sei in Cardeñuela, nur zwei Kilometer weiter! Also raffen sich die beiden auf und wir schleppen uns in einer knappen dreiviertel Stunde hin. Schlüssel gibt's im örtlichen Lebensmittelladen, der ist gleichzeitig die Ortskneipe. Gegenüber an einer Garagenwand die herrliche Karikatur eines Pilgers mit Kofferradio, Son-nenbrille, Handy – leider denke ich nicht daran, sie zu fotografieren. Wir kaufen noch Lebensmittel ein – wir wollen uns unser Abendessen selbst kochen, gehen die paar Dutzend Schritte zurück zum Refugio und stellen fest, dass es da keine Küche gibt! Also teilen wir die Vorräte untereinander auf und geben uns erst einmal der üblichen Abendroutine hin: Bett bele-gen, duschen, Wäsche waschen.

Mittlerweile füllt sich die Herberge; eine deutsche Frau setzt sich mit einem Stuhl vor die Türe, um zu lesen, wird aber bald etwas nervös: Zwi-schen ihren Füßen marschiert eine Kolonne riesiger Ameisen! Ich schaue mir den Zug an: an der Spitze ein Pulk, in zwei Fußbreit Abstand rechts und links jeweils einige Tiere zur Flankensicherung. In der Spur dieser Vor-hut einen halben Meter dahinter das Gros: etwa drei bis vier Tiere breit, in fast militärischer Disziplin, ohne das übliche Durcheinandergewusel, nach etwa fünf Metern ein dickes Knäuel – und zwei Meter danach endet der Heerzug. Ein Ameisenvolk auf dem Weg in einen neuen Bau?

Die beiden Bremer und ich gehen zum Essen in die Kneipe: reich-liches Pilgermenü für 7,50 €, dazu Wein – ganz hervorragend! Die Bremer zieht es in ihre Betten, ich unterhalte mich noch ein bisschen mit einem deutschen Ehepaar und trinke mit drei jungen Dänen noch ein, zwei Bierchen.

73 Donnerstag, 14. Juli 2005
Cardeñuela – Burgos – Tardajos   26 km

Um sechs Uhr sind die Bremer und ich auf dem Weg, ohne Frühstück oder Kaffee. Ich ziehe den beiden bald davon, durch die stillen schlafenden Orte. Es scheint hier schon das Einzugsgebiet von Burgos zu sein – viele neue Einfamilienhäuser. Unterm Laufen esse ich trockenes Brot und trinke Wasser dazu. Langsam wird es hell und ich gehe meinem Schatten nach. Über die Autobahn, linker Hand scheint der Flugplatz ausgebaut zu werden: Ich erkenne eine große Tiefbaustelle. Als ich bei Villafria die Bahn überquere, überlege ich, ob ich nicht zum Frühstücken in den Ort gehen soll, doch es sieht alles noch recht verschlafen aus – da ist bestimmt noch nichts offen.

Die Bushaltestelle lockt: Ich habe fünf Kilometer entlang der N 120 vor mir – Carmen Rohrbach beschreibt den Weg als schrecklich. Doch ich widerstehe der Versuchung – im Gegensatz zu anderen: Als mich ein Bus überholt, winken mir daraus einige Pilger, die mir bekannt vorkommen, fröhlich zu. Was kommt, ist der typische Weg in eine Großstadt: endlose Gewerbegebiete, wieder mal ein „Club", eine Kaserne, Tankstellen, Supermärkte vom Media Markt bis zum Möbelhaus. Der Verkehr ist dicht, aber nicht so, dass ich mich irgendwie gefährdet fühlen muss, zumal ich den ganzen Weg in die Stadt auf Gehsteigen gehen kann. Ich komme an eine schöne alte Kirche in einer kleinen Grünanlage. Leider ist sie abgesperrt, doch gegenüber ist eine Bar, in der ich für 3,00 € ein Desayuno bekomme: ein Glas Orangensaft, einen „grande café con leche" und ein Hörnchen. Hintern Tresen ein Schild: Stempel für Pilger. Das lasse ich mir nicht entgehen und die Frühstücksgäste bestaunen wortreich meinen Pilgerpass.

Weiter in die Stadt – endlich von der N 120 weg, und da ist die erste große Kirche: San Lesmes, der Schutzheilige von Burgos. Ein wunderbarer gotischer Raum, wohltuende Kühle und Stille. Ich nehme mir Zeit, Gott für den Weg zu danken, den ich gehen durfte, um Kraft und Gesundheit für den Rest des Wegs, und für meine Familie und alle Pilger zu bitten.

Ich komme auf den Platz vor der Kathedrale. Auf einer Bank das Denkmal eines erschöpften Pilgers – ich lege ihm meinen Rucksack zur Seite und mache ein Bild, dann fotografiert ein japanisches Paar, das vor Lachen fast meine Kamera fallen lässt, uns beide.

Zwei müde Pilger in Burgos

Die Kathedrale ist zum größten Teil Museum. Im Eingangsbereich hat man große Schließfächer aufgebaut, in die die Rucksäcke der Pilger gesteckt werden – voll bepackt kommt keiner da rein – ist auch gut so! Ich bin über eine Stunde durch dieses Wunderwerk von Kirche gewandert, staunend, ungläubig das Sprengwerk der Kuppeln betrachtend (und verbotenerweise fotografierend), überwältigt von der Fülle der Schätze, der Kunst, der Atmosphäre im Hauptschiff, dem Chor und den vielen Seitenkapellen.

Ich gehe ins Museum und fotografiere dort den „Santiago Matamoro", den Mauren tötenden Santiago, den man aus der Jakobuskapelle verbannt hat: Man müsse doch Rücksicht auf die Muslime nehmen, die vielleicht diese Kirche besuchen, war die Begründung. Empörend!! Wer bestimmt

eigentlich bei uns im „christlichen Abendland": Die eigene, jahrhundertealte Überlieferung oder eine Handvoll fanatischer Mullahs!? Müssen wir
wirklich dem Geschrei jeder Gruppe nachgeben, auch wenn sie noch so
gewaltbereit ist? Sollten wir nicht aus der Geschichte gelernt haben, dass
Nachgeben immer dazu führt, dass die Schreier immer mehr verlangen?
Toleranz bedeutet, den Anderen gelten zu lassen, nicht, die eigenen Werte
aufzugeben!

Ich habe Hunger und Durst, als ich aus der Kathedrale komme, suche etwas im Stadtzentrum herum und lande in einer urigen Kneipe, die
Wände gepflastert mit Stierkampfbildern, esse dort sehr gut und trinke
neben einem Liter Wasser auch ein Achtel Tinto de la casa. Am Fuße des
Denkmals El Cids, des spanischen Nationalhelden aus der Reconquista,
kaufe ich mir ein Eis – die Verkäuferin kann es kaum fassen, als ich auf
ihre Frage antworte, ich sei von Deutschland hierher gelaufen. Entlang
des Rio Arlazón zieht sich ein herrlicher Park, schattig, lebendig, voller
Menschen – hier verliebe ich mich endgültig in diese Stadt. Ich komme
ans Marientor, steige die Innentreppe hoch zu dem schönen kleinen Museum, kehre noch einmal zurück zur Kathedrale und folge von dort dem
markierten Camino. Den Aufstieg zur Burg erspare ich mir in der mittäg-
lichen Hitze – ich habe ja den festen Vorsatz, wiederzukommen! Nach der
Brücke über den Fluss lockt der baumbestandene Uferstreifen: Ich breite
meine Isomatte aus und schlafe eine Stunde.

Wieder auf den Weg: Ich wandere am Refugio vorbei, das direkt hinter der Brücke in einem Park liegt, an den ersten Universitätsgebäuden
(andere sind auf dem Gelände einer alten Abtei untergebracht) – stilvoll
und schön! Ich komme an eine offensichtlich recht „junge" Kirche, deren
Bemalung mich reizt, und freue mich über die schönen modernen Fresken
darin. Ich danke Gott noch einmal für all das Wunderbare, das ich heute
sehen durfte – dann wird zu einem Trauergottesdienst geläutet, mit entsetzlich blechernem Klang. Warum klingen in Südfrankreich und Spanien
die Glocken nur so fürchterlich scheppernd?!

Inzwischen ist es glutheiß und ich habe wunde Füße in den Sandalen:
Die dicke Hornhaut an den Fersen ist aufgerissen, besonders links, so tief,
dass es nässt, und das schmerzt bei jedem Schritt. Mein Entschluss: Das
nächste Refugio ist meins!

Jetzt bin ich aus der Stadt draußen. Es geht durch einen schön schattigen Pappelhain, ich komme zum Gelände einer Baufirma, wo ein Ar-

beiter gerade eine verdreckte Maschine abspritzt. Ich gehe auf ihn zu, die Wasserflasche in der Hand – da öffnet er einen anderen Hahn, lässt endlos Wasser ablaufen und dann habe ich zwei Flaschen voll mit herrlich kühlem Wasser. Mit einem herzlichen „Gracias!" kehre ich zurück auf den Weg.

In Villabilla de Burgos ist die Kirche leider zu. Ich weiß eine Herberge hier, aber als ich gerade darauf zumarschiere, kommen mir zwei höchst angeekelte Österreicherinnen entgegen: Bloß nicht da rein! Ein Drecksloch! Laken zerrissen, auf einem Bett Blutflecken, alles schmuddelig! „Wir sind ja viel gewohnt und halten was aus, nicht, Birgit? Aber das ist zu viel! Also wir gehen nach Tardajos, das ist nur noch eine halbe Stunde. Aber vorher gehen wir eins trinken – kommst du mit?" Ich bedanke mich bei den bei-

den, wir trinken gemeinsam ein Bier und dann ist Tardajos zu dritt schnell erreicht. Eine schöne Albergue, netter Wirt, alles macht einen sauberen Eindruck. Außer uns sind schon zwei Spanier da, die ich schon seit längerem immer wieder treffe, und eine Dänin, die mir bekannt vorkommt, es aber nicht ist.

Wo sind meine?

Es gibt in der Herberge keine Küche, also gehe ich essen – vorher noch in die Farmacia, wo ich eine Salbe und Spezialpflaster für meine aufgerissenen Füße bekomme, dazu noch Vitamintabletten. Im Restaurant die beiden Spanier – es wird noch ein netter Abend!

Freitag, 15. Juli 2005

Tardajos – Castrojeriz   *32 km*   **74**

Früh auf – fünf Uhr, um viertel vor sechs sind Bodil, die Dänin, die Österreicherinnen Birgit und Elisabeth und ich auf dem Weg. Wir freuen uns auf einen Kaffee in Hornillos de Camino. Gegen acht Uhr sind wir dort, doch die Bar-Cafeteria hat heute zu. Der Laden im Ort macht das Geschäft des Jahres mit Wurst, Brot und Getränken: Immer mehr Pilger kaufen dort ein und wir lassen uns ungeniert auf den Sitzgruppen vor der Bar nieder, um zu frühstücken. Zwischendurch das Freitagmorgengespräch mit Silvia – sie erzählt mir, dass man sich im Dorf immer wieder erkundigt, wie weit ich denn sei und wie es mir ginge. Ich wünschte, sie wäre hier! Zum Ort hinaus, den Berg hoch – und nun sind wir in der Meseta. Endlose Weizenfelder, schnurgerader Weg, doch ich finde die Landschaft großartig in ihrer Weite.

Ich bin den Frauen davongelaufen, laufe ab und zu ein paar hundert Meter mit jemand anderem, den ich eingeholt habe – doch man findet sich immer wieder, wenn ich einen Fotostopp mache oder einer haltmacht, um seine Trinkflasche aus dem Rucksack zu holen. Gut, dass ich in Logroño die Hüftflasche gekauft habe. Ein Taleinschnitt: unten die Fuente de San Bol – ein bunt bemaltes Gebäude, wenig vertrauenerweckend, doch tatsächlich ein Refugio! Wieder weite Meseta, die Felder teilweise schon abgeerntet, weit entfernt auf dem Stoppelfeld eine Schafherde. Durch das Fernglas erkenne ich, dass der Schäfer einen Esel dabeihat – der erste, den ich seit Frankreich sehe. Zwei Däninnen fallen mir auf, beide mehr breit als hoch – tapfer wie sie durch die gnadenlose Hitze marschieren. Mir leistet mein Hut gute Dienste, auch der Regenschirm schützt mich eine Stunde lang vor der Sonne, bis es mir zu blöd wird, wie der Mohr im Struwwelpeter daherzukommen.

Vor mir ein weites Tal mit dem Städtchen Hontanas. Dort läuft beim Brunnen an der Kirche und vor der blitzsauberen Bar alles zusammen wie an einem Abflussloch: Birgit und Elisabeth, Bodil, Manuela mit Mann und Freundin. Eine große Cerveza, ein Salat mit Brot – da hat man wieder Kraft! Als ich aufbreche, schließt sich mir Bodil an – doch wir kommen nicht weit: Am Ortsausgang lockt das gemeindliche Freibad mit schattiger Liegewiese. Wir haben uns kaum umgezogen, da kommen auch schon Birgit und Elisabeth und leihen Bodil ein Bikinioberteil, sonst hätte sie mit dem Top ins Wasser gehen müssen. Bodil ist ängstlich – sie kann nicht schwimmen, und hat die Erfahrung gemacht, dass Männer, die sie im Wasser getragen haben, irgendwann losließen, damit sie es lerne. Um so mehr genießt sie es, als sie merkt, dass sie sich auf mich verlassen kann. Doch irgendwann müssen wir weiter!

Der Weg bleibt jetzt im Tal, läuft auf einem Feldweg parallel zur Landstraße an den eindrucksvollen Ruinen eines alten Pilgerhospitals vorbei und landet schließlich doch wieder auf Asphalt. Ich bin den Anderen wieder weit voraus, bis zu den Ruinen von San Anton: Die Straße führt mitten durch das alte Kloster, wunderbare gotische Gewölbe, das muss ich sehen! In den Gewölberesten ein Refugio, die Räume einfach durch Planen voneinander abgeteilt. Eine Spanierin, die dort schon eingekehrt ist, erzählt dem Hostelero von meinem Pilgerlied, zeigt ihm den Text, und er versucht, mich zum Bleiben zu bewegen, doch ich möchte weiter.

Als ich wieder auf die Straße komme, sind die drei Frauen vor mir und ich spute mich, sie einzuholen. Castrojeriz ist in Sicht, es geht den Berg hinauf, Bodil ist völlig nieder und lässt sich von mir an der Hand die Steigung in den Ort hinaufziehen. Wir kommen direkt an einem privaten Albergue vorbei. Ein altes Stadthaus: große Eingangshalle, unter der Treppe Dusche, geradeaus, mit herrlichem Blick über das Tal, der Schlafraum mit acht Doppelstockbetten. Küche ist eine Treppe höher, gegessen wird in der Eingangshalle. Wir entschließen uns, zu bleiben, und der Hausbesitzer stellt uns alles gegen einen kleinen Obolus zur Verfügung: „Mi casa es su casa!"

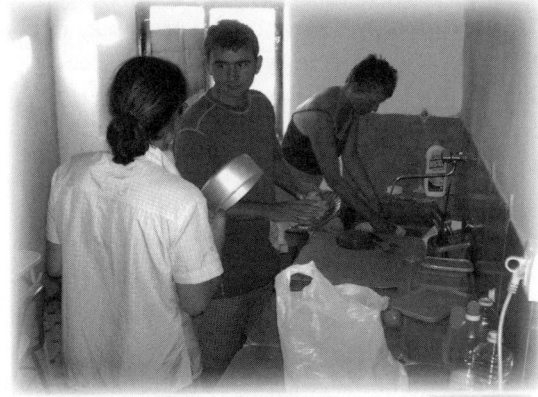

Wir treffen hier einen jungen Ungarn, Zsolt aus Budapest, und wie ich ihn verstehe, ist er von seiner Heimatstadt hierher gelaufen – das ist noch gut 800 Kilometer weiter als bei mir! Wir gehen gemeinsam einkaufen, kochen und essen zusammen. Die anderen sind ratlos, da es keinen Herd gibt, doch

Gemeinsam kochen und essen in Castrojeriz:

199

ich koche in einer Glasschüssel in der Mikrowelle Nudeln und mache auf die gleiche Weise die Soße warm. Es gibt Pasta mit Wurst-Schinken-Gemüsesoße, dazu Salat, zum Nachtisch Kuchen und für fünf Personen zwei Flaschen Wein, aus denen drei werden. Wir sind aufgekratzt, es geht noch in die Bar, wo ich ein Bier und einen Wodka trinke – doch dann langt es mir. Die anderen bleiben noch, doch die beiden „Alten", Bodil und ich, gehen zurück in die Herberge. Ab ins Bett! Um viertel vor zehn fallen mir die Augen zu.

75 Samstag, 16. Juli 2005
Castrojeriz – Frómista   26 km

Ich habe gestern Abend noch vorgepackt und stehe um halb sechs auf, richte für uns mit dem, was da ist, Frühstück, während die Anderen langsam aus den Betten kommen. Das Frühstück wird gemütlich, nur die ältere Französin, die gestern Abend noch kam, rauscht wort- und grußlos an uns vorüber. Die Mädchen erzählen uns, warum: Sie sind gestern noch etwas länger in der Kneipe geblieben und mussten kurz nach Mitternacht den Hostelero aus dem Bett klopfen – der war etwas unwirsch! Im Schlafsaal war's dann auch nicht ganz leise – Bodil und ich hätten geschnarcht, doch die Französin habe sich aufgeregt. Jaja, die Jugend! Aber ich war in dem Alter nicht anders.

Um viertel nach sechs machen wir uns auf die Socken – und ich lasse eins meiner Handtücher hängen. Als es mir einfällt, bin ich schon zu weit, um umzukehren. Ich bin wieder mal den anderen davongelaufen, doch am Ortseingang kommt mir eine Schafherde entgegen; bis die vorbei ist, hat mich Bodil eingeholt und wir beschließen, heute zusammen zu bleiben. Es geht hinab ins Tal des Rio Odrilla, erst über eine längere moderne Flutbrücke und dann führt eine hübsche alte Steinbrücke über den Fluss. Nun kommt der endlose steile Anstieg auf den Mostelares. Endlich oben am Denkmal angekommen, bietet sich uns ein grandioser Blick! Vor uns liegt die Hochebene – ein kleiner Rastplatz ist da, sogar eine Art Lehrgarten hatte man angelegt, doch der ist vertrocknet und zertrampelt. Schnurgerade weiter, die Sonne brennt – eben Meseta in Reinkultur. Ich finde sie gar

nicht so schlimm und eintönig – sie hat ihre Schönheiten: eine mächtige Distel am Weg, das Wogen des Windes, da, wo die Felder nicht abgeerntet sind, weit von Norden grüßt das Kantabrische Gebirge. Hier kann man Stunden gehen, den Geist schweifen lassen, bis er leer wird und offen für das, was der Tag schenken mag.

Bodil geht nicht übermäßig schnell, doch mir ist das recht. Die Füße, die ich heute verpflastert habe, schmerzen nicht und ich laufe schön beschwerdefrei, ohne mich allzu sehr anzustrengen. Steil hinab ins Tal des Rio Pisuerga und dann sind wir schon am Monasterio San Nicholas. Eine vorromanische Kirche, die halb verfallen war, von einem italienischen Laienorden gekauft und zu einem Refugio umgebaut wurde. Der alte Chor ist jetzt Kapelle, das Schiff ist Aufenthaltsraum und auf der Empore wird geschlafen. Ein Ort mit einer ganz besonderen Atmosphäre!

Bekannte sind da und bitten mich, zu singen, was ich gerne tue, und kaum bin ich fertig, kommt Manuela und wir singen noch einmal, nachdem die deutsche, englische und spanische Version im Pilgerbuch stehen – im gleichen Pilgerbuch, in das sich Papst Johannes Paul II. auf seiner Santiagofahrt eingetragen hat! Als ich aufbreche, fällt mir Manuela um den Hals, weinend: „Dein Lied wird mich mein Leben lang begleiten! Und wenn ich sterbe, singe ich den dritten Vers!" Schön, aber ich habe ein ungutes Gefühl bei so viel Enthusiasmus.

Bodil und ich überqueren den Fluss auf einer alten Brücke, der Weg führt ein Stück die Flußauen entlang, wo uns ein neugieriges Rotkehlchen bis auf zwei Schritte herankommen lässt und dann einfach zur Seite hüpft, um uns im gleichen Abstand zu folgen – nett! Durch ein, zwei Dörfer, den Kanal mit seinen blühenden Ufern entlang – welch Kontrast zu der ausgedörrten Hochebene, von der wir kommen! Bald kommt eine eindrucksvolle Schleuse und wir sind in Frómista. Wir finden die Herberge, der Hostelero weist uns Betten zu – ich bekomme ein besonders schönes, direkt am Fenster, nachdem er meinen Pilgerpass studiert hat.

Ich gehe die berühmte romanische Martinskirche ansehen. Herrlich! Stundenlang könnte man hier drin sein, und hätte dennoch nicht jede herrliche, jahrhundertealte Einzelheit erfasst! Doch als ich vergesse, dass hier Fotografierverbot herrscht, komplimentiert man mich hinaus. Auch San Pedro ist einen Besuch wert.

San Martin in Frómista

Als ich zurück in die Herberge komme, eine Storchenfeder am Hut, die mir vor die Füße geflattert ist, steht der Hostelero im Hof, in vollem Pilgerornat mit stickerübersätem Wanderstab und erklärt einer Schulklasse, was Pilgern bedeutet.

Ich telefoniere mit meiner Schwester in Wunsiedel, die sich freut, von mir zu hören, treffe Erika, mit der ich in Zubiri essen war, schwatze noch mit ihr, schreibe Tagebuch und bin recht früh im Bett.

Ich habe nicht viel vor heute – ich werde mich mit den anderen in Carri-
on de los Condes treffen und dann einen halben Ruhetag machen. Gegen
sechs Uhr breche ich auf – doch ich finde im Dunkeln den Weg aus der
Stadt nicht und gehe zurück zum Albergue. Birgit und Elisabeth fragen den
Hostelero und der erklärt den Weg. Bodil und ich gehen gemeinsam – ich
möchte sie im Dunkeln nicht alleine laufen lassen, zumal sie mir erzählt
hat, sie sei auf dem Weg aus Burgos hinaus von einem Spanier auf einem
Moped belästigt worden. Der Camino ist hier ein extra angelegter Kiesweg
neben der Landstraße, mit Steinsäulen bei jedem Überweg, der Fahrzeuge
daran hindert, ihn zu befahren. Ursprünglich trug jede dieser Säulen eine
Kachel mit der Jakobsmuschel, doch diese Kacheln sind fast alle den An-
denkenjägern zum Opfer gefallen und die Pfosten tragen jetzt nur hun-
dertfach Aufkleber mit Reklamen für private Unterkünfte oder Sportarti-
kelgeschäfte und natürlich die üblichen Graffiti. Es ist hell geworden und
ich habe mich von Bodil verabschiedet – sie möchte alleine gehen.

Camino
hinter
Frómista

   In Población de los Campos sind Kirche und Bar noch zu, ebenso wie
später die Riesenkirche von Villalcázar de Sirga. Ich habe absolut keine
Lust, zwei Stunden zu warten, bis sie öffnet! Weiter, immer auf der Pilger-
autobahn neben der Straße, bis Carrión de los Condes in Sicht ist. Ich setze
mich unter einen Busch am Weg, esse einen Happen und trinke – und da
kommt Bodil. Wir beschließen, gemeinsam in die Stadt zu gehen und dort

eine ausgiebige Pause zu machen – es ist noch nicht einmal Mittag. Die Stadt ist lebendig, mit schönen alten Gebäuden, doch ich bin heute nicht besonders aufnahmefähig. Wir machen gemütlich Pause, ich weiß nicht so recht, was ich machen soll: Bodil erklärt mir, die siebzehn Kilometer zum nächsten Refugio seien ihr zu weit, sie möchte am Ortsausgang in ein Hotel, um dort in relativem Luxus Zeit für sich zu haben, schultert den Rucksack und verabschiedet sich.

Ich bleibe noch eine Weile sitzen, drehe noch eine Runde durch die Stadt, überlege, ob ich nicht doch hier in eine der Herbergen gehen soll. Aber gegen halb drei packt es mich doch wieder: Ich suche die Jakobswegmarkierung und marschiere los. Am Ortsausgang hat man das alte Kloster San Zollo in ein Dreisternehotel umgewandelt – ob da Bodil wohl gelandet ist? Doch vorher am Flussufer ein militärisch exakt ausgerichtetes Zeltlager – was das wohl ist? Die Abadia di Benevivere ist nur noch ein großer Bauernhof an einem Bach, davor eine Bank mit Tisch – gut für eine kleine Rast, ehe ich mich auf den langen Marsch durch die einsame Ebene bis Calzadilla de la Cueza mache.

Es weht ein scharfer Wind, der mich die Hitze vergessen lässt, ich habe das Hemd offen und gegen meine Gewohnheit die Hosen kurz – es ist nicht so heiß, wie ich befürchtet habe. Und auch nicht so langweilig: Immer wieder finde ich etwas zum Ansehen: Blumen, Mähdrescher, einen Wiedehopf, eine große Haubenlerche. Weit vor mir eine Pappelreihe – und dann ist sie weit hinter mir – wie ist das bloß gegangen? Eine Scheune – Wasser? Nein, doch hier kreuzt den Weg eine Teerstraße und auf die hat man mit großen gelben Buchstaben geschrieben: „Mut! 7 Kilometer: Bar, Herberge mit Swimmingpool!" Da läuft man gleich noch mal so gern auf dieser schnurgeraden alten Römerstraße. Andererseits – hätte ich das Geld: Genau hier würde ich eine Herberge bauen!

Dann habe ich den Turm des Friedhofs von Calzadilla vor mir – ist schnell gegangen, dieser berüchtigte Abschnitt. Eigentlich könnte ich ja noch weiterlaufen. Doch da komme ich am Refugio vorbei, durch die offene Vorder- und Hintertür fällt mein Blick auf den Swimmingpool und da hält mich nichts mehr auf der Straße. Der brasilianische Hostelero stempelt meinen Pilgerpass, führt mich durch einen schon recht bevölkerten Schlafsaal, öffnet die Sperrkette vor einer Treppe und während ich hochsteige, fällt mein Blick auf Bodil, die auf einem Bett liegt, mich mit großen Augen ansieht und dann auch gleich wissen will, was der Ausruf:

„Ich glaub', ich spinne!" auf englisch bedeutet, denn ihr Deutsch ist recht mager.

Eine Viertelstunde später plansche ich durch den Pool! Herrlich! Ich komme mit Maria aus Salzburg ins Gespräch und gegen acht Uhr geht eine ganze Gesellschaft zum Essen in den Ort: Maria, eine ältere Deutsche, Bodil, noch ein weiteres deutsches Paar und ich. Gut, reichlich und preiswert!

Dann sitze ich noch mit Maria hinter dem Haus, sie will wissen, was ich so schreibe und ob ich auch Tiefpunkte gehabt hätte auf dem Weg. Da lese ich ihr einfach ein paar Seiten aus meinem Diario vor. Plötzlich steckt die Deutsche den Kopf zum Schlafsaalfenster raus und sagt: „Daraus musst du ein Hörbuch machen!" So schlecht ist der Gedanke gar nicht!

Montag, 18. Juli 2005   **77**

Calzadilla de la Cueza – Bercianos del Real Camino   39 km

Ich schlafe heute lange – fast bis viertel nach sechs! Doch um sieben bin ich auf dem Weg, als einer der Letzten. Der Himmel ist bedeckt, es ist frisch – herrlich! Ich gehe schnell. Der Weg bleibt im Tal. Einige Hektar Feld sind abgebrannt – Weizen auf dem Halm, die angrenzenden Büsche auch, anscheinend bis zum Rio Cueza. Dieses Bild hindert allerdings einige junge Engländer nicht, beim Laufen zu rauchen und ihre Kippen einfach ins nächste Feld zu werfen – oh Herr, lass Hirn regnen!

Bald stößt der Weg auf die N 120, läuft parallel zu ihr mit ein paar Büschen dazwischen, manchmal ein paar Meter abseits. Ich überhole Bodil – sie möchte allein bleiben und auch ich gehe gerne mein eigenes Tempo und fühle mich ohne Gesellschaft ganz wohl. Heute trage ich, so wie gestern, Sandalen – es hat schon genützt, die Fersen einzucremen und die Risse zu verpflastern. Ich überhole eine ältere Französin – in Ledigos treffen wir uns wieder, als ich einen Frühkaffee trinke und ein Hörnchen esse. Als ich in die Bar einlaufe, brechen dort gerade zwei Italienerinnen auf.

Die Bauweise der Häuser hier ist beeindruckend: Lehmstampfbau, Strohhäcksel und Steine als Füll- und Stabilisierungszuschlag. Stabil, doch wenn die Wände dem Regen ausgesetzt sind, lösen sie sich in Nichts auf!

Bei Hofmauern sieht man das deutlich und bei den immer häufiger sichtbaren Ruinen. Ein Lavendelbeet verführt mich: Ich stecke mir ein halbes Dutzend Blütenstängel ins Hemd. Wozu eigentlich die überdimensionierten Straßengräben und Durchlässe? Ich halte mir den Sturzregen vor Augen, in den ich vor einigen Jahren bei Malaga gekommen bin und der blitzartig die Straße überschwemmt hatte, und verstehe.

Ich hole die beiden Italienerinnen ein und schenke jeder, ganz Kavalier, eine Lavendelblüte – sie freuen sich wie Kinder! Der Himmel zieht sich zunehmend zu. In Terradillos de Templarios (Kirche natürlich abgesperrt) komme ich am Refugio vorbei und da sitzt im Garten eine junge Amerikanerin: „Hi! Long time no see!" Den nächsten halben Kilometer rätsele ich, wo man sich gesehen hat: Ach ja, das war das Mädchen, das am Cisapass behauptete, die Geier warteten auf sie, und dann sah man sich in Zubiri wieder. Der Camino hat jetzt die N 120 verlassen und durchläuft Felder und Wiesen. Auf einem Stoppelfeld sitzt am Wegrand eine Frau und betrachtet kritisch ihren Fuß: Was soll sie mit der Blase machen? Sie spricht Deutsch – ich öffne die Blase, behandle sie mit Desinfektionsspray und Sprühverband und verpflastere sie. Da ich das Gefühl habe, bei ihr die richtige Empfängerin zu haben, schenke ich ihr eine Abschrift meines Pilgerlieds – das sei ein schönes Geschenk, meint sie. Sie bleibt noch etwas sitzen, ich gehe weiter.

Moratinos – Erdhäuser, und die Kirche teilweise in Lehmbauweise. Die Bar ist offen, ich habe Hunger: Frühstück! Der Raum füllt sich: die einsame Französin von heute früh, die beiden Italienerinnen, die Amerikanerin „long time no see". Die Deutsche von vorhin, Konstanze aus Leipzig, rufe ich hinein und spendiere ihr einen Kaffee. Jetzt regnet es draußen – doch kaum habe ich den Poncho ausgepackt und den Regenschutz über den Rucksack gezogen, hat es schon wieder aufgehört. Also Poncho wieder zusammengerollt und unter die Packriemen gesteckt.

Weiter! Nach San Nicolas überhole ich wieder einmal Bodil. Jetzt wird man sich wohl wirklich nicht mehr sehen – einer der vielen Abschiede auf dem Camino. Es geht durch ein fruchtbares Flusstal, ein kleiner Schlenker über eine alte Steinbrücke an einer schönen romanischen Kirche vorbei (Nostra Senora del Puente) und dann bin ich in Sahagun: durch das Gewerbegebiet am Ortseingang, die Bahnlinie entlang zum Albergue. Kurz bin ich versucht, zu bleiben – doch ich will und muss weiter. Alles, was ich jetzt suche, ist ein Lebensmittelgeschäft und eine Farmacia – ich brauche Pflaster. Doch die Markierung führt mich durch Nebensträßchen um den Stadtkern herum. Nahe am Ortsausgang gehe ich durch den Arco de San Benito in die Altstadt, doch ich finde nicht, wonach ich schaue. Also zurück. An einer schönen Wasserstelle fülle ich meine Flaschen, wasche gründlich meine verstaubten Füße und Sandalen und mache, dass ich aus der Stadt komme.

Ein großes Sportgelände mit Campingplatz, mittendrin eine Bar. Ich merke erst jetzt, wie hungrig ich bin! Ich esse ein Schinkensandwich, trinke ein Bier, lese in der Zeitung und sehe im Fernsehen von dem Flächenbrand in Zentralspanien, der elf Tote forderte und 80 Quadratkilometer Wald und Felder vernichtet hat.

Jetzt geht es durch eine riesige Straßenbaustelle. Der Autobahnbau macht anscheinend aus allen Karten und Wegbeschreibungen Makulatur. Bei Calzada de Coto habe ich die Wahl, entweder der Via traiana zu folgen oder dem klassischen Camino francés. Vorher habe ich mich noch mit einem spanischen Radpilger unterhalten, der fürchterlich über die Baustellen schimpfte. Ich nehme den „klassischen" Weg über Bercianos del Real Camino und El Burgo Ranero. Auch hier ein gut ausgebauter Weg parallel zur Straße, bequemes Gehen, auch in Sandalen: Meine Füße haben anscheinend Augen bekommen und vermeiden Steine und Löcher. Langsam wird es langweilig; die Reihe junger Platanen, die Felder, mal eine Baumgruppe um einen kleinen Tümpel – einzige Abwechslung sind die Autos drüben auf der Nationalstraße. Wie in Trance komme ich zur Virgen de Pereal, von außen schöne alte Kirche, aber natürlich kommt man nicht hinein. Doch es gibt hier Bänke und Tische: Ruhepause! Heute will ich weit gehen, mindestens noch bis El Burgo.

Gerade will ich aufbrechen, als zwei Radfahrer kommen, ein Er und eine Sie – und der Mann trägt den gleichen Lederhut wie ich. Aber das ist auch das Einzige, was uns verbindet. Er scheint seine Begleiterin ganz schön unterm Daumen zu haben – kaum ein Wort sagt sie, während er fast pausenlos redet, sich über die Unfreundlichkeit der Spanier, die schlecht ausgestatteten Herbergen und ganz besonders über den unverschämten Herbergswirt in Frómista beklagt: „Der hat da an der Tür in den Hof was hingestellt, dass man absteigen muss! Und als ich das weggeschoben habe, hat er sich fürchterlich aufgeregt und uns die Herberge verweigert! Angeblich, weil kein Platz sei! Und als ich sein komisches Hindernis beim Rausfahren wieder weggeschoben habe, hat er sich noch mal aufgeregt! So eine

Unverschämtheit!" Ich sage nichts weiter dazu – habe ich den Hostelero in Frómista doch als freundlichen und liebenswerten Gastgeber kennen gelernt. Als die beiden weiterfahren, ertappe ich mich dabei, ihnen ganz unchristlich und gar nicht pilgergerecht auf der nächsten langen Meseta-strecke vier Plattfüße auf einmal zu wünschen!

Noch immer innerlich kopfschüttelnd komme ich nach Bercianos del Real Camino. Eigentlich suche ich nur einen Laden – doch da ist die Wegweisung zum Refugio und ich beschließe, mir das zumindest anzuse-hen – und das ist das Beste, was ich heute tue!

Ein altes Lehmhaus – und in der Tür steht eine liebevoll lächelnde Nonne mit einem Gesicht wie ein Licht. Carolina heißt sie und sie emp-fängt mich auf italienisch. Aus mit Weitergehen! Ich finde mein Bett und dusche, Suor Carolina fragt, ob ich abends mitessen will – natürlich! Da fragt sie die Küchenschwester, was noch fehlt, und schickt mich zum Dorfladen: Tomaten und Äpfel werden noch gebraucht, ich kaufe zusätz-lich eine Flasche Wein und ein Brot, was mit Begeisterung und herzlichem Dank quittiert wird – das war die 5,00 € schon wert, die ich insgesamt ausgegeben habe! Während drinnen fleißig gekocht wird, versammelt sich alles vor dem Haus: Schwester Carolina singt zur Gitarre, wir singen mit, und dann müssen die einzelnen Nationen etwas zum Besten geben. Italien, Spanien, Deutschland/Österreich, Kanada, Frankreich – alles ist vertre-ten. Dass es so schwer ist, mit einem Deutschen und einer Österreicherin ein Lied zu finden, das wir alle drei kennen! Schließlich behaupte ich, ein Spottlied auf die Jakobspilger zu singen und bald wird vielsprachig der Ka-non gesungen: „Bruder Jakob, schläfst du noch?!"

Singen in
Bercianos
del Real
Camino

Zur Abendandacht nach dem Essen singe ich mein Pilgerlied – einige kannten es schon aus zweiter Hand und hatten mich darum gebeten. Beim Ausgang aus dem schönen Andachtsraum segnet Schwester Carmen, die hier anscheinend die Führung innehat, jeden einzelnen Pilger mit einem Weihwasserkreuz auf der Stirn. Es ist noch hell, einige machen Küchendienst, ich schreibe den spanischen und den deutschen Text des Pilgerlieds in das Herbergsbuch. Gegen halb zehn versammeln wir uns noch einmal auf einem Erdhügel hinter der Herberge und „lassen die Sonne untergehen". Wunderschön, die Stimmung. Man drängt mich noch einmal, mein Lied zu singen und ich tue es gerne und mit Andacht. Still gehen wir alle ins Bett und ich schlafe tief und sanft.

Dienstag, 19. Juli 2005

78

Bercianos del Real Camino   Ruhetag

Ich mag nicht aufstehen. Meine Füße schmerzen, ich bin erschöpft und lustlos. Ich beschließe, den Tag langsam angehen zu lassen. Ich unterhalte mich mit Robert: englischer Vater, deutsche Mutter, in Madrid aufgewachsen, lebt in Paris. Und dann bricht es aus mir heraus: „Ich kann nicht mehr, ich bin am Ende!" Robert rät mir, einfach mal zu fragen, ob ich vielleicht – gegen die Regeln der Refugios – noch einen Tag bleiben könne, wenn ich wollte. Sicher, heißt es. Ich helfe ein bisschen beim Saubermachen, schreibe Tagebuch – und dann weiß ich, dass ich heute hier bleibe. Ich sage das Carolina – und die Schwestern freuen sich so sehr, heißen mich so herzlich willkommen, dass es mich überwältigt: Ich breche in Tränen aus und finde mich auf dem Fußboden wieder, wo Carolina, Carmen und der Hostelero mich in den Armen halten. Ich brauche lange, bis ich mich wieder fasse.

Ich bringe meine gestern gekauften Tagesvorräte in die Küche – für die Gemeinschaft – und ernte neben überschwänglichem Dank das große Kompliment: „Du bist ein wahrer Pilger!"

Ich wasche Wäsche – auch die „guten" Sachen, die ich nicht zum Laufen, sondern immer nur abends anziehe – schreibe Tagebuch nach und gehe einkaufen für das Mittagessen. Unterdessen laufen zwei Mädchen aus

Kassel ein – ich darf sie einweisen und zum Einkaufen schicken. Es kommt noch ein französischer Priester und so sind wir zum Mittagessen gegen zwei Uhr eine ansehnliche Tafel.

Langsam füllt sich der Schlafsaal: Elisabeth und Birgit, die Französin aus Castrojeriz, „Romeo und Julia" (ein baumlanger Schwede und eine kleine, schlanke Italienerin, die sich hier auf dem Camino gefunden haben), ein Ehepaar aus Pamplona, Anti, eine Heilpraktikerin aus Brasilien, die in Barcelona wohnt, und noch andere. Der Priester lädt Pilger und Dorfbewohner in die sehr schöne Rochuskirche von Bercianos zur Messe ein: Wir Pilger sollen, oder dürfen, zur Gabenbereitung jeder einen Gegenstand auf den Altar legen, der uns für den Weg wichtig ist und ein paar Worte dazu sagen. Vielsprachige Messe: Der Priester zelebriert auf französisch, die Französin übersetzt ins Spanische und Robert ins Englische, das auch die Deutschen alle verstehen. Die Messe schließt mit meinem Pilgerlied.

Wie gestern Singen vor dem Haus – auch Kinder aus dem Dorf haben sich eingefunden – Abendandacht, Sonnenuntergang, noch einmal singen. Um elf schlafe ich selig.

Sonnen-
untergang

Nach einem stillen Frühstück brechen wir alle gegen halb sechs auf, doch bald bin ich den anderen davongelaufen. Langweiliger Weg die Straße entlang oder auf einem Feldweg. Nach El Burgo rolle ich eine ganze Karawane von hinten auf – wohl die Meisten von denen haben dort übernachtet. Eine Zeitlang brauche ich, um eine allein gehende junge Frau einzuholen, die wohl eine Augenweide ist: Ein Mähdrescherfahrer, der eigentlich so zehn, zwanzig Meter vom Weg entfernt mähen müsste, kommt total aus der Spur und bleibt auf der Höhe des Mädchens mit dem Mähwerk fast an einem der seltenen Bäume direkt am Weg hängen – wir grinsen uns fröhlich an, als er an mir vorbeikommt und ich auf die schiefe Mähspur zeige. Als ich das Mädchen überhole, kann ich ihn aber verstehen: Sie trägt äußerst knappe Shorts und außer dem Rucksack obenrum nur einen Mini-Triangelbikini, der mehr zeigt als verhüllt.

Pilgerdenkmal in Mansilla de las Mulas

Es geht über einige halb verlandete Bäche, ab und zu ein hübscher Rastplatz – leider ohne Trinkwasser – langsam wird die Landschaft weniger öde. Durch Reliegos mit seinen Erdhäusern nach Mansilla de las Mulas – warum nur können die blöden Graffiti-Schmierer ihre Finger nicht von dem schönen Pilgerdenkmal lassen?

Es ist noch nicht einmal ein Uhr, ich wandere munter die Hauptstraße entlang: Da vorne ist das Albergue, die Tische vor den Bars in der Straße sind dicht besetzt mit Pilgern. Auf einmal ein Jubelschrei:

„Christian!!" Manuela. Und Pete! Da lasse ich mich nicht lange überreden – knapp 27 Kilometer sind auch eine Tagesstrecke. Um eins macht das Albergue auf und ich finde einen schönen Platz: kein Bett, sondern eine Matratze am Boden, doch mit einem schönen Platz für den Rucksack in einer tiefen Türlaibung. Das Refugio ist ein Gedicht, liebevoll ausgestattet, mit guten Duschen, großzügiger Küche und einem wunderschönen schattigen Innenhof, in dem man sitzen, essen und schwatzen kann. Lätizia kommt, die ich von Zubiri her kenne, Amparo aus Zaragoza, Erika, Bodil, die Amerikanerin „long time no see", Zsolt, der französische Priester, fast alle meine lieben Bekannten vom spanischen Camino! Natürlich laufen die vier Mädchen, mit denen ich von Bercianos aufgebrochen bin, auch ein. Ich streife ein bisschen durch die Altstadt, kaufe ein, besuche die Kirche, in der gerade ein Chor probt, sehe mir die gewaltige Stadtmauer an. Ich unterhalte mich gerade mit dem deutschen Hostelero, als noch ein alter Bekannter kommt: Der alte Herr auf dem Fahrrad, den ich kurz vor Saint-Jean-Pied-de-Port überholt habe! Er bekommt ein Spezial-Einzelzimmer.

Ich frage den Wirt, wie es denn mit Kriminalität auf dem Camino und in den Herbergen aussähe und er sagt im Brustton der Überzeugung: „So gut wie keine! Ich bin schon Jahre hier und habe ein einziges Mal erlebt, dass hier einer beklaut wurde, und der hat förmlich darum gebeten! Ich stecke doch nicht vor aller Augen ein Bündel 100-Euro-Scheine in den Rucksack und lasse den einfach unbeaufsichtigt liegen!" Wie es denn mit der Sicherheit einzeln gehender Frauen auf dem Weg aussähe, frage ich und ich denke dabei an die Erlebnisse von Sabine und Bodil. Auch hier meint er, dass die Spanier da sehr darauf achten. Letztes Jahr sei eine junge Frau von zwei jungen Männern massiv belästigt worden, sei zurück in die Stadt geflohen und habe Anzeige erstattet. Die Guardia Civil sei mit großem Aufgebot ausgeschwärmt, habe die beiden auch geschnappt – am gleichen Tag noch seien sie streng bestraft worden! „Da achten die Behörden drauf, dass der Camino sicher ist und bleibt! Kriminalität auf dem Camino kann man sich nicht leisten, da hängt zu viel dran!" Gut, dass man im 21. Jahrhundert pilgert – im Mittelalter war Räuberei gang und gäbe ...

Abends gibt es ein gutes und reichliches selbstgekochtes Essen mit den vier Mädchen, Zsolt und Pete. Gegen elf Uhr liege ich auf der Matte und krame nach langem wieder einmal das Ohropax heraus: Neben mir überbieten sich drei Schnarcher gegenseitig!

Frühstück mit den vier Mädchen und dem französischen Pater, raus auf den Weg gegen zwanzig vor sechs. Ich rolle wieder einmal das Feld von hinten auf – als ich eine spanische Gruppe überhole, sagt einer: „¡Holà – la máquina andante!", dann gehe ich lange mit Pete, der eine Viertelstunde vor mir gestartet ist. Pepe, der Spanier aus Pamplona, der mit seiner

Frau unterwegs ist, verabschiedet sich herzlich von mir, jetzt bin ich wohl der Vorderste – und dann holt mich Pete wieder ein! Er war schon einmal hier, gemeinsam gehen wir in Leon Richtung Kathedrale – da läuft uns Manuela mit Mann, Freundin und einem hiesigen Bekannten über den Weg. Manuela war gestern Abend krank und so sind sie heute mit dem Bus gefahren. Der Spanier bringt uns zur Kathedrale, fragt für mich in einem Fotoladen, ob die CDs brennen – und während das geschieht, sind die Schweizer und Pete verschwunden – schade, ich hätte mich gerne von ihnen verabschiedet.

Die beiden CDs brauchen ewig – dafür darf ich meinen Rucksack im Laden deponieren. In der wunderbaren Kathedrale treffe ich

Kathedrale von Leon

213

Zsolt, der mir erzählt, dass er sich mit Pete und den beiden Österreicherinnen um halb eins bei St. Michael trifft – da bin ich natürlich dabei.
Während ich noch die Kathedrale bewundere, kommt Bodil vorüber und
wir verabschieden uns wieder einmal, dann strolche ich noch ein bisschen
durch die Altstadt, hole meinen Rucksack aus dem Laden und marschiere
Richtung St. Michael, wo ich die anderen treffe. Bei einem Bier feiern wir
endgültig Abschied: Pete fliegt morgen nach Australien zurück, die Österreicherinnen und Zsolt bleiben heute in Leon, ich möchte noch bis Virgen
de Camino. Sie werden mich kaum noch einholen, denn jetzt will ich zügig das letzte Stück nach Santiago laufen.

Ich gehe noch in die Basilika – die uralten Fresken in der Krypta sind
eine Reise wert – unbeschreiblich, was sich hier erhalten hat! Endlich, am
frühen Nachmittag, mache ich mich auf den langen Weg aus der Stadt heraus. Es geht am Parador vorbei, dem ehemaligen Bischofssitz, über den
Fluss und die Bahn in endlose Vorstädte. Ich kaufe Mundvorräte, schleppe
mich bei 30 bis 35 Grad im Schatten durch immer neue Gewerbegebiete,
mache in einer aufgelassenen Tankstelle Rast und esse mich satt.

Ich habe die Nase gründlich voll, als ich in Virgen de Camino ankomme.
Doch das Hostal, also der Gasthof, verlangt 30,00 € für das Bett – da gehe
ich lieber weiter und schlafe heute im Busch! Ich trinke noch ein Bier und
mache mich wieder auf den Weg. Am Ortsausgang die Wahl: immer die
Nationalstraße entlang über Villadangos oder links abbiegen, den weiteren,
aber angeblich historischeren Weg über Villar de Mazarife? Ich entscheide
mich für letzteres – von heute Morgen habe ich noch genug davon, die Nationalstraße entlangzulaufen, auch wenn der Weg neben der Straße verläuft.
Unter der Autobahn hindurch, dann ein Dorf, Fresno, – das leerstehende
Schulhaus lässt mich wieder denken: da eine Herberge, das wäre ideal!
Weit vor mir, den Berg hinauf, glaube ich, einen hochbepackten Pilger zu
sehen. Das nächste Dorf: Ich kehre in der entsetzlich lauten Dorfschänke
ein und die Bedienung sagt mir, zum nächsten Refugio seien es nur noch 4
Kilometer. Es ist jetzt kurz vor acht – ich rechne mir aus, dass ich bis dahin
über 45 Kilometer gelaufen sein werde – als Belohnung muss das Refugio einfach drin sein. Am Ortseingang vor Villar de Mazarife, kurz hinter
dem eindrucksvollen Mosaik, das private Refugio San Antonio – einfach
traumhaft! Ein großer Schlafsaal mit viel Platz zwischen den Betten, großzügiger, blitzsauberer Sanitärbereich, im Untergeschoss der Speisesaal. Ich
darf mir sogar noch eine Paella zum Abendessen bestellen!

Ein Spanier, Emilio, – ich weiß nicht, ist er Gast oder Freund des Hauses – bittet mich, den Brief einer Deutschen zu übersetzen, die ihm ankündigt, wann sie wieder eine Strecke gehen wird und ihn bittet, sie zu begleiten. Emilio meint auch, ich solle der Deutschen, die kurz vor mir angekommen ist, helfen, den viel zu großen und schweren Rucksack zu erleichtern. Die „Deutsche" kommt aus Österreich, ist Studentin und eigentlich nur eine halbe Portion. Doch ihr Rucksack ist riesig, und ich spreche mit ihr ab, dass ich ihn nach dem Abendessen ausmiste. Sie ist heute in den Camino eingestiegen und der Weg von Leon hierher hat sie fürchterlich fertiggemacht. Doch erst einmal gibt es um halb zehn Abendessen. Pepe, der Hostelero, ist ein Meisterkoch! Und zum Abschluss zelebriert er noch eine Riesenzeremonie mit brennendem Grappa und Zitronensaft, das gibt noch einen phantastischen Zitronenlikör.

Ein junger Belgier ist auch in der Herberge und fragt mich auf englisch, ob ich der Deutsche mit dem Pilgerlied sei. Als ich das bestätige, überreicht er mir ein Blatt mit der französischen Version meines Liedes: Manuela hat es übersetzt und einigen Pilgern in die Hand gedrückt: Wer mich träfe, solle es mir geben! Ich bin wirklich gerührt und freue mich sehr darüber.

Dann fordere ich Angelika, die kleine Österreicherin auf, aus ihrem Rucksack alles zu entnehmen, was nicht für Männeraugen bestimmt ist und stelle das Riesenteil auf den Kopf. Zwei Kleider kommen raus, drei Büstenhalter, ein dicker Schlafsack, für die Alpen gemacht, und noch verschiedenes mehr. Ein Päckchen von mehr als drei Kilogramm kommt da zusammen. Drei Kilogramm – das ist für so ein zartes Persönchen eine Welt, wenn man sie über den Camino schleifen muss! Emilio bietet sich an, das Päckchen zum nächsten Postamt zu bringen doch ich setze mich durch: Ich werde das bis nach Hospital de Órbigo tragen und dort geht es auf die Post. Bis dahin werden Angelika und ich zusammen laufen.

Noch ein Bier mit Emilio vor dem Haus und noch eins, er spendiert noch ein drittes und massiert mir meine Füße, schenkt mir eine Marienmedaille. Um halb eins endlich ins Bett und ich schlafe wie ein Stein!

81

Villar de Mazarife – Santibánez   20 km

Lang geschlafen – erst gegen halb acht kommen Angelika und ich nach einem herrlichen Frühstück mit von Pepe frisch gemachtem Schmalzgebäck auf den Weg. Angelika hat erhebliche Schwierigkeiten mit dem linken Fuß: Unter dem Ballen ist eine aufgerissene Blase. Ich gebe ihr meine Stöcke, damit sie den Fuß entlasten kann und nach Anfangsschwierigkeiten kommt sie gut damit zurecht. Um halb elf kommen wir über die lange Brücke von Puente de Órbigo – am Fluss lockt ein Freibad –, doch wir wollen und müssen vorwärts. Wir finden die Post: Die Posthalterin überzeugt Angelika, dass es vernünftiger sei, ihr Päckchen nach Santiago postlagernd vorauszuschicken: Das kostet nicht einmal die Hälfte Porto und die Sendung wird sechs Wochen aufgehoben.

Wir setzen uns ins Terrassencafé über der Brücke und sehen dem Strom der Pilger zu – Amparo aus Zaragoza sieht mich und trinkt mit uns noch einen Kaffee. Weiter. Angelikas Fuß wird immer schlimmer. Weit kann sie damit heute nicht gehen, und wir beschließen, in Santibánez de Valdeiglesias Station zu machen.

Gegen eins kommen wir bei glühender Hitze im Ort an. Wir müssen lange klopfen, bis uns die Hostelera öffnet. Marie-Carmen heißt sie, und sie ist zunächst recht ruppig, aber hinter dieser rauen Schale hat sie ein goldenes Herz. Sie steckt uns beide in ein Zimmer, das sonst unbelegt ist – außer uns sind bis jetzt nur zwei ältere Spanierinnen hier – ist aber sehr entsetzt, als wir ihr unsere Pilgerpässe geben: „Ihr seid ja gar nicht Vater und Tochter!"

Es folgt ein pfleglicher langer Nachmittag im Garten hinter dem Haus – schöne Obstbäume mit der Warnung: „Achtung, gespritzt, nicht essen!" Ausgiebige Körperpflege, Wäsche waschen, schreiben, Angelika pflegt ihren Fuß, ich lese im Pilgerbuch und schäme mich über einen Deutschen, der sich beklagt, dass es zum Abendessen keinen Wein gegeben habe! Dazu muss man sagen: Dies ist ein Refugio parrochial und der Übernachtungs- und Essenspreis ist lächerlich niedrig mit 12,00 €! Andere beklagen sich über die unfreundliche Wirtin – nun: Wie man in den Wald hineinruft, so schallt es heraus! Im Eingangsbereich hängt nicht umsonst der Spruch: „Der Tourist fordert – der Pilger bittet!"

Die Herberge hat sich gefüllt. Es geht auf den Abend zu und Angelika klagt über Schmerzen im Fuß. Mit gefällt er gar nicht: Er ist dick geschwollen, pocht und ist heiß! Ich gehe zu Marie-Carmen und frage, wie man am besten zu einem Arzt käme – da sitzt Anti, die Heilpraktikerin, die ich aus Bercianos kenne, in der Küche und meint, sie wolle sich den Fuß erst einmal selbst ansehen. Wir machen es uns im Garten auf einer Bank bequem und Anti säubert Angelikas Fuß, desinfiziert, versorgt die offene Wunde mit Salbe, polstert um die Blase herum mit einem Kreis aus Moosgummi ab, damit kein Druck draufkommt und deckt das Ganze noch mit steriler Gaze zu. Morgen früh will sie uns bis Astorga begleiten: Dort sind im städtischen Albergue jeden Nachmittag Ärzte, die sich für Gotteslohn um die Füße der Pilger kümmern.

Dann sieht Anti meine Füße mit den tiefen Rissen in den Hornhäuten an den Fersen. „Wie kannst du deine Füße nur so vernachlässigen!" – „Ja weißt du, sie sind über eineinhalb Meter von mir weg, und solange sie mich tragen und nicht zu sehr weh tun ..." Anti kann das gar nicht verstehen und nun bin ich mit der Behandlung an der Reihe. Sie wäscht meine Füße mit medizinischer Seife und einem Peeling-Handschuh, versorgt die Risse mit Spezialcreme und ölt anschließend die Füße mit Olivenöl ein. Dann verpasst sie mir eine intensive Reflexzonenmassage, die alle meine versteckten und verdeckten Wehwehchen zu Tage bringt. Ich bin froh, mich an Angelikas Rücken lehnen zu können, so hundsgemein weh tut es, wenn Anti einige Punkte auch nur sanft berührt. Schließlich zieht sie vorsichtig saubere Socken über die wohltuend-wehtuenden Füße. Gegen elf Uhr, nach einem guten und reichlichen gemeinsamen Abendessen (mit Wein!), schlafe ich fest und traumlos.

Wir schlafen bis fast um sechs. Nach einem gemütlichen Frühstück geht es gemächlich auf den Weg nach Astorga. Der Weg ist zunächst steinig, doch mit meinen Stöcken kommt Angelika gut zurecht. Ein Wegkreuz – die Verzierungen außenrum sind skurril, doch der Platz hat etwas an sich und ich singe – sozusagen als Morgenandacht – mein Pilgerlied. Dann kommt ein schöner Kiefernwald, es geht durch einen Talgrund, an einem Bauernhof vorbei – da liegt am Weg ein toter Turmfalke: Ich reiße ihm eine Schwungfeder aus und stecke sie zu der Storchenfeder an meinen Hut.

Wir gehen ohne Eile durch trockenes, staubiges Land – die Erde ist hier ziegelrot! Nach Astorga sind es nur zwölf Kilometer und vor dem frühen Nachmittag kommen die Ärzte nicht ins Refugio. Vom Crucero de San Toribio aus haben wir den ersten Blick auf das weite Tal des Rio Tuerto und Astorga – eine hinreißende Aussicht!

Doch erst einmal ein Kaffee in San Justo de la Vega – und hier erlebe ich hautnah die spanische Methode der Blasenbehandlung: Eine Krankenschwester hat am Nachbartisch ihre mobile Praxis aufgemacht. Ein Pilger kommt angehumpelt, und nun geht es Schlag auf Schlag: Schuh aus, Socken runter, eine wunderschöne Blase an der Ferse! Die Schwester pinselt mit Jod, dann nimmt sie eine große Nähnadel und fädelt einen dicken Baumwollfaden auf. Nadel und Faden werden in das Jodfläschchen gehalten und dann durch die Blase gezogen. Das Wasser spritzt, der Faden bleibt als Drainage drin, noch mal Jod drauf, ein Pflaster – fertig! Auch hier wird kein Honorar verlangt. Zwei Patienten versorgt die Schwester so, dann kommt ein Rotkreuzwagen und fährt sie zu einem anderen Einsatzort. Hier im Ort kommt einer der Pilgerwege von Madrid hoch und es herrscht reger Fußgängerverkehr.

Wir gehen weiter – Bahnschranke – dann über eine schöne alte römische Brücke, an einer Mühle vorbei. Anti pflückt am Weg Minze für ihren Abendtee – ich stecke mir ein Sträußchen an den Hut zu den Federn und jeweils eines rechts und links an die Rucksackgurte. In der Stadt fragen wir uns nach dem Refugio municipal durch, wo wir erfahren, dass die Ärzte nicht vor 16.00 Uhr kommen werden. Wir verabschieden uns herzlich von Anti – sie hat uns wirklich sehr geholfen – und gehen erst einmal einkaufen: Angelika braucht Moosgummi zum Abpolstern ihrer Blasen, es sind mittlerweile mehrere; ich brauche Geld – und nachdem Astorga eine blühende Süßigkeitenindustrie hat, können wir beide nicht widerstehen und decken uns ein. Dann gehen wir essen: Omelett mit Salat – tut gut!

Plötzlich ein Schrei: „Christian!" Pepe aus Pamplona! Seine Umarmung ist so stürmisch, dass ich hinterher meine Sonnenbrille, die ich vor der Brust hängen hatte, wieder zurechtbiegen muss! Eine ältere Amerikanerin – kenne ich sie aus Bercianos? – bittet mich um eine englische Version des Pilgerliedes und ich diktiere, dann tauchen Birgit und Elisabeth auf. Wir sehen uns die Kathedrale an – beeindruckend, auch wenn wir nicht lange drin sein konnten: Hochzeit! Dann der Bischofssitz, die genial-skurrile Architektur von Gaudi – doch das Museum schenken wir uns.

Zurück in der Herberge – ein Riesengebäude über dem Tal mit sicher über hundert Plätzen – warten wir endlos auf die Ärzte. Für vier Uhr waren sie angekündigt, um halb sechs sind sie glücklich da! Vor Angelika ist nur noch ein junger Pole dran – er ist aus Warschau hergelaufen und hat die schlimmsten Füße, die ich jemals gesehen habe. Ein solch hohes Maß an Schmerzverleugnung, das nötig war, mit diesen Füßen bis hierher zu kommen! Die Ärzte sind entsetzt und verordnen ihm mindestens fünf Tage Bettruhe! Jetzt fängt der Junge endlich zu weinen

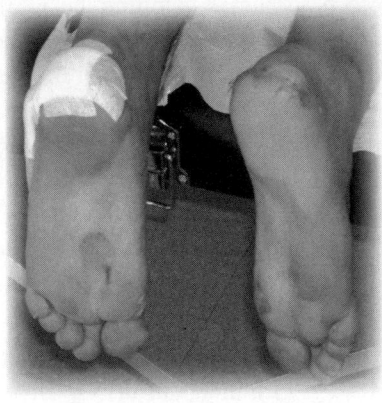

*Pilgerfüße
in Astorga*

an: Dafür langt sein Geld nicht und deshalb muss er so kurz vor dem Ziel aufgeben! Der Herbergsvater kommt und sichert ihm eine Woche kostenlose Unterkunft und Frühstück zu, eine Sammlung wird organisiert und eine Viertelstunde später werden dem Polen über zweihundert Euro überreicht – er strahlt vor Glück und Dankbarkeit!

Inzwischen ist auch Angelika verarztet und wir machen uns gegen viertel nach sechs auf den Weg hinaus aus der Stadt. Bis El Ganso werden wir es heute Abend nicht mehr schaffen, wir haben beschlossen, heute draußen zu schlafen. Wir kaufen noch Lebensmittel in einem kleinen Supermarkt und gegen 19.00 Uhr sind wir wieder auf dem Camino. Nachdem wir die Stadt verlassen haben, geht es parallel zur Straße auf einem Kiesweg. Angelika läuft mit frisch behandelten Füßen und meinen Stöcken recht gut. Wir kommen zur Ermita Ecce Homo – ein schönes kleines Kirchlein. Einige Rentner sitzen am Eingang, halten ein Schwätzchen und drücken den Besuchern Blätter mit der Beschreibung der Eremitage und mit Pilgergebeten in die Hand. Mir ist nach Singen: Ich stelle mich in den Gang, singe mein Pilgerlied und bemerke gar nicht, dass hinter mir das Schwatzen aufhört. Alles steht in der Tür und eine der Frauen bedankt sich bei mir, als ich die Kirche verlasse.

Weiter die Straße entlang. In Murias de Recivaldo führt der Camino endlich davon weg und durch den Ort. Vor der Bar trinken wir eine Cerveza und beobachten die frisch geduschten Pilger, die sich langsam zum Abendessen einfinden. Am Ortsausgang lockt das Refugio – sogar unter deutscher Leitung! Hier kann Angelika endlich einen Wanderstock kaufen und ich nehme meine „Vorderbeine" wieder an mich. Weiter, den staubigen, schnurgeraden und leicht ansteigenden Weg entlang, der sich wieder an eine Teerstraße anschmiegt. Es dämmert, die Sonne berührt vor uns den Horizont. Links drüben auf der Heide Trockenmauern – Weidezäune sozusagen. Ich entdecke eine etwas höher gebaute Ecke, die Windschutz verspricht und mache Angelika den Vorschlag, dort zu lagern. Sie ist einverstanden und wir überwinden den breiten Straßengraben, kämpfen uns durch Disteln und finden schließlich einen lauschigen Winkel.

Angelika kriegt meinen Schlafsack, ich verkrieche mich in den Bivibag, beide haben wir Isomatten. Von Ferne leuchtet die angestrahlte Kathedrale von Astorga herüber, Schwärme von Vögeln brausen im Tiefflug, zum Greifen nah, über uns hinweg und formen Figuren an den dunkler werdenden Himmel. Aus dem nächsten Tal schallt die Musik und die Lautsprecheransagen eines Dorffestes zu uns herüber. Wir essen noch Brot und Wurst, trinken Wein und gegen halb elf wünschen wir einander gute Nacht. Mitten in der Nacht wache ich auf: Der Bivibag ist von innen nasskondensiert! Ich ziehe meine Fleecejacke an und decke mich mit dem Sack nur zu. Angelika schläft ruhig. Die Musik hat aufgehört, der Mond scheint taghell: Schön! Ich schreibe noch ein paar Zeilen Tagebuch und schlafe dann wieder ein.

83
Sonntag, 24. Juli 2005
Santa Catalina – El Acebo   30 km

Es ist noch dunkel, als uns Angelikas Handy aus dem Schlaf klingelt – sie hatte den Wecker gestellt – doch der Mond scheint so hell, dass wir ohne Taschenlampen alles finden und einpacken können. Wir machen uns im Mondschein auf den Weg und marschieren zügig. In Santa Catalina füllen wir unsere Wasserflaschen. El Ganso durchqueren wir mit mittlerweile

recht ordentlichem Kaffeedurst, übersehen aber auch nicht, dass es hier sehr
altertümliche Häuser mit Strohdächern
gibt, teilweise verfallen, doch auch einige, die restauriert werden oder wurden.

Das Cruz
de Ferro

Es ist hell geworden und wir haben
schon Wanderer überholt, als wir in Ra-
banal del Camino einlaufen und dort
frühstücken. Wir sind nun mitten in
der Maragatería, einem Vorgebirge der
Galizischen Berge. Am Ortsende eine
Gruppe von Reitern, die hier Pause gemacht haben. Seit Astorga ist es immer
leicht bergauf gegangen. Nun verlässt
der Weg endlich die Straße, Foncebadon
mit den verfallenden Häusern wird
durchquert, es wird steiler, geht durch
Wald – und dann taucht vor uns das
Cruz de Ferro auf.

Ich bin überwältigt: Fast 2500 Ki-
lometer habe ich meinen Wertachkiesel von zuhause bis hierher getragen,
um ihn am Fuß des Kreuzes abzulegen! Dies ist eine der wichtigsten Sta-
tionen auf meinem Weg. Als mir die Tränen kommen, bin ich froh über
Angelikas Hand, die sich in meine schiebt. Doch dann bin ich am Kreuz
und bin maßlos enttäuscht: Rummel mit Fressbuden, Bierzelt und Bustou-
risten, die Fotos machen. Alles, was dieser Ort an Einkehr und Freude bieten könnte, ist zerstört! Zu allem Überfluss kommen auch noch die Reiter
angesprengt und galoppieren rücksichtslos den Steinhaufen hinauf bis direkt an das Kreuz. Der Führer einer deutschen Reisegruppe ist genauso
empört wie ich. „Seit zehn Jahren führe ich schon Pilger hierher, aber so
ein Rummel ist mir noch nicht begegnet! Ist denen
denn nichts mehr heilig!?" Angelika tröstet mich,
als mir wieder die Tränen kommen, doch diesmal
aus Wut und Enttäuschung. Auch sie ist enttäuscht.
Trotzdem: Mein Stein findet einen Platz direkt am
Stamm! Fluchtartig verlassen wir das Cruz de Ferro!
Ein paar hundert Meter weiter steht ein Eisenkreuz

Weitge-
tragener
Wertach-
kiesel

am Weg – hier halten wir ein paar Minuten stille Einkehr und ich lege einen aufgelesenen Stein auf seinen Sockel, wie schon andere vor mir.

Nicht viel später machen wir ein ausgiebiges Picknick inmitten einer grandiosen Berglandschaft. Ich rufe Silvia an und erfahre von den Anschlägen in Santiago und Ägypten. Dennoch lassen wir es uns schmecken. Einige hundert Meter weiter die berühmte Station von Thomas, dem Pilger – da ist aber nur ein junger Mann, der sich nicht weiter um uns kümmert. Es geht jetzt endlos auf heißen, staubigen und steinigen Wegen – doch die Berglandschaft ist großartig. Wir wollen nach El Acebo – und das kommt und kommt nicht! Wir sind beide schon ziemlich fertig, als wir es endlich unter uns sehen.

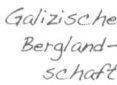
Galizische
Bergland-
schaft

Das Albergue ist ziemlich voll – im Hinterhaus der örtlichen Pinte. Doch wir finden unsere Betten, duschen, waschen Wäsche, trinken eine Kleinigkeit. Ein krummbeiniger kleiner Deutscher fällt mir auf, der sich wegen irgendwelcher Telefonschwierigkeiten an eine kleine, schmale Deutsche wendet, die mir irgendwie bekannt vorkommt. Ich gehe einkaufen im Laden am anderen Ende des Dorfes, dann esse ich noch in der Pinte. Angelika und ich haben ausgemacht, dass wir ab morgen getrennte Wege gehen – drei Tage zusammen genügen.

Es war zwar nicht so gedacht, aber Angelika und ich starten gemeinsam.
Der Hostelero, der gleichzeitig der Gastwirt des Dorfes ist, lässt uns nicht
ohne einen Kaffee ziehen und so verlassen wir erst gegen viertel vor sechs
das Lokal. Erst geht es ein Stück Straße, dann auf steilen, steinigen Pfa-
den abwärts – das Mondlicht hilft und bald wird die Sonne aufgehen. Wir
überholen, noch auf der Straße, zwei deutsche Frauen; eine zieht einen
Riesenrucksack wie einen Trolley auf zwei Räderchen hinter sich her – wie
sie das in schwerem Gelände machen will, ist uns schleierhaft. Als wir Rie-
go de Ambrós durchqueren, ist es noch dunkel – auch ein Ort, den man
lieber im Hellen sähe, doch der Tagesrhythmus des Wanderns im Hoch-
sommer fordert einen Start in der Dunkelheit, damit man in der Gluthitze
des Nachmittags sein Tagesziel schon erreicht hat. Es geht über Stock und
Stein, teilweise extrem steil – der Biker, der uns überholt, muss wohl ver-
rückt sein! Augenscheinlich ist der Hang, den wir absteigen, letztes Jahr
abgebrannt: Die Ginsterbüsche sind schwarz und tot.

Angelika hat starke Schmerzen – nicht die Blasen, sondern der Fuß
selbst. Augenscheinlich überlastet sie durch Schonhaltung die Muskula-
tur des Fußgewölbes! Doch sie quält sich tapfer bis Molinaseca. Wir kommen an der Marienkapelle vorbei, die direkt an den Berghang angebaut ist,
überqueren den Fluss auf der alten Brücke und nach kurzem Suchen finden wir ein Restaurant, das schon offen hat und in dem es Frühstück gibt:
frisch gebackenes Brot und warme, köstliche Schokohörnchen! Die beiden deutschen Frauen kommen und raten Angelika, heute nur bis Ponferrada zu laufen. Dort solle sie morgen oder übermorgen den Bus nehmen,
so einige Tagesmärsche sparen und den Rest bis Santiago in Minietappen
gehen! Angelika scheint überzeugt. Wir laufen durch den Ort bis zum Albergue am Ortsausgang und da nehmen wir Abschied. Eine Umarmung,
ein Kuss auf die Stirn: „Gott behüte dich!" – und dann marschiere ich los,
ohne mich umzusehen. Die Straße geht immer geradeaus und den Berg
hinauf – oben blicke ich doch noch mal zurück und sehe die kleine Gestalt
tapfer den endlosen Gehsteig entlanghumpeln.

Über den Berg – linkerhand ein abgebrannter Waldhang – durch Klein-
gärten und an einer Neubausiedlung vorbei hinein nach Ponferrada. Die

eindrucksvolle Ruine der alten Templerburg ist von Baukränen umstellt, die Altstadt ist – eben eine Altstadt, die nicht unter dem Krieg gelitten hat. In der Kathedrale wohltuende Ruhe – und ein herrliches Schild: „Sei willkommen in der Kirche! Tritt ein, aber mach dein Handy aus! Um mit Gott zu sprechen, brauchst du es nicht und die Gemeinde stört es! Danke für dein Entgegenkommen!" Herrlich – das sollte man an jeden Kircheneingang hängen! Im „Bruder-Klaus-von-der-Flüe"-Albergue lasse ich meinen Credential abstempeln und noch einmal in der Pilgerberatungsstelle an der Burg. Doch sonst sagt mir Ponferrada nicht viel – vielleicht sollte ich mir auch hier mehr Zeit nehmen – wie überall. Doch langsam habe ich nur noch den Wunsch, endlich nach Santiago zu kommen.

Der Weg aus der Stadt ist endlos. Es geht entlang weitläufiger Schlackenhalden, dann durch das Gelände eines früheren Sanatoriums – die Architektur erinnert stark an die Bauten der dreißiger Jahre in Deutschland. Eine kleine Kirche in einem Vorort lädt zur Einkehr – bevor ich sie verlasse, singe ich mein Lied und ernte dafür einen dankbaren Händedruck des Priesters. Ich bleibe zur Messe. Weiter durch Gärten und Maisfelder nach Fuentes Nueva.

Ein hübscher Ort mit malerischen, allerdings oft sehr renovierungsbedürftigen alten Häusern. Ziemlich am Ortsende eine Pinte, der Fliegenvorhang an der Tür ist aus lauter alten Kronkorken zusammengebastelt. Ich bestelle mir ein Bocadillo – dabei macht mir die Wirtin den Unterschied zwischen „bien" und „bueno" klar – und ein Bier, und als sie mir das nach draußen bringt, zusammen mit dem Gästebuch, tut sie das mit einem freundlichen „Bitte sehr!" Tja, die Frau ist Deutschschweizerin und mit einem Einheimischen verheiratet. Und ich hatte mir solche Mühe gegeben mit meinem spanischen Gestopsel! Ich blättere ein bisschen im Gästebuch, und als ich aufblicke, wer kommt da die Straße herunter? Angelika! Sie hat alle Polster, die die Blasen entlasten sollten, abgemacht, nur Pflaster drüber, jetzt stimmt die Geometrie ihrer Füße wieder und sie kann fast schmerzfrei laufen!

Der krummbeinige Deutsche aus El Acebo kommt, doch als wir aufbrechen, möchte er noch ein bisschen bleiben. Angelika und ich gehen nun wie selbstverständlich zusammen weiter. Es ist heiß, wir haben ja auch schon ein ganzes Stück hinter uns – endlich Camponayara. Vor der Glasfabrik am Ortsausgang steht ein Riesenlaster aus dem Landkreis Ansbach mit laufendem Motor – der Fahrer scheint in der Pforte zu sein, aber da hat er heute Pech: In Spanien ist Feiertag – St. Jakobus, der Nationalheilige! Da hat man wohl in seiner Brauerei nicht dran gedacht, als man ihn losschickte!

Über die Autobahn, den Berg hinauf durch Weinberge, ein Wäldchen, wieder Weinberge – drei nur minimal bekleidete Französinnen überholen uns auf Fahrrädern und ich stimme Angelika zu, dass zumindest zwei von denen heute Abend einen grausamen Sonnenbrand haben werden, sie sind jetzt schon feuerrot! Wir überholen sie wieder, als sie am Wegrand Birnen klauen – das ist schon kurz vor Cacabelos und wir sehnen uns nach dem Albergue!

Es geht endlos durch den Ort. Endlich die alte Abtei am Fluss: Hier ist das Refugio. Entlang der alten Klostermauern hat man Doppelkabinen aufgeschlagen, im Hof große Tische und Bänke: eine wunderschöne Herberge! Wir beziehen eine Kabine, duschen, waschen Wäsche und haben keine Lust mehr, irgendwohin essen zu gehen. So begnügen wir uns mit dem, was die Automaten hier hergeben, und jeder verbringt den Abend für sich mit schreiben oder telefonieren – um halb elf liege ich im Bett und kriege es kaum mit, als meine Zimmergenossin kommt.

Dienstag, 26. Juli 2005

Cacabelos – O Cebreiro   37 km   85

Halb sechs geht Angelikas Wecker, um sechs verabschiede ich mich endgültig von ihr und marschiere die nächtliche Straße entlang Richtung Villafranca del Bierzo. Der Weg führt meist parallel zur Straße die Felder entlang, in Pieros fülle ich meine Wasserflaschen, was ich vorhin vergessen habe. Beim Hellwerden erreiche ich Villafranca. Eine trutzige Burg bewacht den Ortseingang. Ich folge dem Camino durch die Wohnsiedlung – ein Riesenhund im Vorgarten seiner Familie regt sich lauthals und endlos über meine Stöcke auf. Am Rande der Altstadt trennen sich Rad- und Fußweg: Für Fußgänger geht es die Treppen hinab, der Radweg folgt dem weiten Bogen der Straße. Zwei Engländerinnen fragen mich nach dem Weg und können sich gar nicht beruhigen über den Lavendel und die Federn, die echte und die silberne Jakobsmuschel an meinem Hut, das Santiagokreuz

225

an meiner Brusttasche und das Pilgerkreuz in Form eines griechischen Tau an meiner Pretiosentasche – ich muss ihnen das alles erklären.

Es geht an der Altstadt vorbei, und als ich an die Brücke über den Rio Burbia komme, lande ich mitten in einer großen Karawane, die aus der Innenstadt quillt. Gerade aufgebrochen, bestimmt 50 bis 60 Franzosen aller Altersklassen und beiderlei Geschlechts, mit leichtem Gepäck – das Schwerste scheinen die riesigen Fressbeutel zu sein, die sie mit sich schleifen und aus denen sich einige jetzt schon eifrig bedienen. Ich gebe Gas und überhole ein Trüppchen nach dem anderen, bis ich alle hinter mir habe, wobei schon mal ein Schwätzchen mit einigen drin ist. Immer wieder werde ich gefragt, wo ich herkomme und vor allem die Damen können sich nicht beruhigen über den Weg, der schon hinter mir liegt. Es geht nun kilometerlang auf einem durch Leitplanken abgetrennten, gelb gestrichenen Streifen der alten Nationalstraße in einem engen Tal stetig bergauf, stets begleitet von der neuen Autobahn, teilweise unter den Stelzen, auf denen sie gebaut ist. Das Ganze erinnert mich an den Aufstieg zum Brenner, nur, dass das Tal dort längst nicht so eng und tief eingeschnitten erscheint.

In Pereje setze ich mich vor die Bar und frühstücke ausgiebig, lasse die Karawane wieder vorbeiziehen, und dann kommen sie nacheinander an: Konstanze aus Leipzig, Bodil geht vorbei, Zsolt mit einem italienischen Wandergefährten, Christian, der krummbeinige kleine Deutsche. Wir kommen an einer Raststätte vorbei und da revanchiert sich Konstanze für den Kaffee, den ich ihr mal ausgegeben habe. In Herrerias ist die Kirche ausnahmsweise mal offen – eine Studentin sitzt am Eingang, befragt die Pilger nach dem Woher und Wohin und ihren Motiven und dokumentiert das sorgfältig, vielleicht für eine Seminararbeit? Ich singe vor dem Altar mein Pilgerlied, bevor ich im Ort noch einkaufen gehe. Das Tal wird weiter, verlässt die große Straße, vor La Faba zieht sich der Himmel zu und leichte Spritzer kommen vom Himmel. Das hindert Konstanze und mich nicht, auf dem wunderbaren Rastplatz dort mit Christian zusammen zu picknicken – wir legen zusammen, was wir haben.

Ich gehe von hier aus wieder alleine weiter und steige hoch zum Sagen umwobenen O Cebreiro. Vorher noch ein einsames Haus, in dem ein etwas Deplacierter fernöstliche Tees, Räucherstäbchen, Heilsteine, Schmuck und anderen Krimskrams feilbietet – ich gehe kopfschüttelnd daran vorbei. Oben auf dem Berg führt mein erster Weg in die uralte Kirche, in der das Hostienwunder geschehen sein soll, das mit der Gralssage zusammenhäng. Man mag daran glauben oder nicht – auf jeden Fall ist dies ein Ort, an dem ich einen bestimmten Geist spüre und an dem es mir leicht fällt, konzentriert zu beten.

Ein großes Zeltlager neben dem Kloster ist die Unterkunft einer französischen Gruppe – zum Duschen gehen sie ins Refugio. Ich durchquere den Ort – ein Museumsdorf, keltisch, eigentlich nur Andenkenläden und Restaurants. Das ganze erinnert eher an Asterix' Gallierdorf als an eine Ortschaft in Spanien. Es geht nach Galizien, und ich muss mich daran gewöhnen, dass das „J", das die Spanier als „CH" aussprechen, hier „X" geschrieben wird.

Am Ortsende eine neue, große Herberge. Eigentlich wollte ich noch einen Ort weiter, aber ich habe keine Lust mehr, als ich daran vorbeikomme. Über 35 Kilometer, und dann der Anstieg – ich lasse es genug sein. An der Rezeption sitzt eine nette Dame, nimmt mich gerade auf, da kommt Bodil vom Duschen und erzählt ihr, woher ich gelaufen komme. Da springt sie auf, ich bekomme eine dicke Umarmung und einen schallenden Kuss, dazu einen Willkommenstrunk Wein aus einem Steinkrug. Und ich kriege ein sehr gutes Bett! Die Herberge ist modern. Gut eingerichtet, mit großer Küche und sogar einem Extraraum zum Wäschewaschen: Becken mit eingebautem Waschbrett – praktisch! Ich erfahre, dass hier die Herbergen massiv von der EU gefördert werden – und deshalb behindertengerecht ausgebaut sein müssen, wobei ich mich frage, wie ein Rollstuhlfahrer diesen Weg schaffen soll...

Abends gehen Konstanze, Christian, Bodil, Zsolt mit seinem Italiener und ich gemeinsam essen und es wird noch recht heiter.

Um halb sechs packe ich im Dunkeln meinen vorgepackten Rucksack fertig und vergesse dabei einen meiner drei Slips – ich hatte ihn gestern gewaschen und draußen zum Trocknen aufgehängt. In der Küche ein Glas Wasser und ein Bissen Brot: Los! Vor der Tür treffe ich Bodil. Wir sind uns nicht ganz im Klaren, wo es hingeht: Ein Trupp Wanderer geht die Straße hinab ins Tal, die Markierungspfeile weisen aber eher den Berg hinauf! Wir folgen den „Fletschas", doch als es immer höher geht, kehren wir voller Zweifel um. Ein Spanier kommt uns entgegen, versichert uns, dass wir schon richtig waren und so folgen wir ihm. Der Wind ist schneidend, bald beginnt es, zu regnen: Ich bin froh über Fleecejacke und Poncho. Als wir hinab nach Liñares kommen, treffen wir einige, die die Abkürzung die Straße entlang genommen haben. Es regnet jetzt recht heftig. Wieder einmal Abschied von Bodil – ich ziehe los, über den Alto de San Roque mit der großen Rochusstatue – langsam wird es heller.

Hinab nach Hospital da Condesa – ich gehe im strömenden Regen einfach einem Spanier nach und lande im Refugio – da hatte ich eigentlich gestern hingewollt. Zwei deutsche Mädchen hocken im Eingangsraum und warten anscheinend, dass der Regen nachlässt. Ich folge der Markierung und lande endlich in einer Bar, wo es Frühstück gibt – und vor allem heißen Kaffee! Das Lokal quillt über, so räume ich schnell meinen Platz und mache mich auf den Weg zum Alto de Poio, seit den Pyrenäen der höchste Punkt des spanischen Weges. Eine ziemliche Kraxelei, zumal der Weg hier die Straße verlassen hat und sich auf Viehtriebwegen dahinschlängelt. Jetzt ist es hell, herrliche Ausblicke über das Gebirge, der Regen hat aufgehört.

Die Wege sind entsetzlich dreckig – augenscheinlich haben sämtliche Kühe Durchfall, die hier getrieben werden, – und vom Straßensäubern hält man hier wohl nichts. An einem Weidezaun hängt ein Büstenhalter, ich finde ein recht brauchbares Essmesser, ein einsamer Badeschlappen liegt auf dem Weg – was Pilger nicht so alles verlieren! Ein joggender Pilger hetzt an mir vorbei, begleitet von einem Radfahrer – überhaupt: Können die sch... Biker nicht auf der Straße bleiben?! Alle Naslang wird man von wütendem Klingeln und Rufen zur Seite gehetzt – denken die, der Camino sei ihre private Rennstrecke? Mich tröstet nur, wenn die vor einer Mauer langhörniger Kühe stehen, die ihnen entgegenkommen und jetzt selbst in den Graben gedrängt werden, weil sie sich nicht trauen, zwischen den Tieren durchzugehen wie ich es tue.

Seit dem Pass nur leichtes Bergablaufen, angenehm! In Triacastela komme ich sogar in die wunderschöne Kirche – auch hier stellt eine junge Frau Fragen, wie in Herrerías. Ich gönne mir ein Bier und ein Bocadillo, und als ich den Ort verlasse, kommt mir Christian entgegen: Er hat sich entschlossen, heute in Luxus zu leben und hier in einem Hostal zu schlafen. Als ich an das Pilgerdenkmal komme, fängt es an zu regnen, doch bis ich im Schutz eines leeren Schuppens den Poncho übergezogen habe, hat es schon wieder aufgehört. Hier stellt sich die Frage: Direkt nach Sarria oder den Umweg über das Kloster Samos? Ich entschließe mich für Samos. Eine Zeitlang muss ich jetzt auf der Landstraße laufen – die LKW fahren so nahe an mir vorbei, dass ich schon Angst habe, in ihrem Sog auf die Straße gezogen zu werden.

Endlich zweigt bei einem winzigen Dorf der Camino in ein wunderbares Wiesental ab: wohl die lieblichste Strecke des ganzen spanischen Abschnitts. Durch kleine, verschlafene Dörfer, an grünen Wiesen entlang, schattig unter Bäumen, an einer verfallenen Wassermühle vorbei. Nach der verbrannten Meseta und der Dürre der Maragatería eine wahre Erholung für das Auge! Kühe auf der Weide, schiefergedeckte Häuser, anscheinend liebevoll restaurierte, doch leider geschlossene Kirchen. Einfach eine wunderbare Strecke! Doch jetzt macht sich dummerweise mein linker Fuß wieder bemerkbar: Die letzen Tage bin ich in Sandalen gelaufen und der Riss in der Ferse hat sich wieder geöffnet – das Gehen wird immer mühsamer.

Ich bin froh, als ich auf dem Berg oberhalb des berühmten Klosters Samos stehe. Wirklich beeindruckend die Klosteranlage. Der Weg führt an der gefassten, jetzt aber trockenen Quelle vorbei, von der aus ein Aquädukt nach römischem Vorbild direkt in das Kloster führt, ich bestaune die gewaltige Fassade der Kirche und finde schließlich das Refugio neben der Tankstelle direkt an der Straße, die um das Kloster herum führt. Es ist halb vier, die Herberge öffnet erst um vier, eine Führung durch die Kirche ist erst ab halb sechs möglich, freie Besichtigung ist nicht gestattet. Wo ist die vielbeschriebene Gastfreundlichkeit der Mönche? Ich denke, der Rummel wurde ihnen zu groß und sie haben sich zurückgezogen. Doch eine geistliche Betreuung und Aufforderung zur Teilnahme an den Gottesdiensten hatte ich mir schon vorgestellt.

Das Refugio ist das größte, das ich seit Roncesvalles gesehen habe – ich zähle 80 Betten! Die Sanitäreinrichtungen sind recht dürftig – vor allem das warme Wasser ist knapp: Wenn alle duschen, hat die hinterste Dusche nur kaltes und die Waschbecken gar keines! Dennoch schaffe ich es sogar, Wäsche zu waschen – nur muss man über die Straße gehen, wenn man an die einzige kurze Leine will. Inzwischen kommt Konstanze angewankt, völlig am Ende – sie wollte ja heute auch nur einen kurzen Weg gehen – und nun sind es 40 Kilometer geworden. Wir feiern sie wie eine Heldin!

Ein heißt, gleich sei in der Basilika Chorgottesdienst: ein Gerücht! Als wir zum angegebenen Zeitpunkt in die Kirche kommen, wird eine Schar Nonnen wortreich und lautstark die Altäre entlang geführt. Enttäuscht gehen wir essen. Als wir über die Straße zurück in die Herberge gehen, schüttet es wie aus Eimern. Gut, dass ich vorhin meine Wäsche abgenommen habe! Ich falle ins Bett, doch gleich weckt mich Konstanze, die neben mir liegt, wieder auf: Ich schnarche wie ein Bär!

87
Donnerstag, 28. Juli 2005
Samos – Portomarin   39 km

Ich bin früh auf den Beinen – fast der Erste in der Herberge. Wieder bewährt sich das Vorpacken am Abend. Ich bin schnell und ohne die Schläfer zu stören marschbereit. Konstanze öffnet kurz die Augen, ich verabschiede mich leise von ihr und trete auf die Straße. Eine Bar ist offen und ich frühstücke erst einmal: Orangensaft, zwei große Café con leche, eine Toastada mit Butter und Marmelade, ein Hörnchen. Gegen halb sieben marschiere ich aus dem Ort heraus.

Es geht ein parkähnliches Gelände entlang, die Eisengeländer sind mit Pilgermuscheln verziert – ein großes Pilgerdenkmal – schade, dass meine persönlichen Erfahrungen dem pilgerfreundlichen Geist, den man dahinter vermuten könnte, so wenig entsprochen haben!

Der Weg führt auf breitem Gehsteig die Straße entlang. Ein Pilger – oder Wanderer – schwer bepackt, mit einem wunderschönen Hund, zieht langsam Richtung Sarria. Bald habe ich ihn hinter mir. Es geht den Fluss entlang zu einem Rastplatz, weiter die Landstraße hinab, auf breit ausgebautem Gehsteig – soll das so weitergehen die ganzen zwölf Kilometer bis Sarria? Eine Hor-

Altertümlicher Ochsenkarren

rorvision! Da führt ein Markierungspfeil rechts über die Straße und auf einen Feldweg steil hinauf in den Wald; ein anderer allerdings geradeaus. Ich entscheide mich für den Feldweg. Wie gestern geht es über Feld-und Waldwege durch einsame, armselige Dörfer – mal an einem kleinen Gutshof vorbei. In einem Hof ein altertümlicher Ochsenkarren. Die Landschaft aber ist wunderschön! Es regnet leicht, doch nicht stark genug für den Poncho und so spaziere ich unterm Regenschirm durch die Gegend, halte beide Stöcke in der freien Hand. Abschnittsweise geht es ziemlich steil auf und ab, streckenweise sogar zurück nach Osten. Ich glaube, ich gehe hier einen ziemlichen Umweg! Endlich bin ich in Calvor, wo mich der Strom der Pilger aufnimmt, die direkt von Triacastela gekommen sind. Ich lasse mich mittreiben und bin bis Mittag bei leichtem Nieselregen in Sarria.

Hier treffe ich Christian aus Potsdam wieder. Gemeinsam ziehen wir weiter. Die Landschaft ist schön, grün, teilweise geht es durch Wälder. Als Tagesziel haben wir uns Ferreiros gesetzt, doch als wir da sind, wollen wir doch weiter. Regelmäßig tauchen nun Kilometersteine auf, die die Reststrecke nach Santiago anzeigen – und dann sind wir tatsächlich bei Kilometer 100! Da zaubert Christian eine Flasche Roséwein aus dem Rucksack, die er seit Leon mit sich rumschleppt und wir leeren die zur Feier des Tages – ein einsamer Wanderer kriegt auch einen Becher ab!

Noch 100 km!

Leicht schwankend geht es weiter, mal eine kurze Pause auf einen Kaffee, aber wir gehen zügig über Feldwege, durch viele kleine Dörfer – und dann stehen wir auf dem Berg und haben den Stausee von Portomarín vor uns. Über die große Brücke – der Wind weht mir fast den Hut vom Kopf, gut, dass ich ihn durch die Kinnschnur gesichert hatte! Doch Federn und Lavendelstrauß verabschieden sich. Jenseits eine steile, unendlich lange Treppe hinauf – und da steht ein großes Restaurant mit einem Albergue. Wir bekommen zwei Betten in einem Viererzimmer, duschen, machen uns landfein und während es draußen wie aus Feuerwehrschläuchen schüttet und triefend nasse Pilger ankommen – einen kenne ich sogar noch von Ventosa – speisen wir fürstlich und ich komme sogar einmal kurz ins Internet – keine wichtigen E-Mails für mich.

Mit einigem Wein im Bauch schlüpfen wir gegen elf Uhr in die Schlafsäcke, schäkern noch ein bisschen mit den beiden Spanierinnen, die das Zimmer mit uns teilen, und schlafen schnell ein.

88 Freitag, 29. Juli 2005
Portomarín – Melide   41 km

Wir frühstücken noch im Restaurant, gegen sieben Uhr geht es dann los. Hinab zum Stausee, auf einem Steg über den Seitenarm, dann lange einen Waldweg hoch. Es geht leicht bergauf und bergab, selten Straße, meistens Wege, ab und zu eine Brücke, gut markiert, ziemlich bevölkert – seit Sarria ist der Camino wirklich eine Heerstraße: Die letzten 100 Kilometer – die, für die man als Fußgänger seine „Compostela" bekommt, das Pilgerzertifikat, das für viele Spanier eine Selbstverständlichkeit ist. Ich habe nicht mehr das Bedürfnis, groß Kultur zu besichtigen: Ich will nur noch laufen.

Galizischer Kornspeicher

Laufen, laufen und endlich, endlich in Santiago ankommen!

Die galizischen Kornspeicher begegnen uns jetzt an jedem Hof, die meisten schon aus Beton, doch hin und wieder ein altertümlicher, kunstvoll aus Steinplatten gefügt. Durch kleine Dörfer, zwischen Hecken,

Feldern und Eichenhainen – doch immer öfter bringt der Wind einen Duft nach Hustensaft mit sich. Anfangs bin ich irritiert – rieche ich Gespenster? Doch dann sehe ich diese fremdartigen Bäume, von denen meterlang Rindenfetzen herabhängen. Ich reiße ein Blatt ab und rieche: Das ist Eukalyptus! Und die völlig anders geformten Blätter, die die kleinen Bäume tragen, sind auch Eukalyptus, denn der Baum trägt in der Jugend andere Blätter als im Alter. Ich sehe aber auch, dass neben dem Weg Rinde und abgefallene Blätter kniehoch den Waldboden bedecken: Die europäischen Bodenlebewesen tun sich hart, mit den ätherischen Ölen dieser Fremdlinge fertig zu werden, habe ich mal gelesen. Es ist recht heiß, ich bin froh über meinen Hut, der die Sonne abhält – Christian hat sich seeräubermäßig ein großes Tuch um den Kopf gebunden und sieht regelrecht verwegen aus.

Am frühen Nachmittag sind wir in Palas del Rei. Christian bleibt hier – mich zieht es weiter. Ich komme an der großen Herberge beim Rathaus vorbei: Der Platz ist belagert von Pilgern – nichts wie weg! Es geht zur Stadt hinaus, die Straße entlang und da sehe ich linker Hand ein Restaurant. Mein Magen knurrt: heute mal richtig essen, nicht nur ein Bocadillo! Es gibt einen gemischten Salat, ein riesiges T-Bone-Steak mit Reis und Barbecuesoße, einen Mandelkuchen, ein Viertel Wein und einen Liter Mineralwasser. Während ich noch schmause, kommt ein deutsches Ehepaar per Auto und die fragen mich, was denn die Muschel auf meinem Rucksack soll – die sähe man jetzt immer öfter. Ich erzähle ihnen von der Jakobuspilgerschaft – schließlich fragen sie mich, wo ich denn gestartet sei. Kopfschüttelnd meinen sie, das würden sie sich nie zutrauen. Ich kann nur sagen: „Versuchen Sie es doch einfach. Fassen Sie Mut und gehen im Urlaub mal eine Woche und Sie werden merken, wie sehr es Leib und Seele gut tut!"

Ultreia – weiter! Eigentlich hatte ich befürchtet, mit vollem Bauch könne ich nicht so gut laufen, doch ich habe eher neue Kräfte nach der Pause – auch wenn ich mich erst wieder einlaufen muss. Ich möchte heute nach Furelos, wo mein kleiner spanischer Führer behauptet, da sei eine Herberge. Doch im ganzen Ort kein Hinweis. Ich komme an die Kirche – die ist sogar offen!

Zeit für Ruhe, ein Gebet für alle, die auf dem Weg sind, für meine Lieben und Dank für den Schutz und die Hilfe bis hierher. Ich singe mein Lied und dann mache ich mich in dem kleinen Rasthäuschen breit, das gegenüber der Kirche steht. Während ich noch vespere, kommen zwei deutsche Mädchen angelaufen. Gemeinsam machen wir uns auf die letzten Kilometer nach Melide.

Eine lebendige Stadt, schöne Kirche – doch leider Gottesdienst als wir kommen, großer Auflauf: eine Beerdigung anscheinend. Wir schauen, dass wir zur Herberge kommen. Trubel, Chaos – fast übervoll. Vor mir checkt ein junger Engländer ein, bekommt noch ein Bett. Das letzte. Dann sieht der Herbergswirt meinen Riesenpilgerpass, macht sich klar, wie lange ich unterwegs bin – und dann bekomme ich das letzte Bett und der Engländer darf auf dem Fußboden schlafen! Das Refugio hat eine große, gut ausgestattete Küche. Die Mädchen und ich gehen im Supermarkt einkaufen und dann kochen und essen wir gemeinsam und können sogar noch andere einladen.

Mit einem der Mädchen gehe ich noch in die Stadt, ein Eis essen, und sie erzählt von sich und ihrer Cousine. Die beiden scheinen einer Erweckungsbewegung anzugehören – Pietismus auf katholisch – nicht ganz mein Fall, wie sie von den „wunderbaren Gebeten" schwärmt, die sie heute gemeinsam zelebriert haben. Das wirkt auf mich alles zu laut und aufgesetzt.

Ich bringe sie zurück ins Refugio, gehe noch einmal in die Stadt, finde in einem kleinen Textilgeschäft Ersatz für meinen in O Cebreiro vergessenen Slip, komme an einem Lokal vorbei, in dem bei offener Tür eine Volksmusikgruppe mit Dudelsäcken und Trommeln übt, trinke in einer winzigen Bar noch ein Viertel Tinto de la casa und dann bin ich bettreif.

Auf der Wiese neben der Herberge sitzt eine Italienerin mit ihren beiden Hunden – hinreißende Schönheiten alle drei! Die Frau schmust mit ihren Tieren, massiert ihnen die Läufe, streichelt sie, cremt die Pfoten. Wir kommen ins Gespräch: Sie ist mit den Hunden von Verona hergelaufen. Die Tiere sind fast am Ende und benötigen jeden Abend intensive Pflege. In der Nacht bleiben sie wie angeleint auf dem Platz, den sie ihnen zuweist, bis sie morgens wieder abgeholt werden. Hut ab vor Frauchen und Hunden!

Noch vor Sonnenuntergang bin ich im Bett und schlafe wie ein Stein.

Ich bin früh auf den Beinen – gegen viertel nach fünf stehe ich in der Küche und mache mir einen Nescafé. Halb sechs verlasse ich die Herberge,
nachdem ich vorsichtig über die Schläfer gestiegen bin, die dicht an dicht
auf dem Boden der Flure und der Eingangshalle liegen. Die beiden Hunde
der Italienerin liegen draußen neben der Tür und sehen mich aufmerksam
an, lassen sich sogar streicheln und wedeln sanft mit den Ruten, doch sie
rühren sich nicht vom Fleck. Hinaus aus dem Ort, im Dunkeln vorbei an
Sta Maria – auch so eine Kirche, von der es heißt, man müsse sie unbedingt
sehen. Vielleicht, wenn ich mit Silvia die Höhepunkte des Weges abfahre!
Ich habe mir vorgenommen, heute so bis zehn, fünfzehn Kilometer vor
Santiago zu gehen, um morgen mit frischen Kräften dort anzukommen.
Also heute noch eine ansehnliche Strecke. Auch im Dunkeln ist der Weg
gut zu finden. Ich gehe schnell und konzentriert, denn ich möchte möglichst weit kommen, ehe es wirklich heiß wird.

Wie gestern geht es durch kleine Orte, mal Wald, meistens Eukalyptus,
dann wieder Felder. Wie in Trance gehe ich, nehme kaum wahr, wo ich vorbeikomme. Ich überhole Pilger – vorbei – vergessen ... Immer wieder die
Staatsstraße, einmal in weitem Bogen auf eine Brücke, die sie überquert.
Ich esse und trinke im Laufen, als die Sonne schon hoch steht. Arzùa: endlich ein Kaffee, ein Hörnchen – weiter durch den Ort. Die Kirche zu, doch
unterhalb ein Pilgerbüro – zwar unbesetzt, doch mit freiem Zugang zum
Stempel. Wieder ein Eintrag in meinem Pilgerpass! Am Ortsausgang Gärten, ich finde einen Wasserhahn und fülle meine Flaschen. Es wird Nachmittag: ein Lokal, das „deutschen Kuchen" anbietet. Da komme ich nicht
vorbei und kriege wirklich ein schönes Stück Sandkuchen. Die Wirtin ist
Spanierin, mit einem Deutschen verheiratet, aber der ist in der Arbeit.

Der Camino quert immer wieder die Nationalstraße. Auf einem Parkplatz ein deutsches Wohnmobil, die Seitentür offen, der Fahrer sitzt auf
der Treppe, neben sich zwei Literflaschen Mineralwasser. Spaß muss sein,
denke ich, gehe auf ihn zu und sage: „Das ist aber nett, dass der Servicewagen hier auf mich wartet!" Der Mann schaut etwas verdutzt, doch dann
sagt er: „Servicewagen für meine Frau: Die wollte heute mal auf dem
Jakobsweg gehen!" – „Deshalb habe ich Sie wohl vor ein, zwei Stunden

schon mal am Weg gesehen!" – „Ja, da habe ich sie abgesetzt! – Wollen S'
einen Schluck zu trinken?" Da sage ich nicht nein! Er fragt mich, wo ich
denn in den Weg eingestiegen bin – wieder einer, der es kaum glauben
kann. „Wie weit ist es denn bis hierher?" – „Also meiner Rechnung nach
bin ich jetzt etwas über zweitausendfünfhundert Kilometer gelaufen."

Weiter. Ich komme an einem privaten Refugio vorbei, das mich reizt,
zumal ich langsam müde werde, doch ich habe mir Cimadevila vorgenommen, wo es ein Refugio und ein Hostal geben soll. Endlich bin ich dort,
finde auch das Hostal – doch man macht mir unmissverständlich klar:
mindestens zwei Nächte! Da gehe ich lieber weiter – es ist schließlich noch
nicht einmal sechs Uhr abends. Ich komme an einer Bar vorbei, wo ich
ein Bocadillo esse, ein Bier trinke und noch eines – noch nie in meinem
Leben konnte ich so viel Bier trinken, ohne Wirkung zu spüren, wie hier
in Spanien! Ich blättere ein bisschen in Zeitschriften, die hier herumlie-
gen, und wundere mich über die Freizügigkeit der Bilder, die hier gezeigt
werden – da sind die deutschen Sexpostillen noch harmlos dagegen!

Wieder auf den Weg. Den 20-km-Stein habe ich schon fotografiert –
jetzt geht es am Flugplatz entlang, um ihn herum durch Kiefernwald – werde ich bald in einem dieser Riesenvögel sitzen, die da mit Donnergetöse
dicht hintereinander in den Himmel steigen? Eine Straße entlang, dann
ein Weg, ich werde müde.

Eine Ortschaft mit verfallenden, niedrigen Steinhäusern. Eine Radiostation – wie wäre es, wenn jetzt ein Reporter herauskäme, um den Weitpilger zu interviewen? Campingplätze, endlich ein freier Platz, mit Müll
übersät, auf einem Hügel ein großes Denkmal: Monte Gozo! Ich setze
mich auf die Stufen des Pilgermonuments und starre
in der Abendstille mit Tränen in den Augen hinab auf
Santiago.

*Ortsschild
Santiago*

Ich suche die Kathedrale, doch ich finde sie
nicht – schade! Wahrscheinlich hinter den Bäumen,
die weiter unten am Hang wachsen. Ich raffe mich auf
und gehe weiter – da vorne muss die große Herberge
sein. Ich komme an ihr vorbei: die reinste Kaserne,
dicht bevölkert. Nein! Lieber die letzten paar Kilometer noch! Treppen hinunter, unter der Autobahn
hindurch, eine breite Ausfallstraße, das Denkmal des
Santiagoritters, das Ortsschild: Ich bin wie in Trance!

Ein Touristenbüro, jetzt um kurz vor acht noch offen. Eine freundlich junge Dame drückt mir einen Stadtplan in die Hand, zeigt und erklärt mir den Weg zur Kathedrale.

Ich gehe jetzt ziemlich langsam, stütze mich schwer auf die Stöcke. Der Rucksack drückt – hat er lange nicht mehr getan, die letzten Wochen habe ich ihn kaum noch gespürt. Ein Caminobekannter spricht mich an, umarmt mich – ich weiß so gerade eben, wer er ist. Er fragt, ob ich mit in seine Herberge will – ich lehne dankend ab: Jetzt erst in die Kathedrale, ankommen, endlich ankommen! Über belebte Plätze, auf einem singt eine wunderschöne Frau mit einer herrlichen Stimme eine Opernarie, begleitet von einem elektrischen Klavier. Bodegas, Bars, Geschäfte, und da ist endlich die Kathedrale, die unverkennbaren Türme! Ich komme an einen Platz, auf dem Clowns agieren und hier ist der Seiteneingang.

Am Ziel: Die Kathedrale von Santiago de Compostela

Durch die Tür – ein gewaltiges Kirchenschiff, doch das ist nur das Querschiff, ich schleppe mich unter die Vierung, wende mich dem Hauptaltar zu: Eine riesige goldene Wand sehe ich, mir schießen die Tränen in die Augen und ich bringe gerade noch heraus: „Lieber Gott, danke!!", und dann heule ich, heule laut los, mit wildem Schluchzen, halte mich gerade noch mit den Stöcken aufrecht, während mich das Weinen schüttelt.

Plötzlich legt sich ein warmer, weicher Arm um mich, umfangen mich Arme, stützen mich, und eine Frau sagt auf Englisch: „Christian, schön, dass du hier bist!" Ich sehe sie nur verschwommen, sie kommt mir bekannt vor, doch ich weiß sie nicht einzuordnen. „Wer bist du?", bringe ich gerade noch hervor, ehe ich mich unendlich erleichtert tiefer in ihre Armen sinken lasse. Sanft löst sie sich von mir, hält mich nur noch mit den Händen. „Ich bin Jane aus New York, und ich habe in Cirauqui im Bett unter dir geschlafen!" – „Und wie kommst du jetzt hierher?" – „Wir sind ein Stück mit dem Bus gefahren und seit gestern hier. Ich wohne da drüben im Kloster. Und gerade eben hatte ich das Gefühl: Jetzt muss ich unbedingt noch einmal in die Kathedrale! Und da standest du, und ich wusste, weshalb ich kommen musste! God has sent me to you!"

Sie zieht ein Taschentuch – ein echtes, kein Tempo – und trocknet mir die Tränen. Ich hole selbst ein Papiertuch aus der Tasche und schnäuze mich kräftig – jetzt geht es mir viel besser! Jane nimmt mich am Arm und führt mich durch den Seiteneingang aus der Kathedrale, durch den ich gekommen bin. Draußen arbeiten noch die Clowns, doch ich habe keinen Blick für sie, ich gehe neben Jane her, als sei ich einen Meter neben mir selbst.

Sie führt mich in das erste Haus nach der Treppe, im Erdgeschoss ein langer Tresen, leer, dann in den ersten Stock. Hinter einem Tisch sitzt eine Studentin, nimmt meinen Pilgerpass in Empfang. Sie blättert das Leporello durch, sagt auf Englisch: „The longest walk today, almost three month!" Sie beginnt auf einer Liste von Vornamen nach der lateinischen Version von „Christian" zu suchen und schreibt auf meinen Rat hin brav „Christianus" auf die Urkunde, die in lateinischer Sprache bescheinigt, dass ich zum Grab des Apostels Jakobus in Santiago gepilgert sei. Mit einem routinierten Händedruck gratuliert sie mir. Am Ausgang des Saales verkauft man mir für einen Euro eine Papphöhre, in der ich das kostbare Dokument verstauen und unbeschädigt in meinem Rucksack nach Hause bringen kann.

Draußen auf der Straße fragt mich Jane: „Weißt du schon, wo du heute Nacht schläfst?" Ich antworte, dass ich mir ein Privatquartier suchen wolle, von Herbergen hätte ich erst einmal genug. Da tritt eine kleine alte Spanierin auf mich zu und fragt, ob ich ein Zimmer suche. „Si!", sage ich, „para dos noches!" Zwanzig Euro pro Nacht, sagt sie und ich sage: „ Lo tengo!" – und als ich mich umsehe, ist Jane verschwunden. Ich habe sie nie wiedergesehen.

Die Spanierin führt mich quer durch die Innenstadt – die Frau singt noch immer ihre Opernarien – in eine stille Nebenstraße, ein schmales Haus, einen Stock hoch, ein herrliches Zimmer auf die stille Straße, nur gegenüber ein Restaurant, doch von dem hört man nichts, ein wunderbares Bad, eine schöne Küche. Ich zahle für zwei Tage, sie drückt mir den Schlüssel in die Hand: „Wenn du gehst, einfach stecken lassen", und eine Visitenkarte.

Ich falle ins Bett, ungeduscht, und schlafe traumlos.

CAPITULUM *hujus Almae Apostolicae et Metropolitanae Ecclesiae Compostellanae sigilli Altaris Beati Jacobi Apostoli custos, ut omnibus Fidelibus et Peregrinis ex toto terrarum Orbe, devotionis affectu vel voti causa, ad limina Apostoli Nostri Hispaniarum Patroni ac Tutelaris* **SANCTI JACOBI** *convenientibus, authenticas visitationis litteras expediat, omnibus et singulis praesentes inspecturis, notum facit:* Dnum Christianum Wittenberg *hoc sacratissimum Templum pietatis causa devote visitasse. In quorum fidem praesentes litteras, sigillo ejusdem Sanctae Ecclesiae munitas, ei confero.*

Datum Compostellae die 30 *mensis* Julii *anno Dni* 2005.

Secretarius Capitularis

239

Sonntag, 31. Juli 2005

Santiago de Compostela   Ruhetag

Ich frühstücke in einer kleinen Bar und dann mache ich mich auf zur Kathedrale. Das Pilgerbüro ist schon umlagert – ich bin froh, dass ich gestern Abend hier war, der Trubel lässt mich bald flüchten. Ich streife durch die Altstadt – schön und lebendig, viele junge Leute!

In der Kathedrale führe ich all die gebräuchlichen Riten durch: Ich lege meine Stirn an die Stirn der Statue des Baumeisters am Eingangsportal und meine Hände in die von tausenden von Pilgern vertieften Rillen – ich muss Schlange stehen, doch Pepe, der mich stürmisch begrüßt hat, besteht darauf, dass ich alle Rituale haarklein erfülle. In der Krypta unter dem Altar liegt in einem winzigen silbernen Sarkophag das, was man für die sterblichen Überreste des Apostels Jakobus hält – die Gläubigen küssen den Sarg – ich verkneife es mir – doch oben im Obergeschoß des Altars umarme ich doch wie alle anderen die Büste des Apostels. Ich streife durch die Kathedrale, staune, schaue, ärgere mich über den unbeschreiblichen Trubel, der hier herrscht, das Blitzlichtgewitter. Es wird Zeit für die Pilgermesse – eine pompöse Zeremonie, aber mich berührt sie nicht sonderlich – nicht einmal, als ich meinen Namen höre – aha, da wurden die „Weitpilger" genannt. Das Riesenweihrauchfass hat heute Ruhetag – stört mich auch nicht. Ich streife durchs Museum – beeindruckend, dieser Rückblick auf 2000 Jahre! Doch besonders rührt mich eine Marienstatue an: Maria stillt ihr Kind! So etwas habe ich noch nie gesehen!

Ich stehe am Andenkenladen oben auf der Treppe, da kommt Erika und wir liegen uns in den Armen. Vor dem Pilgerbüro treffe ich die Spanierin Amparo mit ihren Freunden und wir gehen erst einmal gemeinsam essen. Dann suchen sie ein Quartier und ich sehe zufällig meine Zimmerwirtin – sie hat noch andere Zimmer – und dann sind auch diese Caminofreunde verschwunden. Ich treffe die beiden Mädchen aus Melide – sie sind immer noch so überschwänglich laut!

Ich überlege, wie es weitergehen soll. Ich will auf jeden Fall noch zum Kap Finisterre – das ist mein eigentliches Ziel. Und dann wollte ich dort noch etwas Urlaub machen. Andererseits: Ich habe Sehnsucht nach zuhause! Am Telefon bespreche ich mich mit Silvia, und dann steht fest: Ich werde mit der Bahn fahren – ist zwar teuer, doch ich mag nicht fliegen.

Immer wieder habe ich gehört, welch Schock das sei, die Strecke, die man in Monaten gelaufen ist, in Stunden heimzurasen! Ich werde mir also noch eine Woche Zeit lassen für Finisterre und am Siebten nach Hause fahren. Ich finde den Bahnhof und möchte gleich reservieren, doch der Spezialschalter für Fernreservierungen hat heute geschlossen.

Den ganzen Tag streife ich durch Santiago – immer wieder einmal die Kathedrale, das Pilgerbüro, doch ich treffe niemanden mehr, den ich kenne. Schade – eine der beiden Angelikas, Bodil, Zsolt oder Birgit und Elisabeth hätte ich gerne hier begrüßt und in die Arme genommen. Und wenn ich die Pilger ankommen sehe, ist da das unbestimmte Gefühl: Ich habe es hinter mir, ich gehöre nicht mehr dazu ...

Am Abend entdecke ich, dass im Stadtpark großer Rummel ist – halb Santiago scheint da zu sein. Hingelockt hat mich ein Feuerwerk, das ich vom großen Platz aus gehört und gesehen hatte. Ich stürze mich ins Gewühl – und da kommt mir Pepe entgegen. „Jetzt sind wir nicht mehr Pilger, jetzt sind wir Touristen!", sagt er und spricht genau das aus, was ich selbst empfinde.

Ich lasse mich einmal um den Rummel treiben und kehre zurück auf die nächtliche Praza do Obradioro. Unter den Kolonnaden Musik: Eine Truppe junger Männer in bunter Tracht singt und musiziert, dicht umdrängt von Menschen – die Stimmung ist fröhlich und vertreibt meine leise Melancholie. Die Musiker schnappen sich schon mal eine Señorita und tanzen, dann machen andere mit – es ist nach Mitternacht, als ich mich endlich losreiße. Auch heute schlafe ich gut – nicht einmal die laute Unterhaltung der Gäste vor dem Lokal gegenüber stört mich.

Montag, 1. August 2005
Santiago de Compostela – Negreira   ca. 35 km   91

Ich bin früh auf den Beinen, packe und lasse den Zimmerschlüssel stecken, ziehe die Haustüre von außen zu. Auf zum Bahnhof. Der Angestellte am Schalter spricht gutes Englisch, sein Computer sucht genau die gleiche Verbindung heraus, die Silvia auch schon aus dem Internet gelesen hat – und der Preis ist auch identisch: über 300,00 €! Fliegen wäre sicher billiger.

Die Flausen, die ich vor dem Abmarsch hatte, ich könnte vielleicht zurücktrampen, sind mir vergangen. Vom Bahnhof aus ein letzter Besuch in der Kathedrale: Der Trubel ist weniger groß – vier feierlich blickende Männer tragen einen Reliquienschrein durch das Schiff – irgendwie ist mir das doch fremd! Ich knie in einer Bank und bitte Gott um Kraft und Schutz für das letzte Stück Weg.

Am Parador vorbei, die Treppe hinab: Der Camino hat mich wieder! Ich fühle mich stark. Am Eichenhain von San Lorenzo vorbei, die Ausfallstraße entlang – und dann muss ich eine Markierung übersehen haben, denn ich finde mich in Vidán, und das ist eindeutig falsch, wenn ich den Angaben des Führers glauben darf, den man mir heute früh im Galizischen Fremdenverkehrsamt in die Hand gedrückt hat. Doch die Skizze zeigt auch, dass es Straßen gibt, die zum Camino führen. Und richtig, in Carballal habe ich die vertraute Muschel wieder! Ab und zu sehe ich vor mir eine Gruppe junger Leute mit großen geschnitzten Wanderstöcken – das erste Mal sind sie mir schon in Santiago aufgefallen. Es geht durch Dörfer, Felder und Eukalyptushaine, bergauf und bergab – eine liebliche grüne Landschaft. Es ist warm, sehr warm, leicht bewölkt: angenehm zu gehen.

In Ponte Maceira beeindruckt die 700 Jahre alte Brücke – und der Tambre, der dort breit und schnell über eine Stufe fließt. Ich sehe, dass dort die jungen Leute, die ich vor mir hatte, Mittagsrast machen und baden. Die Häuser hier sind grauer Bruchstein, unverputzt, urtümlich, sie strahlen Dauerhaftigkeit aus und die Aussage: In mir bist du geborgen! Die Straßen im Ort sind mit hellem Stein gepflastert, sauber, Kinder spielen und grüßen den Pilger freundlich. Es ist einfach schön!

Den Berg hinauf – herrlicher Blick, und dann bin ich auch schon in Negreira. Wenn nur alle Etappen in den letzten drei Monaten so einfach gegangen wären! Die Befestigung mit den Kolonnaden macht neugierig, doch jetzt erst einmal in die Herberge. Die liegt etwas außerhalb des Stadtkerns, ein schönes Haus im Wohnviertel, von Rasen umgeben, großer Eingangsbereich – und hier treffe ich auch die Italienerin mit ihren beiden Hunden wieder: Sie sitzt auf dem Gras und pflegt ihre Tiere. Ein wunderschönes Bild die Drei, das Vertrauen und die Harmonie, die sie ausstrahlen!

Ich finde ein Bett, dusche, wasche Wäsche und dann gehe ich in die Stadt zum Einkaufen. Vor der Kirche ein Denkmal: Auswanderer? Der Mann will gehen, die Frau und die Kinder wollen ihn zurückhalten und alle drei sind im Boden verwurzelt – mir fällt ein, dass aus Galizien im vorletzten und Anfang des letzten Jahrhunderts viele auswandern mussten.

Abends hat sich die Herberge gefüllt – aber nicht so hektisch und überlaufen wie die letzten Herbergen vor Santiago. Höchstens ein Zehntel derer, die nach Santiago pilgern, geht den Weg weiter nach Fisterra.

Wie gestern geht es durch eine hügelige Landschaft – teilweise recht ansehnliche Buckel. Das Wetter ist durchwachsen, doch kein Regen. Frühstück in einer Bar an der Straße. Schon lange habe ich mich über die durchdringenden Hupen gewundert, deren Klang immer wieder durch die Stille der Landschaft schnitt – jetzt weiß ich es: Das eine ist der Bäcker, der den Gehöften und in den Ortschaften das Brot bis an die Haustüre liefert, und das andere ist der Lieferwagen mit den Gasflaschen. Die jungen Leute von gestern sind wieder auf dem Weg – haben auch in Negreira übernachtet, eine andere Gruppe fällt mir auf, drei junge Männer. Ein Stück gehe ich mit einem Universitätsprofessor aus New York, ein anderes mit zwei Frauen aus der Schweiz. Im Großen und Ganzen aber ist der Camino hier einsam – man kann wunderbar seinen Gedanken nachhängen oder einfach nur schauen.

Das Gehen fällt mir leicht, ich spüre meinen „faulen Sack" kaum noch. Heute Morgen habe ich ihn das erste Mal so bezeichnet, als ich ihn auf die Schulter wuchtete: „Komm her, du fauler Sack!" Eine der Schweizerinnen fragte, wieso dieser Kosename, und ich habe es ihr erklärt: „Dieser stinkfaule Kerl hat sich von mir über zweieinhalbtausend Kilometer tragen lassen und er hat mich nicht einen Meter getragen! Wenn man so was nicht einen ‚faulen Sack' nennen darf!?"

Von weitem schon höre ich das Singen – eine Männerstimme, die französische Hymnen singt. Dann kommt er mir entgegen. Ein junger Mann, wettergegerbt, schwer bepackt, aber mit schwungvollem Schritt. Und er singt selig, aus voller Brust und vollem Herzen ein Loblied auf Gott, Maria und den heiligen Jakobus. Seine Augen leuchten, als er an mir vorübergeht, mein fröhliches „Bonjour, pèlerin, et bon chemin!" beantwortet er mit einem freundlichen Nicken, ohne seinen Gesang zu unterbrechen. Lange noch höre ich ihn. Welch glücklicher junger Mensch!

Ich raste auf einer Bank neben einer alten Brücke, trinke Wasser und esse Brot und Wurst. Im Papierkorb liegt eine gute Karte von Galizien, nagelneu, ebenso wie ein Prospekt über die Region mit wunderbaren Bildern von den vielen Kulturschätzen dieses Landes. Die gehören nun mir! Den Berg hinauf – und da ist ein großer Stausee, randvoll. Mir fallen die halbleeren Reservoires ein, die ich vor Jahren im Oktober über Zentralspanien aus der Luft erkannt habe und die Nachrichten über Unmutsdemonstrationen im südspanischen Murcia: Wasser ist dort so knapp, dass der Druck in den Leitungen gerade mal bis zum vierten Stock der Wohnhäuser reicht! Und hier Grün wohin man schaut! Ist das wirklich erst eineinhalb Wochen her, dass ich vor Astorga über sonnenverbrannte, ziegelrote nackte Erde gelaufen bin? Doch all das Grün hier nutzt nichts gegen den Leichtsinn der Menschen: Ich gehe einen ganzen Berg entlang, der einem Waldbrand erlegen ist – aus verbranntem Boden ragen nackte verkohlte Baumskelette. Doch wie ein Hoffnungszeichen keimen aus der Asche neue junge Pflanzen – Grün auf Schwarz: Das Leben geht weiter!

Olveiroa: Das Refugio besteht aus einigen wunderbar hergerichteten alten Bauernhäusern – ein Gedicht! Nur: Direkt neben dem Schlafsaal liegt ein Schweinestall und es stinkt bestialisch. Zudem gibt es keine Fliegengitter vor den Fenstern – es wimmelt von Kriebelmücken! Ein oberlehrerhaft dozierender Deutscher warnt uns: Ein Stich dieser Mücken könne die schlimmsten Geschwüre erzeugen, ja nicht das Fenster öffnen, damit sie nicht hineinkommen – aber dann kann auch die Hitze im Raum nicht hinaus! Allerdings habe ich von den Biestern schon einige Stiche abbekommen, doch außer ein bisschen Jucken hat es mir nichts getan.

Die übliche Abendroutine: duschen, Wäsche waschen – hier bewährt sich, dass ich in Santiago Sicherheitsnadeln gekauft habe – besser als Klammern! Ich sehe mich ein bisschen im Ort um und trinke an der Bar, die an der Landstraße liegt, ein Viertel Tinto de la casa. Zurück in der Herberge, sind da drei junge Deutsche und haben erfolgreich die letzten Mücken im Raum gekillt. Es ist hier drinnen zwar noch immer heiß, doch mit geschlossenen Fenstern bleibt auch der bestialische Schweinegestank draußen. Ich lege mich auf mein Bett und schlafe ein, verschlafe das gemeinsame Abendessen und wache mit Bärenhunger auf! Also noch mal in die Bar – da gibt's ein gutes Omelett mit Schinken, danach ein Eis und natürlich Wein! Einige Pilger aus der Herberge sind auch da und es wird recht lustig. Nur eine Engländerin ermahnt – vergeblich – ihren Mann: „Trink nicht so viel Wein, sonst schnarchst du heute Nacht!"

Mittwoch, 3. August 2005

Olveiroa – Kap Finisterre ca. 30 km **93**

Die Engländerin hat recht behalten: Ihr Mann schnarchte in der Nacht wie ein Walross! Das wäre ja noch angegangen, doch um fünf Uhr beginnt er, zu packen – und dazu macht er die Deckenbeleuchtung im Schlafsaal an und knistert lautstark mit Plastikbeuteln! Wütende Proteste: Wir wollen schlafen! Und da sagt der Kerl: „Dann macht die Augen zu und zieht die Decke über den Kopf!" Seiner Frau ist das sichtlich unangenehm, mir tut sie richtig leid. Aber ich habe es einfach: Ich muss nur den Arm ausstrecken und bin am Lichtschalter. Dunkel, verblüffte Ruhe. Ich schlafe wieder ein und wache vom erneuten Protest der Mitschläfer wieder auf – immerhin fast zwanzig Minuten! Noch einmal das gleiche Spiel, dann wird es mir zu bunt: Ich stehe auf, stecke meine Zahnbürste und den Seidenschlafsack in den Rucksack und ab bin ich auf der noch dunklen Straße.

Kurz nach Hospital eine offene Bar mit dem Hinweis: „Letzte Bar für die nächsten 15 Kilometer!" Entsprechend belagert ist sie – ich frühstücke ausgiebig. Dann teilt sich der Weg: Rechts geht es nach Muxia, zu dem Ort, an dem Maria der Legende nach in Spanien gelandet ist, um Jakobus bei seiner Missionierung der Iberer Mut zu machen. Man hat mir erzählt, das sei wunderschön dort. Ich zähle die Tage: heute Muxia, morgen Finisterre, ein Tag dort, nächster Tag zurück Bus nach Santiago, am Siebten fährt mein Zug – nein, das ist mir zu knapp. Heute vor drei Monaten bin ich aufgebrochen und ich will heute mein Ziel erreichen! Lieber einen Tag länger in Fisterra erholen – also links!

Es geht an einer Fabrik vorbei – Steinbruch oder Zementfabrik – einen Hügel hoch – und da ist hinter den Bergen eine schwache blaue Linie – ist das die See? Ein paar hundert Meter weiter, auf dem nächsten Hügelkamm, dann die Gewissheit: Vor mir liegt der Atlantik! Ich bin total überwältigt,

245

setze mich auf einen Stein und rufe reihum an: meine Frau, meine Schwestern – ich bin kurz vor dem „Ende der Welt"! Ich habe es tatsächlich geschafft! Mehr als 2600 Kilometer, Schritt für Schritt! Der Professor aus New York kommt vorbei und er meint, diesen historischen Moment müsse man festhalten: So fotografiert er mich, mit dem Handy am Ohr und dem Atlantik im Hintergrund.

Atlantik in Sicht!

Weiter durch Eukalyptus- und Kiefernwälder. Eine schöne alte Kirche – deutlich zu erkennen ist, dass da öfter großer Auflauf ist: Nosa Señora das Neves. Dann ein altes Steinkreuz – und da hinten ist das Kap zu erkennen: Finisterre! Hinab nach Cee – und ich erinnere mich daran, dass ich vor dem Aufbruch zu meinen Füßen gesagt habe: „Wenn ihr durchhaltet, dürft ihr bei der ersten Gelegenheit im Atlantik baden!" Sie haben durchgehalten und ich marschiere schnurstracks zur Strandpromenade, über den Strand und bis zu den Knien ins Wasser – Mensch, tut das gut!

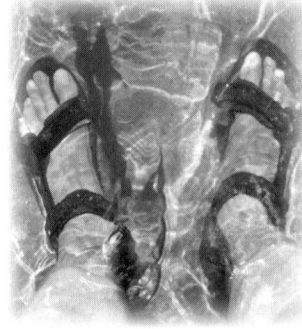

Das haben sie sich verdient!

Bevor ich den Ort verlasse, trinke ich in einer Bar noch ein Bier und antworte auf die Frage des Wirtes, woher ich käme, wahrheitsgemäß: „Zu Fuß aus Deutschland!" Der will es nicht glauben und bald steht eine ganze Traube von Neugierigen um meinen Tisch und bestaunt meinen Pilgerpass, anhand dessen ich erkläre, wann ich wo war.

Weiter, den Berg hinauf. Linker Hand ein Refugio – San Roque: passend für Pilger. Und gegenüber ein Bordell! Ungemein passend!! Es geht wieder in den Wald, dann kommen die ersten richtigen Badeorte. Es ist heiß, alle Wolken haben sich verzogen, ich habe Hunger! Am Weg ein Restaurant – ich bestelle mir eine große Pizza und ein großes Bier. Während ich das vertilge komme ich mit einem deutschen Paar ins Gespräch – die Frau ist eine Pfarrerstochter aus Unterfranken! Sie sind etwas besorgt, weil unter der Motorhaube ihres Leihwagens eine kleine Wasserlache steht. Ich beruhige sie ein bisschen: Das ist wahrscheinlich Kondenswasser von der Klimaanlage. Öl ist das nicht und der Kühlwasserstand ist in Ordnung. Sie fragen mich, wie ich mit Rucksack in diese entlegene Ecke Spaniens käme, und was die Muschel bedeute – und da ist eine ganze Stunde mit Erzählen schnell weg.

Durch Kiefernwälder, herrliche Badestrände entlang – wie gerne würde ich jetzt links abbiegen und baden! Doch erst ans Ziel: zur Herberge, den Pass abstempeln lassen und dann ans Kap und dort übernachten. Es geht über eine kleine Klippe, oben ein altes Steinkreuz, das Kreuz von Baixar. Die Häuser dahinter sind schon der Ort Fisterra! In die Altstadt, an Hotels und Geschäften vorbei auf den Hafen zu. Fast bin ich am Ziel meiner Pilgerwanderung angekommen.

Die Herberge ist unübersehbar, direkt am Busbahnhof. Durch die riesigen Glasfenster sehe ich, dass hier schon reges Leben herrscht – ein Grund mehr, heute am Kap zu schlafen! Der Hostelero, assistiert von einer deutschen Studentin, stellt mir auf seinem Computer die Urkunde aus: Ich bin nach Fisterra gepilgert! Ich finde das Blatt schöner als die „Compostela", doch die ist eben wichtiger.

Ich erzähle, dass ich zum Kap gehe und dort nächtigen will, und er sagt: „Gut! Aber bleib oben auf dem Felsen und versuche auf keinen Fall, zu baden!" – „Wieso, die See ist doch ganz ruhig?" – „Hier in der Bucht, aber am Kap sind böse Strömungen. Erst gestern haben wir einen Amerikaner aus dem Wasser ziehen müssen – tot! Der fünfte in diesem Sommer. Und ich hab dazu keine Lust mehr! Nicht umsonst ist das hier die Costa del Morte!"

Inzwischen sind die drei Deutschen angekommen, die beiden Schweizerinnen, die Jungen mit den großen Stöcken: Dänen, wie es sich herausstellt. Der Professor aus New York ist da und ein junger Engländer, der erstaunt ist, dass ich ihm auf den Kopf zusage, dass er aus London stammt: Sein Cockney-Slang ist unüberhörbar! Wir vereinbaren, dass wir heute

247

248

Abend gemeinsam am Kap feiern wollen. Ich werde wohl der Erste vorne sein und einen Lagerplatz suchen – sie werden mich schon finden!

Im Supermarkt nebenan kaufe ich noch Brot, Wurst, Käse und Wein, dann geht es weiter durch den Ort; die Kirche hebe ich mir für morgen auf. Doch an Santa Maria das Areas komme ich nicht vorbei. Eine letzte wunderschöne alte Kirche auf dem Weg und auch hier weht es mich an: ein Ort zum Beten! Noch einmal danke ich und bitte für alle, die noch auf dem Weg sind. Vor dem Altar singe ich mein Pilgerlied und stelle erst beim Hinausgehen fest, dass ich nicht alleine war, sondern dass eine alte Frau und eine Handvoll junger Leute mir still und andächtig zugehört haben.

Am Ende der Welt: Kap Finisterre

Weiter, die glühheiße Straße entlang – das Kap will und will nicht kommen! Ein Parkplatz mit einem Brunnen – hier haben es sich zwei Wohnmobile bequem gemacht – die Hunde genießen das Wasser. Ich wasche mein Gesicht – weiter. Parkplätze, ein großes Gebäude, Andenkenbuden, der Leuchtturm – und jetzt geht es endgültig nicht mehr weiter: Ich stehe am Kap Finisterre, bin am „Ende der Welt" angekommen.

Der Professor kommt und macht Bilder von mir, wie ich am Kap stehe und hinausblicke auf den Atlantik. Ich sitze lange auf einem Felsblock und lasse die vergangenen drei Monate Revue passieren. Doch ich bin nicht so am Ende, mir ist nicht so zum Heulen wie in Santiago – nein, eine stille Freude erfüllt mich, stolz und Dankbarkeit: Ich bin am Ziel!

Ich finde einen schönen Platz, etwas unterhalb des Kreuzes, mit kleinen Felsen, auf denen man sitzen kann. Ich packe meine Vorräte aus und richte mir ein paar Meter weiter unten über einem großen Felsen mein Nachtlager – hier laufe ich nicht Gefahr, im Schlaf die Klippen hinabzurollen! Nach und nach trudeln auch die andern ein.

Die Dänen entfachen ein Feuer: Am Kap Finisterre ist es Brauch, seinen Pilgerstab und Wanderbekleidung zu verbrennen. Ich habe nichts zu verbrennen, doch ich finde die Zeremonie lustig. Die Sonne steht schon tief und ich frage die Anderen,

Kreuz am Kap Finisterre

ob ich eine kurze Andacht halten kann. Die jungen Leute meinen, ihnen brächte es nichts, doch ich solle nur machen, doch die Schweizerinnen nehmen den Gedanken gerne auf. Ich danke Gott, dass wir alle hier heil und gesund angekommen sind, bitte für alle, die während unseres Wegs an uns gedacht und auch für uns gebetet haben und schließe mit dem Vaterunser – und das höre ich nicht nur auf Deutsch und Englisch, sondern auch auf dänisch und das freut mich besonders. Dann, ehe wir in andächtiger Stille die Sonne untergehen lassen, singe ich den letzten Vers des Pilgerliedes, nur das erste Wort habe ich abgeändert: „nun" anstatt „wenn":

Nun am End des Wegs ich bin:
Lass mich, Herr, dir danken,
Bei dir sein mit Herz und Sinn,
Wünschen und Gedanken!
Lass mich ruhen fest in dir
und von dir nicht wanken!
Du bist Weg und Ziel!

O Concello de Fisterra acredita que

Christian Wittenberg

chegou a estas terras da Costa da Morte
e fin do Camiño Xacobeo

Fisterra   03-agosto-2005 O Alcalde

P.O

Heimkehr

Zwei Tage bin ich als Urlauber in Fisterra geblieben, in einem schönen Privatzimmer mit Küchenbenutzung – eine wunderbare Einbauküche. Ich habe mich am Strand geaalt, habe gelesen, habe die drei jungen Deutschen eingeladen, bei mir zu duschen – die haben es tatsächlich fertiggebracht, mit einem Budget von 7,00 € pro Tag und Kopf über den Nordweg von Bayonne aus hierher zu wandern. Sie nächtigen am Strand und sind heilfroh über die Dusche. Am zweiten Abend kochen wir gemeinsam – die Riesenpaella, die meiner Schätzung nach für acht hätte langen müssen und die große Schüssel Salat verschwinden im Nu! Die Jungs sind fleißig beim Küchendienst und hinterher ist alles wieder blitzsauber!

Samstag Vormittag: Ich habe gepackt und warte auf den Bus nach Santiago – und wen sehe ich da anmarschieren? Ich glaube den Schrei: „Zsolt!!!" hat man bis nach Santiago gehört! Wir haben noch ein Bier zusammen getrunken, dann fuhr mein Bus.

Wieder in Santiago. Noch einmal ein Privatzimmer, näher am Bahnhof. Am Pilgerbüro treffe ich den französischen Priester, den ich von Bercianos her kenne. Er freut sich sichtlich, mich zu sehen und nennt mich immer wieder „mon ami". Bodil läuft mir über den Weg und lässt keine Ruhe, bis jemand mit ihrer Kamera ein Bild von uns beiden gemacht hat. Am Abend noch einmal die musizierenden Studenten unter den Kolonnaden, das jugendliche, lockere Flair der südländischen Universitätsstadt.

Dann, am nächsten Vormittag, sitze ich im Zug nach Hendaya. Jetzt bin ich wirklich traurig, das Abenteuer Jakobsweg ist endgültig vorbei! Ich will nicht heim, ich will weiter laufen! Astorga: An der Bahnschranke stehen Pilger, verschwitzt, schwer bepackt – ich würde am liebsten die Notbremse ziehen und noch einmal mit ihnen gehen. Bei Leon sehe ich den Camino, die endlose Reihe junger Bäume, und die Pilger, die wie Ameisen dort entlangkriechen – ich war einer von ihnen!

Hendaya: Warten auf den TGV nach Paris, in einem kleinen Restaurant ein miserables und teures Abendessen. Der nächtliche TGV: überfüllt, unbequem – kein Vergleich zum deutschen ICE! Paris: endloses Warten auf den Anschlusszug, der Gare de l'Est wird umgebaut: es gibt keine Schließfächer und keine Sitzgelegenheit: Ich streune etwas durch das Viertel, kaufe Essen für die Fahrt und gebe in einem Straßencafé für ein Croissant, einen Milchkaffee und ein Glas Orangensaft 12,00 € aus.

Endlose Bahnfahrt nach Augsburg – Blick aufs Straßburger Münster! In Augsburg hat der Zug zehn Minuten Verspätung – doch der Anschlusszug nach Schwabmünchen hat gewartet. Dort steht am Bahnsteig Silvia – ich will sie aus der Umarmung gar nicht mehr loslassen, aber sie sagt: Du wirst erwartet!

Am Bahnhofsplatz erwartet mich ein Empfangskomitee vom Männergesangverein: Man hat einen PKW-Anhänger mit einem großen Thronsessel ausgestattet, mit Efeu und Blumen dekoriert, dazu ein großes Transparent: „Christian 2500 Kilometer". Die Presse ist da und macht Aufnahmen und jetzt werde ich schnurstracks zu Pfarrer Danner in die Abendmesse gefahren: Das hat er sich ausbedungen. Er unterbricht die Messe, als ich die Kirche betrete und begrüßt mich herzlich, ehe er fortfährt. Und nach der Messe bittet er mich in den Chor, ist sichtlich gerührt, als ich ihm eine Jakobsmuschel aus Santiago überreiche. Schließlich singt die ganze Gemeinde „Großer Gott, wir loben dich!" – und ich stimme von ganzem Herzen ein.

Dann die paar Schritte nach Hause. Mein Hund kommt aus dem Haus gestürmt, und er bellt mich an, erst verdutzt und dann jubelnd. Silvia hat einen kleinen Empfang vorbereitet, ich werde für die Zeitung interviewt, langsam verläuft sich die Gesellschaft.

Und jetzt nehme ich Silvia noch einmal in die Arme:
Ich bin wieder zuhause!

Wieder zuhause!

Was hat der Weg mir persönlich gegeben?

„Was hattest du davon, diesen Weg zu machen?" Das werde ich immer wieder gefragt – neben der Frage, was mich das gekostet hat. Ob es sich gelohnt habe, ob es die Mühe wert gewesen sei. Nun: Es war der Mühe

Lohn der Mühe: Ein Leporello-Pilgerpass

wert. Es war die Strapazen und Anstrengungen, die Schmerzen und die Verzweiflung wert. Inwiefern?

Ganz vordergründig: Der Jakobsweg war *das* Abenteuer meines Lebens. Ich habe vieler Menschen Städte gesehen und ihre Gesinnung kennengelernt, wie es in der Odyssee heißt. Ich habe Schwierigkeiten überwunden und den inneren Schweinehund niedergekämpft, der zum Aufgeben riet. Ich habe mich vor mir selbst bewiesen.

Und ich habe gelernt. Ich habe ein bisschen Französisch und ein bisschen Spanisch gelernt. Doch was mehr ist: Ich habe gelernt, nicht ängstlich vorauszuplanen, sondern den Tag, die Nacht auf mich zukommen zu lassen, gelassener, selbstbewusster und vertrauensvoller, doch auch rücksichtsvoller zu sein.

Bodil hat ihren Caminobekannten, auch mir, nach ihrer Rückkehr geschrieben:

„Ich habe mein Ziel, Santiago, erreicht. Hätte mir mein Körper nicht die Möglichkeit dazu gegeben, hätte ich dennoch mein Ziel erreicht, ein anderes „Santiago": das wäre der Ort gewesen, den ich hätte erreichen können.

Ich habe gelernt, auf meinen Körper zu hören.

Ich habe gelernt, auf mein Inneres zu hören.

Ich habe gelernt, dass die Antworten auf meine Fragen in mir selbst liegen.

Ich habe gelernt: Wenn deine Hände offen sind, bereit zu empfangen, dann wird dir gegeben.

Ich habe gelernt, dass alles, was ich in meinem Leben erfahren habe, von mir erfahren werden musste.

Ich habe gelernt: Wenn ich mir sagte: Hoffentlich geschieht dies und das nicht wieder, dann war das nicht besonders klug – Gott ist der Klügste. Es geschah wieder und wieder – und ich bin froh darüber, denn das verschaffte mir Einsicht, über die ich froh bin.

Ich habe gelernt, dass Gott mit mir ist, und dass Er immer mit mir war.

Ich habe gelernt, zu glauben.

Ich habe die Erfahrung gemacht, dass Menschen für mich beteten. Beteten, dass ich Santiago erreichen möge, da sie wussten, wie sehr ich mir das wünschte. Viele Menschen haben mich auf diesem Weg begleitet. Dafür bin ich dankbar.

Ich bin der Liebe begegnet, der Einsamkeit, der Verzweiflung, der Sorge, dem Glück.

Am Tag nach meiner Rückkehr nach Dänemark schrieb ich:

Lass es seinen Weg gehen, mach keine Pläne. Gott ist immer da, die Menschen, die du triffst, triffst du nicht zufällig, sie lehren dich – und Er ist mit dir auf deinem Weg durch das Leben."

(von mir aus dem Englischen übersetzt,
Dank an Bodil Behrmann, Dänemark)

Besser könnte ich es nicht ausdrücken.

Und noch eines habe ich gelernt: Ich habe gelernt, zu beten. Nicht die „Standardgebete", die mich seit meiner Kindheit begleitet haben. Nein, ich habe gelernt, unmittelbar zu Gott zu sprechen, ihm meine Anliegen anzuvertrauen – und dabei zu danken und eher für andere als für mich selbst zu bitten. Und in mir ist der Wunsch gewachsen, dies immer wieder zu tun. Ich bin auf diesem Weg Gott näher gekommen. Und das ist alle Mühen wert!

Glossar

Ich habe in meinem Tagebuch Ausdrücke verwendet, die nicht jeder versteht und die für den Jakobsweg, wie ich ihn ging, wichtig sind. Hier eine kleine Hilfe:

Accueil Pèlerin Frankreich: Empfang für Pilger. Eine Stelle, wo man als Pilger willkommen geheißen wird, Rat und Hilfe oder auch nur einen Stempel in den Pilgerpass bekommt.

Albergue Spanien: Herberge.

Bar Spanien: Einfach ein Lokal, in dem man eine Kleinigkeit essen und trinken kann.

Bocadillo Spanien: Belegtes Brot meist mit Schinken (auch warm) oder Käse und Salat.

Bodega Spanien: Weinkellerei, auch Ausschank. Auch einfach ein Erdkeller.

Café con leche Spanien: Kaffee mit Milch – wie ein Espresso, aber entweder mit Schaum oder warmer Milch. Ähnlich in Frankreich Café au lait.

Camino Spanisch: Weg – hier speziell der Jakobsweg.

Cerveza Spanien: Bier. Besser als in Frankreich, aber immer noch recht dünn.

Chambre d'hôtes In Frankreich: Privatzimmer. Etwas teuerer als die Gîtes, aber dafür hat man den Luxus eines Einzel- oder Zweibettzimmers. Oft wird Halbpension mit Familienanschluss geboten.

Chemin Französisch: Weg – hier speziell der Jakobsweg.

Correios Spanien: Post. In Frankreich ist es „La poste".

Desayuno Spanien: Frühstück. Eine Toastada (geröstetes Stück Brot, kein Toastbrot, wie wir es kennen), Butter, ein Kaffee, Orangensaft – recht karg!

Donjon Frankreich: Bergfried, Stadtturm.

Épicerie	Frankreich: Lebensmittelgeschäft.
Gîte	Frankreich: Herbergen; Schlafsaal mit Stockbetten, Waschräume, meistens mit Küche. Unterschiede: *gîte communal,* also zur politischen Gemeinde gehörig, Jugendherbergen oder Berghütten vergleichbar, der Schlüssel ist auf der Gemeinde oder in einem Laden oder Lokal in der Nähe zu finden. Daneben gibt es *gîtes privates* von unterschiedlicher Qualität, z. B. *gîte rurale*: Übernachtung auf dem Bauernhof. Viele dieser privaten Gîtes bieten auch Abendessen mit Familienanschluss und/oder Frühstück und nebenher auch –> Chambre d'hôtes.
GR 65	Frankreich: Grande Randonnée 65. Fernwanderweg 65. Identisch mit dem Jakobsweg von Genf bis St-Jean-Pied-de-Port.
Hostal	Spanien: eine kleine Pension, oft mit angeschlossenem Restaurant. Manchmal ist auch ein –> Refugio angeschlossen.
Pèlerin	Frankreich: Pilger.
Peregrino/a	Spanien: Pilger/in.
Pression	Frankreich: Bier vom Fass. Für mich als Franken musste es schon eine „grand pression" sein. Je nach Lokal 0,3 bis 0,4 Liter. Wenn schon Bier in Frankreich, dann am besten belgisches. Das einheimische ist sehr dünn! Bier ist in Frankreich teuer!
Refugio	Spanien, auch –> Albergue. Pilgerherberge: Schlafsaal mit Stockbetten, Waschräume, Küche. Unterscheide: *parroquial* – Kirchengemeinde – und *municipal* – politische Gemeinde ist der Träger. Die *parroquial* beherbergen oder beköstigen meist für ein „donativo". Sie verlangen nichts, oder nur einen symbolischen Betrag für das Lager, erwarten jedoch eine Spende. Damit werden die nächsten Mahlzeiten finanziert. In den *municipal* ist es ähnlich. Daneben findet man private Refugios; diese sind billiger als Pensionen oder Hotels, haben jedoch feste Preise.